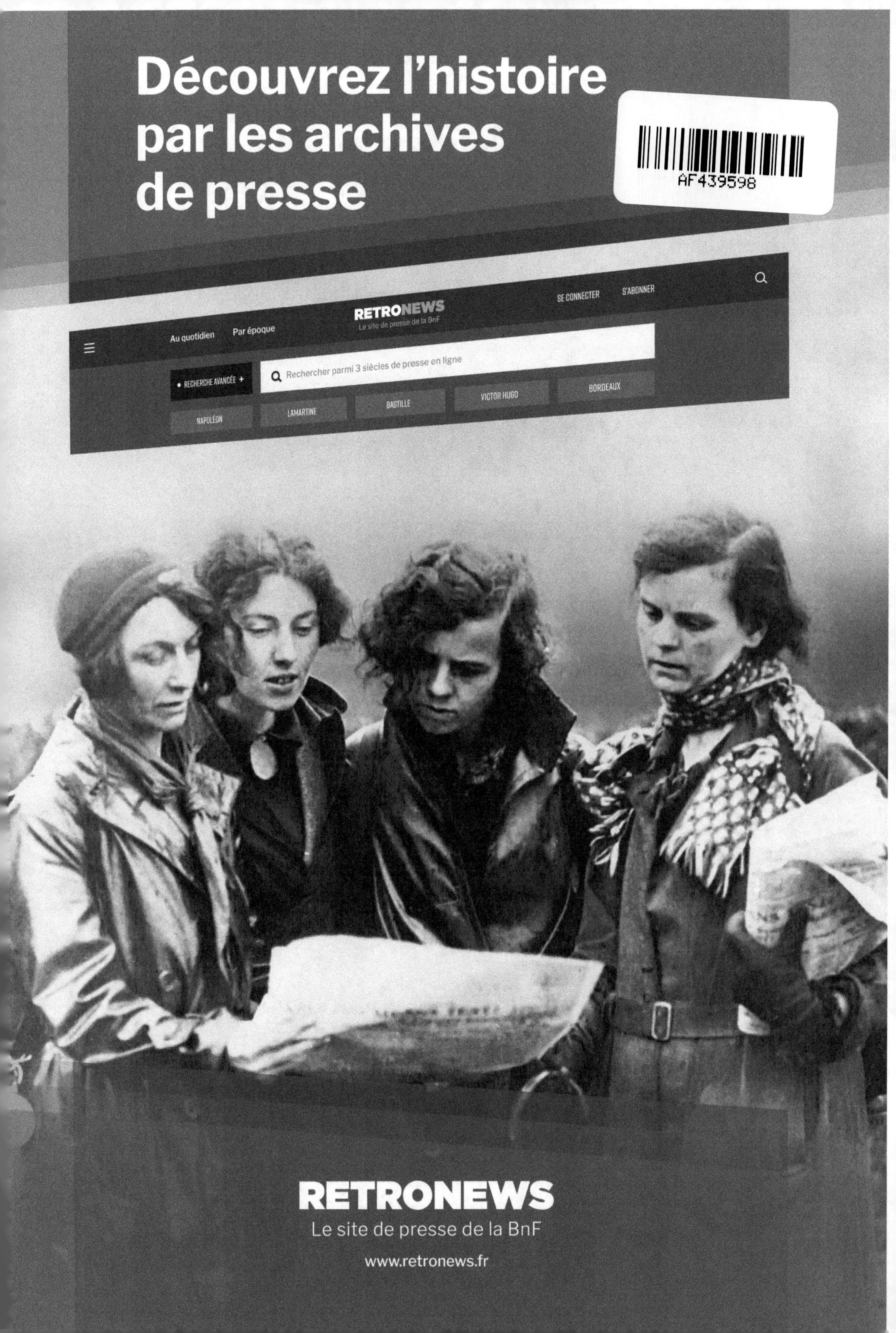

Découvrez l'histoire par les archives de presse

RETRONEWS

Le site de presse de la BnF

www.retronews.fr

LA FEMME LIBRE.

Cette petite brochure, rédigée et publiée par des femmes, paraîtra plusieurs fois par mois à jours indéterminés.

Prix : 15 centimes.

ON SOUSCRIT

D'avance pour un ou plusieurs numéros, en échange d'un ou plusieurs bons remis au porteur lors du reçu de la brochure portée à domicile.

S'adresser tous les jours (excepté le dimanche), de midi à quatre heures, rue du Caire, n° 17, à l'entresol.

Jeanne-Désirée, *Fondatrice.*

Marie-Reine, *Directrice.*

La première livraison, formant SPÉCIMEN, *paraîtra* le 15 août.

(Affranchir les lettres).

ERRATA.

—

Page 157, Réponse à G***. *Rectifiez ainsi la phrase :* Nous
avons décidé, après lecture faite avec la plus scrupuleuse
attention , d'insérer, etc.

Page 165, ligne 19. *Lisez* humeur, *au lieu de* honneur.

  Ibid.   ligne 31. *Lisez* de sacrifier pour une sotte et grossière réalité.

Page 166, ligne 2. *Lisez* Monsieur, *au lieu de* Messieurs.

  Ibid.   ligne 19. *Rectifiez ainsi la phrase :* Dù le roman.

1.ᵉʳ NUMÉRO. *

—

On souscrit, rue du
Caire, n. 17, à
l'entresol.

PRIX : 15 C.

Chaque exemplaire.

—

Pour les renseigne-
mens tous les jours
de midi à 4 heures.

LA
FEMME LIBRE.

APOSTOLAT DES FEMMES.

APPEL AUX FEMMES.

Lorsque tous les peuples s'agitent au nom de *Liberté*, et
que le prolétaire réclame son affranchissement, nous, femmes, resterons-nous passives devant ce grand mouvement
d'émancipation sociale qui s'opère sous nos yeux.

Notre sort est-il tellement heureux, que nous n'ayons
rien aussi à réclamer? La femme, jusqu'à présent, a été
exploitée, tyrannisée. Cette tyrannie, cette exploitation,
doit cesser. Nous naissons libres comme l'homme, et la
moitié du genre humain ne peut être, sans injustice, asservie à l'autre.

Comprenons donc nos droits; comprenons notre puissance; nous avons la puissance attractive, pouvoir des
charmes, arme irrésistible, sachons l'employer.

* Le second numéro paraîtra le 25 août.

Refusons pour époux tout homme qui n'est pas assez généreux pour consentir à partager son pouvoir; nous ne voulons plus de cette formule, *Femme, soyez soumise à votre mari!*

Nous voulons le mariage selon l'égalité... Plutôt le célibat que l'esclavage!

Nous sommes libres et égales à l'homme ; un homme puissant et juste l'a proclamé, et il est compris de beaucoup qui le suivent.

Honneur à ces hommes généreux! Dans l'avenir, une auréole de gloire les attend. Elevons la voix, réclamons notre place dans la cité, dans le temple nouveau qui reconnaît à la femme des droits égaux aux droits de l'homme.

L'association universelle commence; il n'y aura plus parmi les nations que des rapports industriels, scientifiques et moraux; l'avenir sera pacifique. Plus de guerre, plus d'antipathie nationale, amour pour tous. Le règne de l'harmonie et de la paix s'établit sur la terre, et le moment est arrivé où la femme doit y avoir sa place.

Liberté, égalité,... c'est-à-dire libre et égale chance de développement pour nos facultés : voilà la conquête que nous avons à faire, et nous ne pouvons l'obtenir qu'à la condition de nous unir toutes en un seul faisceau; ne formons plus deux camps : celui des femmes du peuple ; celui des femmes privilégiées ; que notre intérêt nous lie. Pour atteindre ce but, que toute jalousie disparaisse parmi nous. Honneur au mérite, place à la capacité, de quelque côté qu'ils se présentent.

Femmes de la classe privilégiée ; vous, qui êtes jeunes, riches et belles, vous vous croyez heureuses lorsque dans vos salons vous respirez l'encens de la flatterie qui vous est prodigué par tous ceux qui vous entourent; vous régnez: votre règne est de peu de durée; il finit avec le bal. Rentrées chez vous, vous redevenez esclaves; vous retrouvez un maître qui vous fait sentir sa puissance, et vous oubliez tous les plaisirs que vous avez goûtés.

Femmes de toutes les classes, vous avez une action puissante à exercer; vous êtes appelées à répandre le sentiment d'ordre et d'harmonie partout. Faites tourner au profit de la société le charme irrésistible de votre beauté, la douceur de votre parole entraînante, qui doit faire marcher les hommes vers un même but.

Venez inspirer au peuple un saint enthousiasme pour l'œuvre immense qui se prépare.

Venez calmer l'ardeur belliqueuse des jeunes hommes, l'élément de grandeur et de gloire est dans leur cœur. Mais ils ne voient de grandeur et de gloire que le casque en tête et la lance à la main. Nous leur dirons qu'il ne s'agit plus de détruire, mais qu'il s'agit d'édifier.

Les dames romaines décernaient des couronnes aux guerriers; nous, nous tresserons des fleurs pour ceindre la tête des hommes pacifiques et moraux qui feront marcher l'humanité vers un but social et qui enrichiront le globe par la science et l'industrie.

JEANNE-VICTOIRE.

Les Femmes, jusqu'à présent, ont été esclaves soumises, ou esclaves révoltées, jamais libres.

Les premières pliées à ce naturel de convention qui fait la base de notre éducation, sont esclaves des préjugés sociaux, mais se trouvent protégées par ces mêmes préjugés auxquels elles se soumettent contre tout despotisme individuel.

Les secondes, au contraire, affranchies des entraves de l'opinion générale, ne pouvant invoquer l'égide de cette opinion qu'elles dédaignent, tombent sous la dépendance personnelle des hommes qui, n'étant pas reliés par une morale unitaire, n'ont d'autre sanction à leurs principes et à leurs jugemens isolés que celle du caprice ou du bon plaisir.

Tout en comprenant la nature des femmes qui préfèrent l'abnégation à une satisfaction qui ne serait pas sanctionnée, tout en sachant apprécier l'esprit d'ordre et le noble orgueil qui les rend fidèles au devoir; nous comprenons aussi la nature de celles qui n'ont pu se soumettre à une loi maintenant privée de cette douce religiosité qui remplit le cœur et rend le devoir plus facile.

Leur révolte fut sainte et légitime, du moment où les hommes violèrent la loi qu'eux-seuls avaient formulée, et ne se souvinrent de sa sublime pureté que pour l'exiger de nous, et nous imposer le joug de son austérité à laquelle ils savent se soustraire.

Dès lors il n'y eut plus de religion, les femmes furent forcées d'employer la ruse pour lutter contre l'égoïsme des hommes; le préjugé succéda à la saine morale dont il n'eut que le masque, et la débauche de la vie privée augmenta avec la sèche rigidité de la vie extérieure.

Le premier anneau de notre chaîne fut rompu, et notre liberté se continua au milieu de la licence, où durent être entraînées les femmes qui, n'ayant pas conscience de leur insubordination, n'eurent plus aucune règle pour les guider sagement dans le torrent de dissolution qui les emportait et qui fut la plus haute négation d'une morale trop exclusive pour être en harmonie avec les lumières de notre siècle.

S'il a été utile que nous soyons soumises à une loi qui, en nous subalternisant aux hommes, assurait à notre faiblesse des protecteurs contre la force qui alors fut aussi utile pour régir et faire progresser l'humanité; maintenant qu'il est bien reconnu que le pouvoir brutal tend à disparaître pour être remplacé par le pouvoir moral, il est utile que nous prenions successivement de droit la place que nous occupons de fait. La protection des hommes n'est plus qu'un vain mot, depuis long-temps nos protecteurs ne se servent du pouvoir que leur donne ce titre que pour nous séduire, nous juger et nous condamner; réduites à nos propres forces, pour résister à leur immoralité nous ne les entraînons dans le vice qu'après y avoir été entraînées par eux...

Gloire aux femmes qui, brisant leur nature et la soumettant aux exigences de la loi chrétienne, ont sacrifié à une noble fierté les battemens d'un cœur qui ne pouvait être compris d'un monde qui se joue de la véritable vertu, et la fait consister dans la froide réserve et la molle uniformité. Elles ont conservé cette dignité, résultat d'une satisfaction de conscience que donne toujours le sentiment de l'accomplissement d'un devoir. Elles ont sur les hommes cet ascendant qui

commande le respect, et qui, à leur insu, leur fait connaître
notre supériorité de mœurs.

Mais aussi gloire aux femmes qui, suivant l'instinct de
liberté qui était en elles, ont aplani la route de notre émancipation. Quels que soient les désordres où leur faiblesse a
pu les entraîner, se fussent-elles plongées dans la fange,
leur nom un jour sera béni; flétries par l'opinion, on n'a vu
en elle que le côté dégradant, à nous il appartient de *réhabiliter*, à nous il appartient de sonder les profondeurs de ces
abîmes de corruption où se trouvent englouties tant d'existences, tant de brillantes espérances... Que tout homme en
nous lisant, en nous voyant, s'abstienne de nous juger, s'il
ne comprend pas la haute moralité qui nous fait agir, et la
foi religieuse qui nous donne la force de vaincre la réserve
dont notre éducation nous avait enveloppées, pour venir
révéler hautement ces profonds mystères d'un cœur de
femme qui, suivant qu'ils sont développés ou réprimés produisent une source féconde des plus sublimes vertus ou un
gouffre de vices et de dissimulation...

Dégagées de toute prévention, nous remonterons à la
source de cette horrible dépravation qui fait d'une partie de
la société un véritable enfer; là, toutes les ressources de
l'esprit, de l'adresse, de la beauté, sont employées à attirer
ceux que cette dépravation n'a pas encore atteints, ou qui ne
sont encore que sur le bord de l'abîme, horrible repaire où
toute la puissance n'est que démoralisatrice et se reproduit
sous mille formes différentes; par la fraude, le vol, l'assassi-
nat, le suicide, la prostitution... Ah! pitié, pitié, pour les
malheureux emportés par le torrent; et nous, parce que
nous avons eu la force d'y résister ou que des circonstances
indépendantes de notre volonté nous en ont tenues éloignées,
loin de jeter sur la tête des malheureuses victimes un anathème dont elles ne peuvent soulever le poids, notre voix s'é-
lèvera pour elles, nous les protégerons de notre amour et de
l'estime que nous sommes en droit d'exiger pour nous, car
notre vie a été pure de toute souillure selon la loi chrétienne.

Quelle que soit la vie passée des femmes qui se rangeront

sous notre bannière, elles ont, comme nous, droit au respect,
car notre bannière est religieuse, et plus d'une, soutenue par
nous, serait, en dévoilant ses douleurs, retomber sur ses accusateurs la boue dont ils essaieraient en vain de la couvrir.

Nous, femmes qui arborons cette bannière, nous nous
déclarons libres non point d'enfreindre pour notre vie intime l'ancienne loi morale, nous la pratiquerons jusqu'au
moment où une loi nouvelle moins exclusive viendra la remplacer; mais nous nous déclarons libres de toutes les formes
extérieures que nous imposent les convenances.

Pratiquant la morale chrétienne aussi rigoureusement que
ceux même qui jugent tout par elle, nous serons liées à eux
par nos actes, par notre amour du devoir et de l'ordre. Mais
aussi nous serons liées à ceux qui la renient, par l'apprécia-
tion que nous savons faire de leur nature, par notre abandon
et le désir qui est en nous de les amener à la loi qui, en les
réhabilitant fera cesser les maux et les désordres dont ils
sont souvent les auteurs.

Ainsi, placées entre ces deux camps si opposés, dont l'un
est tout aussi exclusif dans sa régularité, que l'autre dans
son désordre, nous emploierons toute notre puissance conciliatrice pour faire cesser l'antagonisme qui est entr'eux, et
leur faire apprécier réciproquement leurs vertus et leur valeur, jusqu'au jour où leurs progrès mutuels leur permet-
tront, non point de former un seul et même camp, mais de
siéger ensemble dans le temple nouveau et d'être unis par un
même amour, un même désir, l'harmonisation de l'intérêt
particulier à l'intérêt social; alors sera produite la loi nouvelle
qui donnera satisfaction et règle à chacun d'eux, alors notre
apostolat sera fini, la femme par ses œuvres aura élevé sa nature à la hauteur de l'homme; elle sera son égale, et leur
union amènera le règne de Dieu sur la terre.

Jeanne-Désirée.

Cette publication n'est pas une spéculation, c'est une
œuvre d'apostolat pour la liberté et l'association des femmes.
Ayant senti profondément l'esclavage et la nullité qui pèsent
sur notre sexe. Nous élevons la voix pour appeler les femmes

à venir avec nous, réclamer la place que nous devons occuper dans le temple, dans l'état, et dans la famille.

Notre but est l'association. Les femmes n'ayant eu jusqu'ici aucune organisation qui leur permît de se livrer à quelque chose de grand, n'ont pu s'occuper que de petites choses individuelles qui les ont laissées dans l'isolement.

En offrant à leur activité une œuvre sociale à accomplir, un but à atteindre, nous avons foi que beaucoup se rallieront à nous, que d'autres nous imiteront en formant plusieurs groupes agissant chacun suivant les idées de celles qui les formeront, jusqu'au moment où ayant accompli l'œuvre qui leur est propre, ils se réuniront pour ne plus former qu'une seule et même association.

Cette publication n'est donc qu'un moyen pour arriver au but que nous nous proposons. C'est pourquoi nous faisons appel à toutes les femmes, quel que soit leur rang, leur religion, leur opinion, pourvu qu'elles sentent les douleurs de la femme et du peuple, qu'elles viennent se joindre à nous, s'associer à notre œuvre, et partager nos travaux.

Nous sommes Saint-Simoniennes, et c'est précisément pour cela que nous n'avons pas cet esprit exclusif qui repousse tout ce qui n'est pas soi. C'est notre nouvelle religion qui nous fait voir en chaque chose, ce qu'il y a de bon, de grand, et qui nous fait chercher et prendre l'élément progressif partout où il se trouve.

En nous occupant d'une œuvre de régénération, nous ne prétendons pas nous imposer une tâche au-dessus de nos forces, nous tiendrons compte de la position où les femmes se trouvent placées par leur éducation, nous savons que généralement elle ne peut leur donner que des idées étroites et décousues.

Cependant quelques-unes échappent à la loi commune, d'autres passent avec facilité d'une idée très-profonde, à une idée très-légère. C'est pourquoi nous qui comprenons ce qu'il y a de bon dans ces natures, et qui sentons la nécessité de les satisfaire toutes, nous prendrons la forme irrégulière qui est le signe distinctif du caractère de la femme de notre époque.

Nous parlerons morale, politique, industrie, littérature, modes, non point selon l'opinion et la règle reçues; mais selon notre cœur. Nous tiendrons moins à la science et à l'élégance du style, qu'à la franchise des pensées. Car ce que nous voulons avant tout, c'est que les femmes se débarrassent de leur état de gêne et de contrainte où les tient la société, et qu'elles osent dire dans toute la sincérité de leur cœur, ce qu'elles pressentent, ce qu'elles veulent pour l'avenir.

Marie-Reine.

P. S. Nous n'insérerons que les articles de femmes. Nous invitons celles qui voudront écrire dans cette brochure, à s'adresser à Marie-Reine, directrice, rue du Caire, n° 17, de midi à 4 heures, tous les jours excepté le dimanche.

Nous recevrons aussi les lettres particulières *relatives aux questions qui seront traitées dans nos publications.*

(*Affranchir les lettres*).

Jeanne-Désirée, Fondatrice,

Marie-Reine, Directrice.

PARIS. — IMPRIMERIE DE AUGUSTE AUFFRAY,
PASSAGE DU CAIRE, n° 54.

2ᵉ NUMÉRO.

—

S'adresser, pour les renseignemens et l'achat des brochures, de midi à 4 heures, rue du Caire, n. 17, à l'entresol.

25 AOUT.

—

On reçoit les souscriptions des personnes qui prennent intérêt à notre œuvre.

Prix : 15 cent.

APOSTOLAT

DES FEMMES.

AUX FEMMES CHRÉTIENNES.

Nous avons fait un appel à toutes les femmes pour les exciter à se joindre à nous afin de travailler à notre affranchissement. Mais, aujourd'hui, je vais parler plus spécialement à celles que le mot de *liberté* effraie, qui, par leur éducation, leur caractère, sont chrétiennes. Il en est parmi elles, qui nous repoussent franchement, d'autres qui acceptent en secret nos idées, et qui, par rapport au monde, n'osent les approuver hautement. Pour les dernières, je les plains sincèrement, car elles sont bien esclaves. Nous mettrons en usage tous les moyens qui sont en notre pouvoir pour les engager à sortir de cet état de gêne qui les force à employer la ruse et le mensonge. C'est donc à vous, femmes chrétiennes, que je m'adresse. Vous refusez la liberté, vous craignez le désordre; ah! je conçois vos craintes, je les ai

partagées. Quand un homme grand et puissant proclamait
que les femmes devaient être libres, je refusais la liberté;
mais tout en la refusant, je réfléchis, j'examinais, et je reconnus que ce n'est point la liberté qui amène la licence
mais bien plutôt l'esclavage : Lorsqu'on a long-temps subi
un joug, on se lasse de le porter, on le secoue, c'est ce qui
a eu lieu en religion, en morale, en politique. Depuis long-
temps, le monde s'élève contre la loi chrétienne, et le désordre existe, ce n'est pas nous qui viendrons l'augmenter.
Une autre idée sur laquelle je veux attirer votre attention,
c'est qu'avec les goûts et le caractère qui doivent le plus
trouver satisfaction et bonheur dans la société telle qu'elle
est organisée, vous n'avez pas été sans y éprouver des chagrins, résultat de la fausse éducation qu'on nous donne. Mais
réfléchissez combien celles qui, par leur caractère, diffèrent
absolument de vous, ont dû souffrir davantage, surtout si
ce caractère s'est trouvé dans une fille du peuple. Oh! alors,
la malheureuse, il a fallu qu'elle dévore ses pleurs et qu'elle
les renferme en elle-même. Quelques-unes ont eu cette force,
d'autres ne l'ont pas eue, et on leur a jeté anathème; on n'a
pas réfléchi à la position où elles se trouvaient placées. Femmes qui avez de la charité, sans doute vous avez gémi sur le
sort de ces femmes jeunes et belles qui sont plongées dans
ces abîmes de vices. Mais combien ne devez-vous pas plus
souffrir lorsque vous pensez que ces malheureuses ont été
perdues par vos *époux*, vos *frères*, vos *fils!* Qu'elles aussi
avaient été pures, qu'elles avaient rêvé les joies d'un amour
vertueux et les plaisirs des fêtes; mais elles étaient pauvres,
la misère était là avec sa hideuse figure qui venait détruire
tous ces rêves de bonheur; puis elles voyaient des femmes
qui n'étaient pas plus belles qu'elles, et qui cependant jouis-
saient de tous les plaisirs, étaient parées de tout ce qu'il y
avait de plus beau, tandis qu'à peine elles avaient un vête-
ment et du pain. Au milieu de leur désespoir, des hommes
sont venus à elles, ils leur ont parlé d'amour, de bonheur,
elles ont cru à leurs paroles, elles se sont vendues croyant se
donner, le monde les a repoussées... elles ont été perdues!...
Oh! femmes, c'est au nom de Dieu que je vous invite à con-

5

courir à l'œuvre que nous entreprenons pour sauver à notre sexe la honte et l'humiliation qu'il subit par la *prostitution*. Quoiqu'elle ne pèse que sur une faible partie de nous, nous ne devons pas moins en ressentir toutes les douleurs, nous devons les sentir plus profondément que celles qui y sont plongées, car elles s'étourdissent sur leur position, tandis que nous pouvons l'envisager entièrement. Eh bien, femmes! venez, car DIEU *est là où s'accomplit une œuvre sociale; DIEU est là où l'on pense à sauver du précipice ceux qui sont prêts à y tomber.* Nous en avons beaucoup à sauver, car beaucoup de femmes rèvent la gloire et cherchent par quels moyens elles pourront y arriver. N'en trouvant aucun, elles pourraient faire fausse route et prendre pour de la gloire ce qui ne serait que le plaisir d'un moment. Oh! qu'elles viennent parmi nous, il y a de la gloire à acquérir. Et vous qui n'aimez que les joies douces de l'intimité, vous trouverez aussi satisfaction pour vos sentimens dans la reconnaissance de toutes celles que vous aurez sauvées des mépris du monde, que vous aurez consolées et dont vous aurez séché les larmes, car elles vous aimeront, et votre nom sera béni par elles. C'est ainsi que parmi nous il y a place pour toutes.   Marie-Reine.

CROISADE PACIFIQUE.

Femmes! le temps est venu où, pouvant nous appuyer sur une religion qui sera aussi déclarée DIVINE quand tous la comprendront. Nous devons unir nos voix à celle de ces hommes généreux, qui nous ont consacré leur vie entière, et réclamer sous leurs auspices notre *affranchissement définitif*, dire ce que nous entendons par *liberté*, comment nous la voulons, et l'usage que nous en saurons faire pour le bonheur de l'humanité…

Mais avant que d'oser apprendre au monde ce que nous concevons pour l'avenir, quelle foule de préjugés le passé n'a-t-il pas accumulé sur nous, et ces mêmes préjugés étant regardés comme le palladium de la société, les premières femmes qui *oseront* avancer la main pour les *détruire*, devront avant tout, faire à leur sexe le *sacrifice* de leur *réputation*. Les possesseurs de femmes ne sont-ils pas par cela même, tous disposés à continuer les mille calomnies qui ont été débitées sur la société Saint-Simonienne. N'a-t-on pas dit qu'en politique nous voulions établir la loi agraire; en entendant les femmes parler de liberté, ne dira-t-on pas que nous demandons l'avilissant pêle-mêle. Oh ! non, ce ne serait pas en détruisant ce qu'il y a de plus *précieux* dans la *liberté*, et de plus *délicat* dans *l'amour*, que nous justifierions la prétention d'être les *femmes et les hommes* les plus *moraux et les plus religieux de notre temps*.

Que ces hommes se rassurent donc ; l'esclave seule, *ruse, trompe*, et proteste *par le désordre*.

Que de gens ne cessent de nous dire qu'il n'y a pas de pays où les femmes soient plus libres qu'en celui-ci, cela est vrai, la belle et progressive France sera toujours à la tête de l'humanité; mais nos droits en sont-ils plus reconnus? et n'est-ce pas à nos caresses souvent trompeuses; à notre souplesse, enfin à ces mille petites ruses que nous devons la position où nous nous trouvons.

N'entendons-nous pas encore dans le mariage civil le mot de *protection*. Oh ! si tous les hommes n'estimant pas la force au-dessus de tout, nous respectaient dans nos personnes et dans nos volontés, ce mot de protection ne devrait-il pas être remplacé par le mot *égalité*, et dans les mariages chrétiens, cette phrase de droit divin : Femmes soyez soumises à vos maris, n'est-elle pas encore plus surannée. Que dans un temps de barbarie et de servitude, les prêtres chrétiens adorateurs d'un Dieu pur esprit, nous aient imposé cette loi, je le conçois, la puissance *force* étant et justifiant *tout*, c'était alors nous protéger, que d'établir ce droit de propriété sur nous. Après avoir passé par les religions du paganisme où nous étions généralement considérées comme des instrumens de plaisir, c'était reprendre un peu de dignité que d'être unie à un seul homme par l'indissoluble mariage chrétien, par ce titre d'épouse légitime, de mère de famille.

Mais ce qui était tolérable alors, l'est-il encore aujourd'hui?... Quel aveuglement de croire que *l'humanité* doit

5

éternellement marcher sur la décision prise dans un *siècle
obscur et ignorant*...

Je prêche donc en ce jour une nouvelle croisade pacifique
contre le despotisme, contre l'écrasant joug des préjugés,
qui condamne indistinctement, et empêche les faibles de se
relever, et surtout contre cette injurieuse croyance qui sub-
alternise et déclare notre sexe inférieur à l'autre.

J'adjure cette belle jeunesse de France, si ardente, si généreuse pour tout ce qui lui paraît grand, de se rapprocher
de nos religieux défenseurs, de soutenir comme eux la justice de notre cause, et comme *eux aussi*, de nous entourer
de *respect :* de commander le silence, car notre voix est faible
et timide... et cependant nous avons beaucoup à dire !!

Suzanne.

AFFRANCHISSEMMNT DES FEMMES.

Il est bien naturel et bien légal ce désir que nous avons
de nous rendre libres et de nous débarrasser des entraves
qu'apportèrent jusqu'à présent sur notre route les mœurs et
les convenances ; et quoi qu'on en dise, il est *grand* et *sublime* pour une femme de ne vouloir ni esclavage ni déshonneur, et d'élever la voix contre ce monde qui ne lui offre
que l'un ou l'autre. Selon lui une femme doit se renfermer
dans le cercle de la vie domestique et dans les fêtes et les
plaisirs qu'il lui permet : il lui impose tant de contrainte et
tant de gêne que le plus souvent ses plaisirs et ses fêtes ne
sont que des corvées ! Et à présent qu'il nous entend parler
de liberté, nous, femmes, il s'indigne, parce que, hors
l'esclavage, il ne connaît que la prostitution ! Erreur : la liberté que nous voulons repousse l'une autant que l'autre.
Nous sentons vivement les peines et les privations de tous
genres qui nous attendent si nous courbons la tête sous le
joug des préjugés ; mais nous sentons aussi que le bonheur
n'est pas où beaucoup le croient. Nous ne nous effrayons
pas de l'anathème que plusieurs lanceront contre nous,
fortes comme nous sommes de la conviction intime qu'un
jour ils avoueront qu'ils s'étaient étrangement trompés en

croyant voir dans notre amour pour la liberté un penchant vers la licence. Maintenant ils jugent d'après leurs principes, et leurs *principes* n'ont eu pour conséquences que le *mensonge* et l'*effronterie*. Pouvait-il en être autrement, quand pesaient sur nous des obligations que notre nature nous rendait inobservables; et comment serions-nous fausses quand on ne nous fera plus un crime d'être ce que Dieu nous a faites, des femmes aimantes? Et, par la même raison, comment l'effronterie trouverait-elle place chez nous, quand on ne nous fera plus un devoir de cette froide réserve, si gênante pour certains caractères? La liberté donnera l'essor au génie de la femme, à toutes ses facultés intellectuelles; elle sera *belle* de *franchise* et de *candeur*; et à mesure qu'elle s'éloignera de ce monde de ruse et de mensonge, elle s'éloignera des vices où il l'a entraînée. Bientôt elle ne connaîtra plus que de douces obligations; et n'étant plus forcée de marcher dans la voie étroite, elle ne sera plus en danger de tomber dans le gouffre de dissolution. Alors disparaîtront ces abîmes de vices où sont englouties tant de femmes; mais elles n'y sont tombées que parce que ceux qui se scandalisent de notre liberté les y ont précipitées. Ils n'ont pas *craint* la licence pour les malheureuses qu'ils ont séduites et à qui ils ont ôté tout *retour* au *bonheur* et au *respect*, et ils la craignent pour celles qui veulent s'affranchir de leur tyrannie et de leur exploitation; et tel qui nous désapprouve en *public* nous approuverait en *secret* si nous usions de notre liberté pour favoriser ses projets de séduction. Quelle confiance accorder à des opinions si contradictoires? Pour moi, je n'en accorde aucune, et je n'ai jamais été la dupe de la bienveillance qu'affectent ceux qui veulent me faire envisager ma liberté comme un opprobre.

Vous, donc qui souffrez de la contrainte que vous impose la société; vous, qui avez un cœur si *aimant* et qui voyez ce cœur *méconnu*, peut-être *outragé* par des *mépris* qu'il ne mérita jamais, secouez le joug, répondez à l'appel qui vous a été fait par des *hommes* qui se *sacrifient* pour vous *affranchir*. N'en croyez pas la renommée, connaissez-les avant de les juger. Moi aussi je les ai raillés, car j'avais écouté leurs délateurs ; mais la première parole qu'ils m'ont adressée a fait tomber cet échafaudage de calomnies , et maintenant je les bénis et les révère, car ils ont embrassé la cause du *faible* et de l'*opprimé*. Et maintenant qu'ils sont accusés d'*immoralité*, si on adressait à leurs juges les paroles qu'adressa Jésus aux accusateurs de la femme adultère, comme elle ils s'en retourneraient absous. Venez donc dire au monde que ses lois vous font souffrir ; venez accuser le monde de vos désordres si vous en avez eus. Ne vous effrayez pas des combats que nous aurons à livrer et des obstacles que nous aurons à vaincre : gloire et bonheur sont au bout de la carrière.

JOSÉPHINE FÉLICITÉ.

PROCÈS DES ST.-SIMONIENS.

Ce sera décidément le 27, que le PÈRE ENFANTIN et ses apôtres, traverseront la capitale pour se rendre au Tribunal. Cette cause ne peut manquer d'intéresser, elle est celle des *femmes* et du *peuple*, elle est celle des hommes généreux de tous les partis, de toutes les religions, elle est enfin la *cause* de *l'humanité*. A l'époque de *dissolvation* dans laquelle nous nous trouvons, où toutes les croyances en s'affaiblissant perdent de leur exclusivisme, et cherchent, au milieu de l'obscurité qui les entoure, la route qui doit les conduire au but commun qu'elles se proposent, où le patriotisme n'est plus seulement cet amour étroit du pays où l'on est né ; mais bien cet amour vaste de tous les peuples, cette divine communion des hommes éclairés et aimans de toutes les nations qui ne considèrent la leur que comme une portion de la grande patrie ; il est inouï de voir sur le banc des accusés des *hommes* dont les paroles, les écrits, le dévouement ont eu puissance d'inspirer à ceux qui les connaissent, *l'union*, la *confiance* ; et dont *l'universalité* des *vues* et l'étendue *d'amour* fait d'eux, ce *point central* qui servira un jour d'appui et réunira en lui tous les élémens de progrès qui agitent en ce moment la société.

Nous nous félicitons d'avoir fondé notre *apostolat* au moment de ce procès, nous en suivrons le cours, et le récit que nous en ferons nous mettra à même de porter aussi notre *jugement*. C'est surtout lorsqu'il s'agit d'une *accusation d'immoralité*, que la parole des femmes doit être comptée pour quelque chose. Y a-t-il un *seul homme* qui, en examinant sa conscience, puisse se constituer juge dans une question aussi délicate; quel est celui qui osera prononcer affirmativement sur des *théories* qui honorent l'homme aussi *moral* qu'*audacieux* qui a eu le courage de les exposer, et qui se déclarant *passif* à l'égard des femmes, attend religieusement qu'elles viennent les *sanctionner* ou les *rejeter*? Les hommes au temps où nous vivons, sont-ils, en fait de moralité, tellement supérieurs à nous, qu'ils se croient encore obligés de prendre fait et cause pour nous, et de nous soutenir dans cette voie? Nous les déchargeons de ce soin, et nous avons assez bonne opinion de notre sexe, pour être persuadées que la liberté ne l'entraînera pas à la licence, et qu'en fait de *relations morales*, nous sommes plus *compétentes* que les hommes pour *juger*.

Jeanne-Désirée.

P. S. Nous n'insérons que des articles de femmes, nous invitons celles qui voudront écrire dans cette brochure, à s'adresser à Marie-Reine, directrice, rue du Caire, n° 17, de midi à 4 heures, tous les jours excepté le dimanche.

Nous recevons aussi les lettres particulières relatives aux questions qui seront traitées dans nos publications.

(*Affranchir les lettres et envois.*)

Marie-Reine, Directrice.

PARIS. — IMPRIMERIE DE AUGUSTE AUFFRAY.

PASSAGE DU CAIRE, n° 54.

APOSTOLAT

DES FEMMES.

————o————

Avec l'affranchissement de la femme
viendra l'affranchissement du travailleur.

La cour d'assises a vu figurer sur ses bancs les apôtres de
l'affranchissement des femmes et du peuple ; un tribunal,
composé d'hommes seuls, a prononcé sur des théories que
les femmes doivent aussi juger.

En mon nom, et au nom de celles qui se joignent à moi,
je réclame en ce jour nos droits. Je demande de l'impartialité des hommes la pleine et entière liberté de faire des réu-

nions de femmes, où seront discutées ces théories déclarées immorales. J'en appelle à la franchise de toutes les femmes aimantes, de toutes les mères de famille, pour examiner cette grave question, et si cette doctrine est vraiment immorale, leur cœur, aussi vrai que la science des hommes, la leur fera rejeter.

Je proteste de toutes les forces de mon âme contre l'imputation faite aux apôtres de vouloir le droit du seigneur et la communauté des femmes. Nous repousserions avec horreur de pareilles idées si elles avaient pu leur venir, mais nous pouvons affirmer qu'ils ne les ont pas eues. Nous voulons être libres afin d'acquérir la sincérité et la dignité nécessaires au rôle de moralisation que la femme, par sa délicatesse, est appelée à remplir; et le droit du seigneur était l'asservissement de la jeune fille innocente au très-haut et puissant seigneur, souvent débauché. La communauté des femmes est l'avilissement le plus complet de notre sexe. Elle existe, de fait, par la prostitution, et nous voulons la détruire pour l'avenir. La communauté des femmes est là où une partie d'entre elles sont une propriété servant au bon plaisir des hommes, et sur laquelle l'État prélève un impôt, et autorise, moyennant de l'or, ce trafic honteux, qui livre la plus belle au plus offrant. Si la société, ne détruisant pas le plus bel ouvrage de Dieu, la variété qui doit être dans l'humanité comme dans le reste de la nature, ne nous imposait plus ce type, d'après lequel nous sommes toutes élevées en dépit d'un naturel opposé; mais qu'au contraire, elle donne par une éducation plus large un libre essor au développement de nos facultés morales, intellectuelles et physiques, les désordres dont notre sexe est souvent la cause secrète n'existeraient pas. C'est dans l'intérêt de la société tout entière que nous voulons notre liberté; c'est pour en poser les bases et les limites, et la faire comprendre aux femmes et aux hommes que nous avons fondé notre Apostolat; il est composé en grande partie de femmes prolétaires. Le hasard de la naissance nous a fortifiées et préparées pour en pouvoir porter le lourd fardeau. Comme l'apôtre ancien , nous nous dépouillons des vieux préjugés de la civilisation pour revêtir la robe nouvelle ; mais comme lui, nous ne pleurerons pas sur la grande Babylone , car si elle renferme dans son sein de nombreux vices , nous savons que, par nous, ces vices se transformeront en grandes et sublimes vertus. Les temps de l'anathème sont passés : *Dieu* veut que tous soient élus.

Voilà quelle est notre foi, voilà ce que nous avons mission d'enseigner ; et nous pouvons dire que notre mission est *divine*, car elle a pour but le bonheur de tous.

Jeanne-Désirée.

PROCÈS DES APOTRES.

Il est enfin rendu ce jugement ! Oui, à la majorité de plus de sept voix, les accusés sont coupables, a dit d'une voix tremblante le jury ; et il déclarait coupables d'immoralité des hommes qui ont conçu la pensée de sauver la femme des souillures de la prostitution et des souffrances de l'esclavage ! Des hommes qui, pénétrés de douleur en voyant le désordre qui règne dans les relations de l'homme avec la femme, ont entrepris d'apporter dans ces relations : *ordre, franchise et liberté pour tous.* Ils veulent faire cesser ce conflit qui existe entre les différentes natures ; ils veulent que ceux qui trouvent leur bonheur dans une union durable, n'aient pas à craindre de voir cette union souillée par l'adultère, et que ceux qui sont d'une nature vive, puissent changer, mais changer sans déshonorer les familles, sans porter le désordre dans les ménages, la douleur et le remords dans le cœur des femmes, changer en se proposant un but de moralisation sur ceux qu'ils auront puissance de moraliser. Et c'est là ce qu'on appelle immoralité! Vraiment, en entendant un pareil langage, peut-on croire qu'il y ait bonne foi de la part de ceux qui le tiennent? Peuvent-ils être tellement ignorans sur les mœurs de notre siècle, qu'ils ne sachent qu'il n'y a que douleur, que déchirement à attendre dans le monde, tel qu'il est organisé? Ils ne peuvent se dissimuler le grand nombre d'époux qui vivent en mésintelligence; et quand je dis en mésintelligence, je n'entends pas parler seulement de ceux qui sont en guerre ouverte, mais aussi de ceux qui ne s'aiment pas assez pour trouver du charme même à souffrir ensemble, et qui s'aiment assez peu pour ne pouvoir trouver dans leur amour mutuel les consolations qui leur feraient oublier les peines de la vie. Je dis donc qu'ils ne peuvent se dissimuler le grand nombre de ménages où règne cette mésintelligence, parce qu'on ne s'est pas occupé, en unissant ces époux, de voir si leur nature était en harmonie, ou parce qu'on leur fait un devoir de rester unis, alors même que cette harmonie n'existe plus. Et ces femmes sur lesquelles pèsent un si grand anathème, si, dès leurs jeunes ans, on avait accordé satisfaction à leur nature, tout en les dirigeant vers un but moral, elles emploieraient leur beauté à moraliser à leur tour, et ne seraient pas, comme aujourd'hui, un sujet de chutes pour plusieurs, et un fardeau pour elles-mêmes. Contenues dans de justes limites, sans être asservies à une morale exclusive, elles concourraient plus qu'on ne le pense, au progrès, au bonheur de l'humanité. Au lieu de cela, que sont-elles? la honte, l'opprobre de leur sexe, et comme le disent ceux qui nous condamnent, un mal nécessaire. Et c'est vous qui nous taxez d'immoralité! vous, qui désespérez assez des moyens de bonheur que la Providence vous met dans les mains pour penser que la prostitution soit un mal nécessaire! Et moi, je vous le demande, sont-ils vraiment moraux ceux qui admettent le comble de l'immoralité comme chose nécessaire, et qui re-

fusent les moyens qu'on leur offre de moraliser l'immoralité
elle-même, qui déclarent cette moralisation impraticable;
que dis-je! qui la font envisager, non comme un remède,
mais comme un poison violent. Qu'ils jettent donc un regard observateur sur le passé, sur le présent, fruit de leurs
vastes conceptions en politique, en morale, et sur l'avenir
qu'ils se préparent, en suivant la même route. Est-il tellement beau, ce passé, ce présent, cet avenir, qu'ils aient
beaucoup à s'en glorifier. Qu'ils considèrent l'impuissance,
le vice même du mode de moralisation qu'ils ont employé
jusqu'à présent, en en voyant les funestes effets; et je ne
puis trop le dire, ces funestes effets c'est l'adultère, c'est la
prostitution. Que faut-il donc que le mal ait de plus terrible pour qu'ils consentent au remède? Que leur faut-il
de plus que les souillures et les douleurs innombrables de
la chair, pour leur faire voir qu'elle ne peut, qu'elle ne doit
pas être soumise à l'esprit, mais bien marcher son égale.
Qu'attendent-ils donc pour être convaincus que des élémens
de progrès, des principes de moralisation, plus puissans que
ce qu'ils ont imaginé dans leur morale toute spirituelle, sont
renfermés dans ces vices sur lesquels ils ne savent que jeter
anathème. Ce qu'ils attendent sans doute, c'est que la femme
s'unisse à l'homme pour formuler la loi nouvelle. C'est
qu'elle quitte l'aiguille et la navette pour endosser la robe
de l'apostolat; c'est qu'elle vienne, elle que l'homme ne
pourra repousser, leur dire et ce qu'il y a d'impuissant dans
leur morale pour le bonheur du monde, et tout ce qu'il y a
à espérer de paix, d'ordre, de bonheur, dans ce qu'elle veut
pour l'avenir. Nous en avons la foi : quand la femme aura
parlé, on ne condamnera plus, on ne s'effraiera plus, parce
qu'il appartient à la femme, de concert avec l'homme, d'apporter au monde paix, ordre et bonheur.

Joséphine-Félicité.

LE PROCÈS.

Après sept mois d'instruction, les Saint-Simoniens ont comparu devant leurs juges ; mais quelle transformation s'est faite en eux. Il y a sept mois ils n'étaient qu'associés ; aujourd'hui un sentiment religieux les unit. A cette époque ils disaient : nous sommes Saint-Simoniens ; ils l'étaient, il est vrai, mais ils n'étaient que cela : aujourd'hui ils sont apôtres. Apôtres des femmes et du peuple. Ils ont un costume, et chacun peut dire en les voyant : ceux-ci ont du dévoûment. car il en faut pour se livrer ainsi au monde pour s'exposer aux risées de ceux qui ne comprennent pas qu'on puisse avoir une foi religieuse. A cette époque, ils disaient : nous aimons le peuple, et ils faisaient des discours ; aujourd'hui ils l'ont prouvé en détruisant chez eux la domesticité et en se livrant à des travaux déclarés vils, ils ont montré que vraiment pour eux l'industrie est aussi sainte que la science et qu'ils avaient renoncé aux priviléges auxquels par leur naissance, leur éducation, ils pouvaient prétendre.

C'est en cette position qu'ils sont comparus devant un jury composé d'hommes propriétaires. Ces hommes qui sont venus pour les juger, qui sont-ils ? je les reconnais pour la majorité, hommes de probité, bons pères de famille ; mais peu capables de juger des questions telles que celles mises en causes, et surtout dans le peu de temps qui leur était donné pour les examiner. Ils ont dû les condamner. Comment pouvait-il en être autrement ? ils sont venus pour juger des doctrines qui, au premier abord semblent détruire tous leurs droits, comme hommes et comme propriétaires. Je dis au premier abord, car lorsqu'on les examine d'avantage on reconnaît bien vite qu'elles veulent le bonheur pour tous, et non celui d'une partie de la société aux dépens d'une autre. Oui! je vous le demande à vous riches, qui avez un cœur sensible, ne souffrez-vous pas des douleurs du peuple? Oh! oui vous en souffrez, car il vous est impossible de vous soustraire au tableau de ces douleurs, elles vous suivent partout dans vos plaisirs, vos fêtes et vous ne pouvez faire un pas sans qu'elles se présentent à vos yeux, et puis ne devez-vous pas craindre que venant à se lasser de sa misère, il ne se révolte et ne vienne porter chez vous la désolation; il est donc de votre intérêt qu'il s'établisse un ordre de choses dans lequel le prolétaire deviendra votre associé, et où il n'y aura plus de misère. Il y aura du bonheur pour vous et vous pourrez sortir dans les rues, sans rencontrer ces douleurs qui vous font frémir aujourd'hui. Pour la morale on a dit qu'ils détruisaient les droits des hommes; oui, ils détruisent la suprématie qu'ils exercent sur les femmes, mais je le demande à tout homme de bonne foi, ne serait-il pas plus heureux si au lieu d'avoir à gouverner une femme qui se révolte contre son autorité, non pas peut-être ouvertement, mais par la ruse, le mensonge. Ne serait-il pas plus heureux s'il avait une femme qui étant son égale, partagerait ses droits mais aussi ses travaux, et ne serait pas comme aujourd'hui un meuble de salon ou un ustensile de ménage. Cela existe déjà de fait sinon de droit, car la femme du marchand partage les travaux de son mari, et se mêle de tout ce qui dépend de son commerce. Puisqu'elle partage ses travaux, pourquoi ne partagerait-elle pas ses droits? Oui, la femme a dû être soumise tant que le pouvoir de l'épée fut celui qui régla la société, mais du jour où il sera remplacé par celui de l'industrie, elle doit et peut devenir l'égale de l'homme, car si elle ne l'égale pas en force physique elle l'égale en amour et en intelligence. Et c'est pour ces doctrines que l'on a condamné des hommes qui ainsi que vous le voyez, loin de vouloir le malheur de personne viennent pour assurer le bonheur à tous, en faisant cesser la misère qui est la cause continuelle des émeutes; en associant le maître à l'ouvrier, en les faisant s'aimer l'un l'autre, en associant l'homme à la femme et en faisant disparaître la violence et la ruse qui sont la base de presque tous les rapports qui les unissent aujourd'hui. Oui on les a condamné les hommes qui prêchent ces doctrines, et ils subiront leur condamnation, leur foi est assez grande pour tout supporter. Ils savent que l'humanité leur tiendra compte de ce qu'ils font pour elle. Oui le jour où l'humanité jouira du bonheur qu'ils travaillent à lui donner, elle reconnaîtra que ce sont eux qui le lui ont fait conquérir, et elle bénira leur nom comme elle a béni celui des Apôtres du Christ.　　　　　　　　　　　MARIE-REINE.

Cette petite brochure, rédigée et publiée par des femmes, paraît à jours indéterminés; on n'y insère que des articles de femmes : celles qui voudront écrire sont priées de s'adresser *au Bureau de l'Apostolat*, tous les jours, de midi à 4 heures, rue du Caire, n. 17, à l'entresol; on y reçoit les souscriptions des personnes qui prennent intérêt à notre œuvre.

Nous recevons les lettres relatives aux questions traitées dans nos publications.

(Affranchir les lettres et envois).

MARIE-REINE, Directrice.

PARIS. — IMPRIMERIE DE AUGUSTE AUFFRAY,
PASSAGE DU CAIRE, n° 54.

La Femme Nouvelle.

APOSTOLAT
DES FEMMES.

Avec l'affranchissement de la femme
viendra l'affranchissement du travailleur.

Alliance de la Science et de l'Industrie.

Industrie, relève ton front si long-temps humilié; la Science vient te prendre par la main, et t'invite à marcher son égale : Elle est accompagnée du Génie, qui va t'éclairer de son lumineux flambeau. Conduite par de tels guides, tu vas devenir plus riche et plus puissante. Tu fus jusqu'à présent frappée d'anathème, chargée d'entraves! Que de courage et de persévérance il t'a fallu pour parvenir au point où tu es arrivée! Unie à la Science, ta route sera facile; elle applanira les difficultés que tu ne peux surmonter qu'avec beaucoup de temps et de peine, et tu vas doubler de valeur et d'intelligence. Toi, source féconde de richesses, soutien des empires, on te repoussait, on te dédaignait! Toi, mère de l'Abondance, tu serais vouée à l'éternelle misère? Non, l'heure de ton élévation est arrivée; viens prendre la place que tu dois occuper. Loin de te chasser du temple, aujourd'hui c'est ton temple qui s'élève. Sur le frontispice je lis ces mots : SCIENCE, RELIGION, INDUSTRIE. Trinité sainte soyez à jamais unie!

JEANNE-VICTOIRE.

DE LA PROSTITUTION.

Le monde en général ne comprend dans ce mot prostitution que ces femmes qui, au nombre de trente-cinq mille, s'en vont chaque soir, à l'ombre d'une permission de la police, offrir à tous les passans leurs charmes dégradés et flétris par des caresses impures que la grossièreté et l'insulte accompagnent; rebuts de la société et des hommes qui en détournent les yeux avec dégoût après les avoir abreuvées de leur ignominieuse tendresse.

La prostitution est encore ailleurs, car elle habite les somptueux palais, les hôtels élégans aussi bien que la sale masure de la rue détournée. Oui, la prostitution est partout; elle est chez la jeune fille du peuple qui, trompée par son innocence, s'en va grossir le nombre des victimes dont un adroit séducteur se fait une révoltante auréole pour l'abandonner ensuite en des mains encore plus indignes que les

siennes. Elle est chez cette fille malheureuse qui, se débat-
tant dans des flots de misère, luttant par un obstiné travail
mais dont le prix est insuffisant contre la faim qui la dévore,
s'en va se vendre au vautour qui épie le moment de sa détresse pour un morceau de pain qu'elle apporte en pleurant
à sa mère, vieille et infirme. Elle est chez cette femme jeune,
belle, ambitieuse d'atours et de plaisirs, mais dont une famille sans fortune et sans nom ne peut satisfaire les désirs
de grandeur et de gloire.

Elle est chez toi, fille de la classe privilégiée, toi dont l'enfance fut entourée de tant de soins, ta jeunesse de tant d'hommages; toi, dont le sentiment délicat fut si bien développé
par une éducation maternelle, on va te vendre aussi; ton
père te donnera pour époux, non pas celui qui sera le plus
digne de toi, mais celui qui, t'apportant la plus grande somme
d'argent, pourra richement acheter ta personne et ta dot;
pauvre fille! tu es donc aussi condamnée à donner tes caresses
à un étranger que tu ignores et qui ne te connaît pas, qui
ne te comprendra peut-être jamais. Heureuse, dix fois heureuse, si tes yeux et ton cœur ne se sont pas portés vers un
autre objet auquel il te faudra renoncer. Et toi, noble fille
des rois, ton beau front orné du diadème, est-il exempt du
sceau de la prostitution qui a marqué celui de tes compagnes?
On t'a donnée, il est vrai, comme la plus belle garantie qui
pût cimenter l'union des deux peuples et il est beau de dévouer ainsi sa personne au bonheur des autres, mais dis-moi
t'a-t-on bien laissé la gloire du sacrifice, t'a-t-on bien laissé
la volonté de choisir entre les souverains celui avec lequel tu
peux le mieux t'entendre pour instruire et diriger des masses
dont tu veux le bien-être? non, esclave de quelques diplo-
mates, on t'a donnée sans consulter tes goûts ni ta volonté,
on t'a *prostituée*. La prostitution est donc partout; elle est
flagrante au milieu de nous, et cependant ces mêmes hommes qui la pratiquent si ouvertement osent accuser et juger
d'autres hommes parce que ceux-ci ont le courage de protester contre leur immoralité, ils prononcent d'un air timoré

le mot de scandale!... La corruption seule rougit se voyant dépeinte, a dit un historien.

De pareils désordres ne doivent pas durer davantage; c'est à nous, femmes, de les faire cesser; c'est à nous de poursuivre de notre justice inquisitoriale tout homme qui, usant du droit d'exploitation que lui donne sur nous la loi du passé et le préjugé actuel, voudrait nous restreindre dans les bornes de la morale chrétienne telle qu'il l'a formulée, morale qu'il ne veut, qu'il ne peut accepter pour lui-même; c'est à nous à devenir à notre tour leurs accusatrices et leurs juges, nous attachant à leur arracher sans cesse le masque d'hypocrisie dont ils se couvrent, et les amenant enfin à reconnaître nos droits à une égalité bien méritée et nécessaire d'ailleurs à l'ordre social nouveau qui se révèle avec d'autres besoins que celui du passé.

Christine-Sophie.

LE

MONDE NOUVEAU,

PAR M. RAY-DUSUEIL.

C'en est fait, la redoutable comète de 1832 a fracassé notre pauvre monde, le voilà qui roule dans l'espace... Traversons au plus vite le chaos, et voyons de tous ces grands débris qui surnagera? D'abord, quatre femmes. Bénédictions!! Si l'auteur les laisse user de leur libre arbitre, son livre sera bien nommé. Mais avant de passer outre, je vous prie de me dire, monsieur l'auteur, pourquoi vous avez choisi tous gens parés de sobriquets pompeux. Sobriquets, le terme est fort, direz-vous; il faut m'excuser, car avec mon bon sens de prolétaire, je ne puis accorder que ces distinctions sociales deviennent *titres* qu'autant qu'elles sont méritées personnellement..... Marquise, comtesse, baronne, etc. Qu'est-ce que cela veut dire, je vous prie? Dans le monde qui vient de finir, c'était peut-être une fonction rétribuée en raison de son utilité? nullement. Ou bien, par leur éducation, ces femmes sont-elles exemptes de préjugés, et pourront-elles coopérer plus efficacement à la formation du nouveau monde?... Enfin, passons les titres, ne nous faisons pas accuser de chercher querelle pour des vétilles. D'ailleurs, dans la manière dont l'auteur emploiera ces dames, je trouverai sans doute la justification de cette préférence.

Place, place; voici le héros : M. de Brémont, sans contredit, jeune homme charmant qui, lors de l'apparition de la comète, rêvait, réformait, organisait; et comme beaucoup d'autres malheureux penseurs, mécontent de tout ce qu'il voyait, avait plus d'une fois répété :

> Arrive donc, implacable comète,
> Finissons-en, le monde est assez vieux.

Le voilà au comble de ses vœux; il est seul, la place est nette; des femmes gracieuses, spirituelles, l'entourent; sans doute qu'il a son système en poche, et qu'il va de suite se mettre à reconstruire, à refaire un monde, et l'appuyer sur une base solide. Examinons : Eh, bon Dieu! M. de Brémont, votre système c'est de n'en point avoir, et d'aller pour ainsi dire au jour le jour. En vérité, dans une œuvre aussi fortement conçue, vos dames auront de l'activité, car ordinairement, je conviens que nous ne sommes pas pour les raisonnemens de longue haleine, mais excellentes pour l'inspiration du moment. Aussi, dans votre conseil, elles vont être en majorité; la puissance morale aura ses représentantes, le règne de l'Amour va s'établir sur cette heureuse terre ; nouvel Eden, bien supérieur au premier, où il n'y avait que l'absence du mal, ici il y aura bonheur complet. On n'oubliera la prière que pour ne se rappeler que l'action de grâce !... Halte-là, mon imagination ! vous avez trop devancé l'auteur ; rétrogradez, je vous prie, et voyez les choses s'établir, non pas comme vous les désirez, mais bien comme on vous les décrit.

O ciel ! quel désappointement ! mais, en vérité, M. de Brémont, c'est à vous perdre de réputation. Vous ressemblez à s'y tromper à tous les maris de ma connaissance. Quoi ! sans avoir un principe, un point d'appui pour asseoir les fondemens de votre nouvelle société, vous vous entêtez dans vos moyens, vous faites du vieux, du replatrage. On vous avertit : « mais un homme qui se respecte, et qui doit avoir la suprématie en raison de ces quelques pouces et de ce qu'il est le plus fort, et aussi le plus hardi ; et que ce n'est pas parce qu'il est le plus hardi qu'il est fort, mais qu'il a conscience de sa force, et d'autres causes inhérentes à sa nature masculine. » Enfin, c'est en vertu de toutes ces *très-fortes* raisons données textuellement par la *Gazette de France*, le 2 de ce mois, que vous continuez quand même. Avouez-le, il y a un instant, où je crois que si ce n'eût été l'extrême urgence de peupler votre monde, vous auriez dit aux conseilleuses, comme un certain président de cour royale très-connu dans Paris, à des dames qui avaient probablement aussi d'excellentes choses à dire : « Femmes, si vous ne vous taisez, je vous fais jeter à la porte. »

Eh bien ! charmante comtesse, délicieuses marquises de tous les pays, à quoi vous servent vos grâces, vos titres, dans le : *je vous fais jeter à la porte*, prononcé dans la première capitale du monde civilisé. Toutes les femmes ne sont-elles pas humiliées, écrasées ? Elles n'ont pas plus les unes que les autres de considération d'importance sociale. Ne serions-nous pas en droit de demander aux hommes où sont leurs titres pour nous mettre hors la loi ; sommes-nous si faible partie de l'espèce humaine qu'il soit inutile de nous faire présenter lorsque nos intérêts sont en cause? Mais en attendant que nous formions toutes une sainte alliance, et que nous nous donnions la main, revenons à nos dames du nouveau monde : le temps marche, que font-elles? Elles rusent, elles minent sourdement un édifice où, *sans place, sans puissance*, on ne les juge encore propres qu'à concourir à la reproduction de leur espèce. Aussi, plus j'avance plus je prévois la fin d'un pénible rêve.

Non, non, monsieur le législateur, ce ne sont pas seulement vos doctrinaires qui ont renversé votre monde, mais cet injurieux dédain pour les femmes, mais l'absence de système, de principe, qui pût à la fois satisfaire tous et chacun.

Oh! si dans ce grand bouleversement de la nature, M. de Brémont avait jugé à propos de me tendre la main, à moi chétive enfant du peuple, oui, je le sens, pour le remercier de m'admettre à partager la gloire de cette grande œuvre je me serais avancée vers lui hardiment et lui aurais dit : vous vous imposez la sublime tâche de faire un monde nouveau, croyez-moi, ce ne sera qu'une vaine prétention si de prime abord vous ne déclarez pas la femme votre égale. Vous le devez si vous souhaitez être conseillé, secondé, aimé! aimé dignement. D'ailleurs, n'est-il pas juste que puisque notre bannière est à la peine elle soit aussi à l'honneur. Et de ce principe découleront naturellement toutes ces conséquences : réglemens sociaux faits dans l'intérêt des deux sexes, éducation publique donnée aux enfans d'après une seule méthode, par des femmes et par des hommes, les cérémonies, les assemblées présidées également par des femmes et des hommes, enfin association réelle dans les unions et non plus accouplemens. Et comme entre gens d'esprit on s'entend vite, M. de Brémont, frappé aussi de l'impossibilité de rien faire de nouveau sans nous aurait consenti sans aucun doute à partager sa puissance pour avoir en retour le bonheur. Je me serais alors adressée à mes compa-

gnes : rejetez dans le vieux monde, leur aurai-je dit, les mesquines jalousies, les vains titres, rapprochons-nous de la
nature, ne soyons fiers que de remplir les obligations qu'elle
nous impose; ne sommes-nous pas toutes amantes, épouses
et mères, mères! Ce lien divin qui nous unit sera dans l'a-
venir, j'en suis convaincue, notre plus beau titre de gloire;
en parlant du genre humain, on cessera de dire les fils des
hommes, on dira les enfans de la femme!!

Oui, dans notre nouveau monde nous nommerons aussi
nos enfans.

SUZANNE.

Le 19 septembre.

❀

Cette petite brochure, rédigée et publiée par des femmes, paraît à jours indéterminés; on n'y insère que des
articles de femmes : celles qui voudront écrire sont priées de
s'adresser *au Bureau de l'Apostolat*, tous les jours, de midi
à 4 heures, rue du Caire, n. 17, à l'entresol; on y reçoit les
souscriptions des personnes qui prennent intérêt à notre
œuvre.

Nous recevons les lettres relatives aux questions traitées
dans nos publications.

Nos premières brochures n'ont pu partir à la poste à cause du
timbre; dorénavant nos abonnés des départemens les recevront
très-exactement.

(*Affranchir les lettres et envois*).

MARIE-REINE, Directrice.

PARIS. — IMPRIMERIE DE AUGUSTE AUFFRAY,

PASSAGE DU CAIRE, n° 54.

La Femme Nouvelle.

APOSTOLAT
DES FEMMES.

Liberté pour les femmes, liberté pour le
peuple par une nouvelle organisation du
ménage et de l'industrie.

A MADAME LA DIRECTRICE DU JOURNAL DES FEMMES,

PAR UNE DES RÉDACTRICES DE LA FEMME NOUVELLE.

Brochure de l'Apostolat des Femmes.

MADAME LA DIRECTRICE,

Connaissant l'extrême tolérance qui vous fait admettre
dans votre charmant et utile journal, toute nuance d'opinions, je n'ai pas été surprise d'y trouver, dans le numéro
du 15 septembre, un article si différent des autres qu'il semble dicté par le génie des siècles féodaux, mais j'ai été af-
fligée de voir une dame, qui, par son style élevé, paraît
appartenir à la classe privilégiée, venir nous dire au
19ᵉ siècle après deux grandes révolutions :

« Femmes, gardons notre esclavage tel qu'il est. »
Oh ! si madame Laure était sortie comme mes sœurs et moi,
des rangs des prolétaires, elle saurait ce que c'est que
l'esclavage qui pèse sur la femme ! elle saurait ce que l'ordre social actuel a de douleurs à faire supporter à la mère,
l'épouse, à la fille de l'ouvrier ! et en remontant un peu
l'échelle sociale, elle saurait aussi ce que c'est que le *despotisme* de cette classe dont la raison est *quasi* développée
et l'éducation *quasi* achevée. Je ne puis résister au désir
de vous citer un seul exemple, parce qu'il me touche et
qu'il est récent. Le mari d'une de mes amies, outré d'entendre parler de liberté, d'émancipation pour la femme,
a formellement déclaré à la sienne « qu'il la regarde
« comme *sa* chose, comme *sa* propriété, et qu'en elle, il
« *punira* toutes celles qui voudront échapper à un joug
« trop oppressif. » le malheureux !.... sans doute qu'il
tient parole, car ma pauvre amie m'a avoué depuis peu,
qu'elle ne quitterait *la maison de son* mari, que pour se
jeter dans la Seine ! et pourtant elle est mère !.... Que de
suicides qui ont de pareilles causes ! puissent ces lignes,
si elles lui parviennent, produire dans son âme un remords salutaire.

Mais dans la haute société, la civilisation est, il est vrai,
plus avancée, un mari peut bien par son inconduite,
briser le cœur de sa femme, ou la ruiner dans des chances
de jeu de bourse, mais au moins les formes y sont gar-
dées, l'ignoble brutalité est chassée à tout jamais de la
bonne société ; il est vrai aussi, que pour vous, mesdames, les plaisirs de toutes espèces viennent amortir les
chagrins auxquels vous ne pouvez vous soustraire ; pour
vous, la critique se fait gracieuse, la science et toutes ses
richesses s'empressent de se mettre à la portée de vos
jeunes ans et de développer votre intelligence, le charme
des beaux arts, enthousiasme votre âme dans le calme
du bonheur, et rend vos peines plus légères au jour de
l'adversité ; mais les pauvres jeunes filles du peuple sont
aussi avides d'instruction, elles aussi, sourient à l'harmonie des beaux arts, elles aussi tressaillent à un amour bien

exprimé. Hélas! celles qui ne se consument pas dans de vains désirs, ont pour échapper à cette mort lente et pour briller au bel âge, d'une part le théâtre, ou l'opinion les poursuit encore, si elles n'y portent pas le sceptre de la beauté et du talent. Ou bien le dirai-je, la prostitution dans tous ses degrés !.... Femmes privilégiées, femmes de tous les rangs! ces pauvres malheureuses partagent avec nous, notre plus beau titre, la *maternité!* unissons donc toutes, nos efforts pour effacer cette *honte* qui pèse sur notre sexe entier, en travaillant de concert à transformer l'ordre social existant.

Comme madame Laure, j'ai assisté aux enseignemens des Saint-Simoniens et je ne sache pas qu'ils aient jamais pensé à nous ôter un titre que la nature a rendu indélébile, je suis aussi jalouse que cette dame, du droit des mères, cependant, si Dieu m'eût conservé mes enfans, je n'eusse pas fait difficulté dans l'ordre actuel, d'envoyer ma fille en pension et mon fils au collège; cette marche eût semblé toute naturelle, et je n'eusse point passé pour mauvaise mère, en tenant mes enfans éloignés de moi aussi long-temps. Eh bien! nous qui élevons la bannière de la femme nouvelle, nous voulons que le dévouement des mères qui les porte dans le *seul* intérêt de leurs enfans à se priver plusieurs années de suite de leurs présence, s'agrandisse encore et devienne plus social, car nos enfans appartiennent avant tout, à la grande famille de l'humanité.

Que craindre d'ailleurs d'une religion dont le chef nous proclame libres! et fait faire silence; pour entendre notre parole! Quand viendra le moment de formuler et de donner force de loi aux divers réglemens nécessités par les nouveaux besoins de la société, tous les sentimens ne seront-ils pas représentés? La jeune fille ne sera-t-elle pas venue dire qu'elle continue à vouloir pour première parure l'aimable pudeur! La jeune femme qu'elle ne veut donner son amour et sa main qu'à l'homme qu'elle sentira son égal, non pas égalité de position sociale, mais de qualités morales, de facultés intellectuelles; car je nie qu'il y ait amour possible sans ces conditions.

Et si la jeune fille et la jeune femme peuvent se faire entendre, que sera-ce donc de la mère dont je pressens le rôle si grand dans l'avenir.

Femmes, nous y serons! Que ces mots vous rassurent, quels que soient les vains discours que débite le monde sur cette religion grande, universelle, et sur les apôtres qui la prêchent en attendant, charmée que je suis, de voir d'autres femmes comprendre leur époque, je vous dirai : courage! courage! femmes privilégiées, votre gracieux journal est dans le progrès, vous connaissez le langage du monde, à vous, appartient donc de faire son éducation.

Notre œuvre à nous, plus grande, est aussi plus religieuse; nous nous dévouons pour les femmes du peuple, dont nous avons si bien senti toutes les douleurs; je prends l'engagement de consacrer mon existence à l'amélioraration de leur sort. J'ai une foi vive qu'un jour, toutes les femmes se sentiront solidaires et que les plus favorisées par la naissance et la fortune, touchées du sort de nos malheureuses clientes, se rapprocheront et s'uniront en nous, aux femmes prolétaires.

Recevez, madame, l'assurance de ma considération distinguée.

Suzanne.

AMÉLIORATION

DU SORT DES FEMMES ET DU PEUPLE PAR UNE NOUVELLE ORGANISATION DU MÉNAGE.

Jeunes filles du peuple sans autre science que celle de notre religion, sans autre ressource pécuniaire que le produit de nos travaux d'aiguilles, nous avons commencé une œuvre encore petite et obscure, mais qui prendra un accroissement rapide et soulèvera de hautes questions politiques.

Reléguée dans le foyer domestique, la femme prolétaire

sait plus que l'homme à quoi s'en tenir sur le chacun chez
soi et la souveraineté du peuple; les illusions politiques
de liberté lui font plus cruellement sentir les serres de la
gêne ou de la pauvreté dans l'intérieur de la famille. C'est
là que s'est refugié l'antique esclavage! c'est là que le mariage est une lourde chaine et la maternité un surcroît à
ses soucis et à ses peines!

C'est en affranchissant la femme qu'on affranchira le
travailleur, leurs intérêts sont liés et de leur liberté dépend
la sécurité de toutes les classes. Voilà le problème que
n'ont pu résoudre les zélés, amis du peuple; ils se sont
appuyés sur l'accroissement des lumières et des besoins
nouveaux des masses pour détruire les priviléges su-
rannés de la noblesse, et ils ont oublié que notre sexe
avait aussi marché avec le progrès et devait avoir sa
part de l'émancipation générale. Nous dirons aux hommes politiques : Dieu n'a pas permis que vous renversiez
des prérogatives injustes pour que vous vous arrêtiez en
route et que vous fassiez servir à votre seul profit les armes qu'il vous a confiées pour le profit de tous. Vous aurez beaucoup de peine et point de succès si vous continuez
à subordonner sa volonté à la vôtre; si vous conservez cette
vieille croyance que la femme n'est propre qu'à produire
des enfans, soigner la maison de l'homme et faire sa jouissance ; si vous n'associez pas la femme et le peuple, chacun suivant son aptitude, à toutes les branches de l'ordre
social ; si vous ne donnez pas essor au génie dans tel sexe,
tel rang qu'il se trouve. Vous ne serez pas dans la voie de
Dieu qui veut place et bonheur pour tous, et vous échoue-
rez toujours. Vous ne pourrez satisfaire votre amour de
la propriété, en jouir tranquillement en accroissant sa valeur qu'en changeant le système commercial et en associant le ménage et l'industrie, sinon elle vous échappera
de tous côtés, par la complication des affaires, la banqueroute, la concurrence, par le peu d'ordre et le peu de
capacité des femmes qui ne naissent pas toutes bonnes mé-
nagères, par la chèreté des objets de consommation, qui
tient au morcellement des intérêts et au vice de distribu-

tion. Ces questions touchent de bien près les femmes ; elles sont souvent pour elles une cause de tracas qui augmentent le malaise de la société et qui ne cesseront que lorsque solidaires les unes des autres elles voudront se faire un nom et songeront aussi à s'organiser et avoir leurs lois pour les fonctions qui sont plus spécialement de leur ressort.

Notre premier pas en liberté morale sera donc employé à faire comprendre aux femmes, par nos enseignemens et nos écrits, les bienfaits d'une telle association, afin que dégagées des erreurs et des préventions de la routine, leurs voix s'élèvent en chœur pour réclamer un nouvel ordre de choses et entraînent les pensées et les efforts des gens de bien vers une réforme industrielle et ménagère, condition indispensable de la paix et du bonheur des peuples.

Nos premiers pas en liberté morale seront aussi de glorifier et faire aimer comme nous l'aimons nous-mêmes, l'homme grand entre tous les hommes pour l'appel saint de liberté qu'il a fait aux femmes ; sa parole a trouvé de l'écho dans leur cœur. Nous, nous répondons à cet appel en applanissant les voies à CELLE choisie par Dieu, entre toutes les femmes, pour annoncer au monde la loi nouvelle qui doit régler les relations nouvelles de la famille. L'instant n'est pas encore venu pour ELLE ; le monde n'est pas préparé et chaque chose se fera en son temps ; la bouche de l'ÉLUE de Dieu ne restera pas close. Nous avons à nous occuper maintenant de choses immédiates. Toutes nuances d'opinions de religions doivent se confondre pour nous dans une même pensée, celle de notre émancipation. La bannière des femmes est universelle, car, ainsi que l'a dit notre sœur Suzanne, ne sont-elles pas toutes unies par un même lien, la MATERNITÉ. Parmi les hommes qui, en même temps que Saint-Simon, comprirent que le moment de l'émancipation de la femme était venu, il en est un dont les cheveux se sont blanchis dans l'obscurité, et qui pourtant apporte au monde la clef de travaux immenses. Cet homme est M. Fourier. Ses théories d'associations sont les plus com-

plètes qui aient encore paru à ce sujet. En rendant l'industrie
attrayante, il emploie les individus tels qu'ils sont avec leurs
passions qui, dans l'ordre sociétaire, deviennent un puissant moyen pour l'embellissement du globe et la richesse
du genre humain. Des hommes dont le dévouement égale
la science, s'occupent en ce moment d'en préparer la réalisation ; nous sommes heureuses d'en compter parmi eux
qui ont partagé notre foi. Nous marchons au même but et
nous ne sommes pas aussi éloignés qu'ils veulent le croire.
L'instruction, la moralisation et le bien-être matériel de
la société marchent de front et arriveront, après avoir accompli leurs œuvres distinctes, à une fusion générale. Les
femmes hâteront ce moment ; elles ont une force d'entraînement et d'inspiration qui, étant développée et dirigée,
produira des résultats immenses et révèlera en elle une
puissance et des vertus inconnues jusqu'à nos jours. Nous
aurons occasion de parler d'une manière détaillée de
M. Fourier. Outre que nous aimons à rendre hommage
au vieillard vénérable dont la vie a été dévouée à l'humanité et qui contribuera pour une grande part à la réalisation de notre liberté, nous accomplissons un devoir envers la société en vulgarisant des idées qui la régénère-
ront et lui amèneront un bonheur dont tant de déceptions
lui avaient fait désespérer. La RELIGION de l'avenir ne
doit pas, comme celles du passé, repousser ce qui n'est pas
né en elle. Ses disciples doivent se conduire comme lorsqu'elle sera établie sur toute la terre, ils doivent chercher
les hommes généreux ; et laissant à l'inventeur la gloire individuelle et entière de son œuvre, l'aider de tout leur
pouvoir pour en assurer le succès. La RELIGION de l'avenir, belle de son amour universel, doit embrasser et unir
en elle tout ce qui est utile au bien du *genre humain* dont
elle est la tendre MÈRE.

JEANNE-DÉSIRÉE.

A MADEMOISELLE JEANNE-DÉSIRÉE, FONDATRICE.

Mes chères Enfans,

Vous avez besoin d'être soutenues dans votre apostolat, quelque vague qu'il soit encore, je veux dire quelque peu définies qu'en soient les bases aux yeux des femmes qui vous écoutent.

Votre œuvre vous met hors la loi commune; il faut sentir ce qu'elle a *d'intimement utile au fond* pour venir à vous, si vous pouviez joindre au fond la forme, je veux dire si vous pouviez être femmes nouvelles et femmes d'ordres, selon le monde, tout à la fois, beaucoup viendraient à votre aide.

Mes chères enfans, je livre à vos réflexions, ce fait grave que vous avez à transformer en un prodige de perfection qui vous manquent et qui fait qu'on ne peut venir à vous que théoriquement et non pratiquement.

Mais je veux, moi, vous donner un témoignage de mon désir, de vous voir continuer votre œuvre et c'est pourquoi je vous écris cette lettre, sans pourtant, tant le désordre de vos idées est grand, pouvoir me définir à moi-même, de quelle utilité morale et matérielle je vous puis être.

Voyez dans mes paroles, un témoignage de mon affection pour votre œuvre, pour vous et soyez assez *fortes* pour la publier dans votre journal.

Je vous fais passer ci-joint vingt-cinq francs.

Votre mère en expérience.

JULIETTE B.....

Nous recevons avec reconnaissance les avis maternels de madame Juliette B... et nous nous proposons de lui répondre dans le prochain numéro.

S'adresser au Bureau de l'Apostolat tous les jours, de midi à quatre heures, rue du Caire, n. 17, à l'entresol; et, pour les renseignemens, à madame Voilquin, rue Cadet, n. 26 et 28.

Le bureau de l'*Apostolat*, à partir du 8 octobre 1852, sera transféré au faubourg Saint-Denis, n. 11.

(*Affranchir les lettres et envois*).

Marie-Reine, Directrice.

PARIS. — IMPRIMERIE DE AUGUSTE AUFFRAY,
PASSAGE DU CAIRE, n° 54.

APOSTOLAT
DES FEMMES.

LA FEMME NOUVELLE.

Liberté pour les femmes, liberté pour le
peuple, par une nouvelle organisation
du ménage et de l'industrie.

Prospectus.

L'Apostolat est composé de femmes prolétaires dévouées à l'amélioration du sort de leur sexe.

La propagation des idées qui peuvent le plus contribuer à cette amélioration, se fait par des enseignemens et des publications de brochures rédigées par des Femmes.

Ces brochures paraissent depuis le 15 août 1832, plusieurs fois par mois à jours indéterminés ; on peut se les procurer en les achetant séparément ou en souscrivant en faveur de l'Apostolat comme don, ou par mois, ou en payant d'avance plusieurs numéros ; les dons et souscriptions sont volontaires, le prix des numéros est fixé à 15 centimes pour Paris et 25 pour la Province.

S'adresser pour les envois ou renseignemens, tous les jours, de midi à quatre heures, à Marie-Reine Directrice au bureau de l'Apostolat, *rue du* ~~Caire, N. 17 à l'entresol.~~

SOUSCRIPTIONS.

Je souscris en don ou pour   *mois, la somme de*

M   *rue*   *le*   183

Je souscris pour   *brochures à partir du*   Nᵒ

M   *rue*   *le*   183

Reçu

Signature de la Directrice.

La Femme Nouvelle.

APOSTOLAT
DES FEMMES.

VÉRITÉ.   **UNION.**

Liberté pour les femmes, liberté pour le
peuple par une nouvelle organisation du
ménage et de l'industrie.

A nos Lecteurs.

Lorsque nous avons commencé notre apostolat, faibles,
isolées, sans autre ressources que celle de notre aiguille,
nous avons dû éprouver bien des difficultés. La plus
grande était de nous faire connaître, d'apprendre au
monde qui nous sommes, afin d'appeler à nous des femmes
qui nous aidassent à parvenir au but que nous nous

sommes proposé. Notre capacité, tant petite qu'elle soit, unie à la foi que nous avons aux destinées de l'humanité, a été employée à la réussite de nos idées. Jusqu'ici nous avons marché isolées, sans qu'aucun lien nous réunît. Nous avions bien mis en tête de nos publications : *Apostolat des Femmes;* mais ce titre exprimait plutôt un désir qu'une réalité. Aujourd'hui nous pouvons le prendre ; déjà parmi nous, nous avons commencé à sentir le lien religieux qui doit unir toutes les personnes travaillant à une même œuvre. Dans une de nos prochaines publications paraîtra la première organisation de notre association ; organisation sans doute bien imparfaite, mais qui toujours est un premier pas dans la nouvelle route que les femmes doivent suivre. Oh! oui, du jour où les femmes seront associées religieusement; du jour où auront disparu, de parmi elles, toutes ces petites rivalités qui n'ont pour cause que des futilités, de ce jour, dis-je, leur cause sera gagnée. Car vraiment, elles seront devenues les égales de l'homme. C'est avec conviction et espoir que j'écris ces lignes; conviction, parce que j'ai foi que cette association se formera; espoir, car je sens que la nôtre, toute imparfaite qu'elle est, sera le germe de cette sainte et belle association qui réunira toutes les femmes. Quand nous avons commencé nos publications, restreintes par nos moyens pécuniaires, peu sûres du nombre de lecteurs que nous pourrions avoir, nous leur avons donné une forme très-légère. Aujourd'hui que notre œuvre se consolide, nous sentons la nécessité d'augmenter notre brochure.

Elle sera donc d'une feuille entière d'impression. Mais ne voulant gêner personne, le prix restera le même. Nous faisons seulement fonds sur la bonne volonté des personnes qui prennent intérêt à notre œuvre et qui sentent la valeur de l'œuvre que nous accomplissons, ou qui, n'y ayant pas foi, ne peuvent s'empêcher d'encourager de

jeunes femmes qu'elles voient, avec aussi peu de ressources, entreprendre une œuvre qui sera immense dans ses
résultats : car elle a pour but de faire connaître aux femmes
la puissance qui est en elles, afin qu'elles la fassent servir
au bien de l'humanité.

C'est donc à toutes ces personnes que nous nous adressons afin qu'elles nous aident à continuer et même à augmenter nos publications sans en augmenter le prix. Elles
sentiront bien que c'est un sacrifice que nous faisons, et
que, si personne ne nous aide, il nous sera impossible de
le faire long-temps ; et pourtant cet accroissement nous
est nécessaire, car nous sommes obligées de traiter en peu
de mots des questions qui exigeraient un long développement pour pouvoir être comprises, et qui, faute d'espace,
restent inconnues et ne servent pas au but que nous nous
proposons.

MARIE REINE.

DEMANDE.

Les hommes font les lois, les femmes font les mœurs, a
dit un grand homme ; vérité : incontestable, mais dont on
tient peu compte de nos jours où les hommes et les femmes,
s'affublant de théories bonnes il y a quelques siècles et
vivant en esprit sur ces théories, ne nous présentent plus
en pratique que le désordre le plus complet, le cahos
le plus dégoûtant, ne se servant d'une morale, qu'ils ne
peuvent plus accepter pour eux, que pour condamner
ceux qui ont la franchise du scandale ou la maladresse de
la timidité, ou bien pour satisfaire aux questions naïves de
leurs petits enfans, questions parfois embarrassantes mais
auxquelles enfin il faut répondre en se basant sur un prin-

cipe quelconque ; car ces petits enfans ne manquent pas
d'une certaine petite logique à laquelle il est quelquefois
difficile d'échapper, et ne se contenteraient pas toujours
d'une réponse faite en l'air.

La société pourra-t-elle rester long-temps dans cet
état de choses? Cela n'est pas présumable. L'anarchie,
sous quelque forme qu'elle se présente, ne peut être de
longue durée, parce qu'elle n'est pas dans la nature. Les
hommes sont sans cesse ramenés par leurs propres besoins à cette harmonie divine qui existe dans tout ce qui
est ; ils sont intimement liés les uns aux autres pour accomplir, chacun à des degrés différens et selon leur vocation, une œuvre utile et commune à tous. La société
donc doit se reconstituer ; mais elle ne peut le faire qu'à
la condition que, laissant de côté toutes ses vieilles lois
et ne prenant du passé que ce qui peut servir comme
expérience à son développement nouveau, elle formulera
une morale et une politique nouvelles, propres à satis-
faires aux besoins de son époque et au progrès incessant
que l'humanité est appelée à faire.

A cette œuvre doivent travailler les hommes et les
Femmes : car les lois et la morale, qui marchent toujours
ensemble et de front, ne pourront être complètes que
lorsque celles-ci seront admises à y prendre de droit la
part qui les concerne et qu'elles ont prise de fait ; tous y
gagneront quand les femmes auront apporté leur face
aimable et attrayante à une constitution sociale qui, sans
elles, serait encore empreinte de sécheresse et d'aridité.

Je demande donc aux hommes, nos anciens maîtres,
de vouloir bien entrer en discussion avec nous sur toutes
les questions relatives à la morale et qui, par conséquent,
devront nous intéresser. La première et la plus grande
de toutes, est la question de l'éducation qui est incomprise de nos jours et sur laquelle nous devons, sans plus

tarder, porter toute notre attention , œuvre pour laquelle je revendique, pour nous femmes, notre coopération.

En effet, moi, mère de quatre enfans qui sont ma chair et ma vie, ne suis-je pas bien intéressée à connaître et *émettre* les principes sur lesquels sera basé leur avenir social et individuel? ne dois-je pas repousser de toutes mes forces ce qui peut nuire au développement ordonné de leurs facultés? Comme je suis naturellement portée à rechercher avec sollicitude ce qui peut y contribuer. Je sais que l'instruction des mots est poussée aussi loin que possible pour les jeunes gens qui, au sortir du collége, savent assez bien leur grec et leur latin ; que l'on veut bien permettre aux jeunes filles (sauf que les parens en aient les moyens) de prendre des notions préliminaires sur l'histoire, la géographie, le calcul, etc... Mais est-ce là tout , je vous le demande? N'avons-nous pas à leur apprendre une autre chose tout aussi importante et sur laquelle on les laisse dans la plus complète ignorance? n'avons-nous pas à leur apprendre ce qu'ils sont, pourquoi ils sont et ce qu'ils se doivent les uns aux autres? Réfléchissez-y bien et vous verrez ce que nous avons à faire.

Christine Sophie.

Les femmes seules diront quelle
liberté elles veulent.

Les avis, les conseils, les opinions nous arrivent de tous côtés avec une diversité frappante. Chacun se constitue de son propre aveu notre libérateur, et nous veut rendre libres à sa manière. Quoi qu'il en soit, je suis le but que je me suis proposé, sans tergiverser d'un côté ni de l'autre. Qu'on ne me croie sous l'influence d'aucun systême ; n'importe qui désire notre liberté, je la veux, voilà l'essentiel. Je la voulais avant de connaître les Saint-Simoniens, je

la voulais avant de connaître M. Fourier. Je la veux malgré ceux qui s'y opposent, et j'y travaille peut-être en dehors de plusieurs qui la veulent. Mais je suis libre. Assez
long-temps les hommes nous ont conseillées, dirigées, dominées : à nous maintenant de marcher dans la
route du progrès sans tutelle. A nous de travailler à notre
liberté par nous-mêmes; à nous d'y travailler sans le secours de nos maîtres. Qu'on n'aille pas ici m'accuser de
contradiction; ils ne sont pas nos maîtres, ceux que j'é-
coute en matière de liberté; ils sont seulement nos devan-
ciers; car la société, dans les usages, a tout fait pour eux,
et rien pour nous. Mais ils ne veulent ni nous commander
ni nous conseiller; ils veulent notre liberté, leur bonheur
en dépend, ils sont assez justes pour le reconnaître. Ils ne
s'affublent pas du titre de libérateurs, pour retenir dans
leurs mains quelque temps encore le sceptre du despotisme qui leur échappe. Que dis-je, ils le repoussent et
ne veulent pas d'un bonheur qui ne serait pas partagé
avec entière égalité par les femmes. Ils travaillent comme
nous, proportion gardée, vu leurs capacités plus développées que les nôtres, à cette grande œuvre sociale, l'affranchissement des femmes et du peuple; mais ils ne sont
pas nos libérateurs, ils n'ont droit à ce beau titre que de
moitié avec nous, et non pas exclusivement pour eux
seuls. Et quoique le long esclavage que nous avons subi,
apporte des entraves sur notre route, nous marchons au
but, et nous y marchons vite. Nous voilà reunies en petit nombre, il est vrai, mais toutes travaillant corps et âme
à la plus belle de toutes les causes que puisse embrasser
une femme qui se trouve dans ce monde où il n'y a pour
elle qu'esclavage ou mépris, toutes dévouées, quoique selon la différence de nos dispositions de caractères et de sentimens, à un même but. Plus de coteries entre nous, plus de
petits intérêts, j'oserai presque dire plus de ruses : l'amour

de la liberté comme un flambeau divin éclaire de ses mille
rayons le fond de notre cœur, et on y voit la place nette
pour les grands sentimens que demande une si belle œuvre.
O femmes, que notre exemple vous touche, que les obstacles ne vous arrêtent pas : en vain résisteriez vous, bientôt le torrent du progrès vous entraînerait sur ce terrain
que vous craignez d'aborder, et vous n'auriez pas la gloire
d'y avoir volé. Rangez vous sous la bannière pacifique, mères qui redoutez l'esclavage pour vos filles ; et vous filles
qui êtes brisées de douleur dans vos plus douces affections,
et qui sentez étouffer en vous l'amour des grandes choses,
par le cercle étroit des préjugées qui vous entourent, éle-
vez la voix pour réclamer le libre exercice de tant de
belles qualités qui restent obscurcies. Vous trouverez de
l'écho dans tous les cœurs généreux, quand vous ferez retentir à la face du monde ces mots : Affranchissement pour
le peuple, Affranchissement pour la femme. Partout vous
serez accueillies, car nous sommes dans une ère de progrès
qui, insensiblement va grandir, et nous jugeons de son
éclat en en voyant l'aurore. Ne comptez pour rien les clameurs qui retentissent à vos oreilles. Les insensés! ils se
raillent de la bonne route qu'ils ne peuvent suivre eux-
mêmes. Des idées plus grandes vous détourneront de toutes ces désapprobations, et une fois que vous aurez pris
à cœur les idées de liberté, vous aurez en perspective
l'avenir qui se prépare pour la postérité, et le mépris
voudrait en vain monter jusqu'à vous : vous ne l'aperce-
vrez pas. Vous ne connaîtrez plus les dégoûts inséparables
des chaînes que vous portez, et votre cœur ne sera plus
affadi par les plaisirs mesquins que vous offrent vos protecteurs. Votre bonheur grandira à mesure que vos chaînes
tomberont.

JOSÉPHINE FÉLICITÉ.

RÉPONSE

A UN ARTICLE DU JOURNAL LE BON-SENS, PUBLIÉ DANS LE Nº DU DIMANCHE 14 OCTOBRE.

L'article publié dans le *Bon Sens*, du dimanche 14 octobre, contient la lettre d'un ouvrier qui engage les rédacteurs de ce journal, à quitter le terrain stérile sur lequel se tient la politique d'aujourd'hui, pour entrer dans les voies d'améliorations matérielles, et leur signale le système de M. Fourrier, comme l'un des moyens de sortir de la crise où nous nous trouvons. Cette lettre a fait battre mon cœur, car moi, fille du peuple, j'ai vu avec bonheur que parmi mes frères, il en est qui sentent ce qu'ils valent, et voient que ce n'est pas par des bouleversemens politiques que leur sort peut s'améliorer. Mais je l'avoue, j'ai été surprise de voir que des hommes tels que les rédacteurs du *Bon Sens*, aient aussi peu compris les idées de M. Charles Fourrier, et lui aient reproché un ton de mysticisme, alors qu'un ouvrier par la seule lecture du journal le *Phalanstère*, a compris qu'il y a dans le système de ce journal, autre chose que des détails oiseux et ridicules, ainsi que le dit lui-même le *Bon Sens*. Le reproche de mysticisme est d'autant plus étonnant, qu'il est fait par des hommes qui, plus que M. Fourrier y sont sujets, puisqu'ils repondent à un homme qui leur demande de l'amélioration matérielle, en lui offrant des droits politiques. Oh je le sens! pour vous, écrivains, la misère du peuple n'est qu'une théorie, et vous croyez que des droits politiques amélioreront son sort; mais ne vous y trompez pas, ce n'est pas là ce que le peuple demande, que Lyon vous serve d'enseignement. Lorsque le peuple s'y est révolté, a-t-il arboré la couleur d'un parti quel qu'il soit, a-t-il demandé des droits politiques? Non; il a demandé du pain! du travail! Oui, du pain, du travail, voilà la devise du peuple. Il sent ses souffrances et sait bien que ses droits pour lesquels vous barbouillez tous les jours du papier, ne donneront à ses enfans ni une meilleure éducation, ni à lui un travail assez rétribué, pour le faire sortir de la misère où il se trouve; il sait bien que ce que vous demandez pour lui ne détruira pas la concurrence, ce ver rongeur qui vient lui enlever le seul bénéfice sur lequel il pouvait compter. Sans doute la vie n'est pas toute entière dans les jouissances matérielles, il faut au peuple, de même qu'aux riches, des jouissances intellectuelles et morales; mais ce n'est pas par celles là qu'il faut commencer. Que dirait-on d'un homme qui voyant un de ses semblables mourant de besoin, lui ferait un beau discours sur la liberté de la presse, au lieu de lui donner les secours nécessaires? On le trouverait bien ridicule, sans doute, dans sa manière d'aimer les malheureux, voilà pourtant la position des libéraux vis-à-vis du peuple. Les rédacteurs du *Bon Sens* ont entrepris d'instruire le peuple, tâche grande et généreuse, il est vrai, mais quels doivent être ses résultats? si ce n'est de lui procurer les moyens de sortir de l'état de misère et d'incertitude où il est aujourd'hui. Or, il est du devoir de tout homme qui a entrepris cette grande tâche, d'examiner tous les systèmes qui tendent au même but, et je crois qu'à ce titre, M. Fourrier a droit à un examen sérieux. Nier l'ensemble à cause des détails ce n'est pas preuve de jugement, c'est tourner la question au lieu de la résoudre. Je ne crois pas,

pourtant, que ce système soit tout ce qu'il faut à l'humanité, car en cela je ne partage pas les idées de M. Fourier
ni de ceux qui les enseignent, je l'ai déjà dit, je suis Saint-
Simonienne, mais c'est précisément pour cela que je voudrais attirer l'attention sur un système dont on s'est occupé si peu jusqu'à présent. Oui, je le dis, et c'est pour moi
une conviction, tous les hommes qui aiment et qui veulent le bien de l'humanité, doivent hâter de tous leurs
efforts la réalisation que propose M. Fourier, car soit
qu'elle réussisse complétement ou en partie, il en résul-
tera toujours un bien pour l'humanité. Les efforts qui se
font dans ce but, ne sont jamais inutiles, et si le résultat
n'est pas immédiat, il finit toujours par trouver son utilité. D'ailleurs cet essai de réalisation aurait toujours l'a-
vantage de réunir des hommes, qui, jusque là séparés
par les opinions politiques, trouveraient en s'attachant à
faire réussir une œuvre commune, les moyens de se récon-
cilier. Oui, la lutte et la haine ne cesseront que lorsqu'on
aura bien compris cette vérité : Que ce n'est pas par de
vaines discussions sur des théories constitutionnelles, telles
que de savoir si le roi a droit de nommer des pairs ou de
présider le conseil, que le peuple accroîtra son bien-être
et sa moralité. Et qui plus que nous doit engager les
hommes à quitter ce terrain stérile; qui sent plus que nous
le vide de toutes ces discussions? nous qui ne sortons jamais du milieu de nos familles, nous sentons bien mieux
que les hommes, ce qu'il faut pour remédier aux douleurs
qui, chaque jour, viennent y porter la désolation. Quand
les hommes comprendront ces idées, toutes les haines et
les discordes cesseront, et alors commencera l'association
universelle, car ils n'auront plus qu'un même but, le
bonheur de tous.

MARIE REINE.

A MADAME JULIENNE B***

En répondant à votre lettre je suis heureuse, Madame, de l'occasion toute naturelle que vous me donnez d'expliquer en termes généraux le but de notre apostolat.

Tous les hommes avancés qui s'occupent de régénérer la société, ont senti qu'il fallait enfin mettre les droits de la femme plus en rapport avec ses devoirs; mais les Saint-Simoniens seuls ont compris que, pour régénérer une société vieillie, il fallait en extirper tous les abus et, seuls entre tous, ils nous ont offert une liberté digne de nous, grande! immense d'avenir! Le chef de cette religion nous a dit: « O vous, qui commencez à me compren-
» dre, regardez autour de vous; voyez, dans le désordre
» qui existe que de forces perdues pour le bonheur de
» tous, quel nombre infini de femmes ont failli à la mo-
» rale chrétienne, des peuples entiers n'ont jamais pu se
» soumettre à l'austérité de cette religion, elle n'est donc
» pas la loi définitive de Dieu, car mon Dieu veut bon-
» heur pour tous, association universelle. Femmes, cher-
» chez donc avec moi les nouveaux rapports qu'il con-
» vient d'établir entre vous et nous. Je vous ai présenté
» des théories morales, à vous appartient de poser des
» limites. Femmes, vous êtes libres! Pour soutenir vos
» droits je me suis laissé condamner, je sacrifierai ma vie
» et, s'il le faut, celle de mes fils chéris. Femmes, vous
» êtes libres!!

C'est sous l'influence de ses grandes pensées, qui ne peuvent être développées que successivement, que nous nous

sommes réunies et avons formé notre apostolat. A notre
tour, nous appelons les femmes de cœur et de dévoûment
qui souffrent de toutes les douleurs qui pèsent sur notre
sexe, afin que, réunies, nous puissions au plutôt y apporter un adoucissement. Vous sentez, Madame, que long-
temps·encore notre œuvre sera toute de préparation,
jusqu'au moment où une grande voix s'élèvera du milieu
de nous et formulera la pensée de toutes.

En attendant, ne craignez pas, Madame, de vous approcher, vous êtes digne de travailler à notre œuvre,
recevez nos remercîmens pour la bienveillance que, sans
nous connaître, vous nous avez témoignée; nous nous
proposons, pour la justifier, de publier dans le prochain
numéro, un fragment sur la règle qui nous unit et qu'il
faut observer pour se dire femme nouvelle.

Susanne.

A MADEMOISELLE ÉLISA DE M***.

—

Je te félicite, ma chère enfant, des progrès que fait
chaque jour ta jeune raison; mais à dix-huit ans il est
difficile d'empêcher notre imagination d'être de moitié
dans les jugemens que nous portons; aussi c'est donc
pour rectifier quelque peu d'exagération, qui se trouve
plus encore dans la forme que dans le fond des idées,
que je me hâte de répondre à ta dernière lettre. « Je fré-
» mis, dis-tu, lorsque je vois une jeune personne s'im-
» poser le despotique lien du mariage et asservir au pré-
» sent tout son avenir, à la volonté d'un jour, toutes ses
» chances de bonheur; en vérité, il me semble qu'en
» passant le seuil de la demeure conjugale, sa première

» pensée doit avoir quelque chose du terrible *toujours*,
» *jamais*, que le Dante avait gravé sur les portes de son
» Enfer. Qui peut en effet réaliser le plus cette fiction,
» si ce ne sont les mauvais ménages, et n'est-ce pas dans
» une très-faible exception que l'on peut placer les unions
» assorties ; ensuite quelle est la femme, qui, la main sur la
» conscience, ne trouvant dans le mariage que déception
» où elle s'était promise amour et bonheur, peut se dire :
» *Je n'aimerai plus.* »

A cela je ne vais pas te répondre, mon aimable amie,
en style de procureur-général, que si de semblables
idées étaient admises, la société tomberait en dissolution ;
non, non, je sais trop bien que ta pensée n'est pas de
refuser à cette société le droit de sanctifier l'amour des
individus ; mais dans l'association du mariage, tel qu'il
est pratiqué aujourd'hui, tu trouves avec raison que nous
donner le titre de moitié d'eux-mêmes, c'est de la part
des hommes une insultante dérision. Tu pressens qu'il est
nécessaire que ce lien subisse une transformation importante, que le divorce, réclamé par tous les esprits avancés doit être rétabli dans nos lois en le dégageant des
entraves dont nos trop prudens législateurs veulent l'entourer : d'assez nombreux désordres et de touchantes douleurs en constatent le besoin. Ainsi, chère enfant, réclame
aussi avec nous, de toute la force de ta douce voix,
d'abord le divorce, comme remède au malheur ou comme
moyen de le prévenir ; ensuite et toujours notre affranchissement définitif, et dis bien à tous ceux que ton doux
regard attirera près de toi, que puisque notre liberté est
une des nécessités de l'époque, autant commencer de
suite et de bonne grâce à nous l'accorder. En vérité, je
vous le dis, Messieurs les récalcitrans, les temps sont
bien loin où, dans un concile, de graves docteurs, bon-
net aigu en tête, enveloppés de noir comme leur esprit,

discutaient, s'ils pouvaient, en sûreté de conscience, nous
accorder une ame. Ces pauvres hommes ! tout en les
laissant *deviser*, comme nous avons cheminés depuis ; car
ne cessant de reprendre à nos seigneurs et maîtres les pensées que d'abord nous leurs inspirions, nous les avons
forcés non-seulement à reconnaître en nous quelque
chose qui sent, qui pense, qui agit d'après une volonté qui
nous est propre ; mais, dans ce siècle, que moi, femme,
j'appellerai grand par excellence, des hommes du plus
haut mérite, *Saint-Simon* et *ses successeurs*, ont reconnu
que nous étions mûres pour la liberté ; ils ont déclaré et
soutenu devant tous que la femme est l'égale de l'homme.
Et vraiment, Messieurs . je ne sais comment vous feriez
pour nier cette vérité, elle est palpable ; dites quelle pensée brille dans vos regards qu'elle n'ait déjà fait palpiter
nos cœurs. Aussi, précédées par de tels hommes, nous ne
cesserons plus de crier, qui de crier : *Affranchissement
pour la femme !* jusqu'à ce que notre voix, s'augmentant
de toutes celles qui successivement se joindront à nous,
devienne si assourdissante qu'elle contraigne Messieurs
nos tuteurs à nous présenter leurs comptes de gestion.
Alors, comme nous avons l'ame bonne, nous en aurons
bientôt fini avec le passé. Cependant je leur demanderai
(lorsque nous aurons recouvré la parole, c'est entendu)
pourquoi ils laissent subsister dans leurs Codes des traditions si anciennes, si vieillies, qu'elles n'ont plus de sens ;
par exemple, j'accorderai volontiers une prime d'encou-
ragement à celui d'entre eux qui me démontrerait, d'une
manière claire et précise, le pourquoi qui fait que nous
devons être soumises à nos maris, je ne m'en doute pas le
moins du monde ; la bonne *Gazette* dernièrement a bien
fait tous ses efforts pour nous convaincre que cela devait
être ainsi ; je suis sans doute malheureusement organisée ;
car je suis restée froide devant de semblables raisons.

Ecoute bien, ces Messieurs sont plus grands (de taille)
que nous, ils sont plus gros, ils sont plus forts, ils ont
toujours été les maîtres, donc!!.. L'excellente, l'admirable logique!! Elle me rappelle la conclusion de la fable
du loup et de l'agneau.

Malgré cela, vous ne m'empêcherez pas de vous dire,
vénérable *Gazette*, avec tout le respect possible, que
c'est un peu trivial de mesurer les droits et le mérite du
sexe grand, gros et fort, au poids et au volume.

Tu sens bien, chère enfant, que pour t'avoir blâmée
sur le ton un peu tragique que tu as pris dans ta lettre,
je n'en suis pas moins persuadée que ce sont toutes vérités, et toutes bonnes à dire; mais de grâce, que le sourire
revienne embellir ton frais visage; crois-moi, pour être
présentée d'une manière aimable, la raison n'en est pas
moins persuasive. A moi, dont la mine commence à se
refrogner, laisse les airs dignes, les tons graves, tu
me rendras, j'espère, la justice d'avouer qu'ils me conviennent.

Avant de terminer, je dois cependant changer de ton,
aimable amie, pour te remercier de la confiance sans
borne que tu as en moi; tu veux confier à mon amitié,
dis-tu, le soin de te guider dans l'acte le plus important
de ta vie. Oh! comme alors je m'adresserai fièrement à
celui qui voudrait attacher ton existence à la sienne, avec
quelle force de conviction je lui dirai : « Homme, regarde
le front de cette jeune fille, le caractère divin de la perfectibilité n'y est-il pas tracé comme sur le tien? Et si
Dieu l'a faite ton égale, à beaucoup de titres, et ta supérieure dans la faculté d'aimer, dis-moi, en la prenant
pour compagne, pourquoi voudrais-tu asservir sa volonté
à la tienne; sache aimer en elle une fille de Dieu, et tu pour-
ras apprécier l'amour d'une femme libre! De semblables
unions amèneront le règne de Dieu sur la terre, car tu le

sais notre Dieu est le Dieu vivant, l'harmonie, l'amour infini qui anime et remplit l'univers. »

SUZANNE.

ANNONCES.

Nous recommandons à l'attention de tous ceux qui goûtent nos principes et notre œuvre, une publication qui paraît en ce moment, sous le nom de *l'Ami du prolétaire.* Cette production se recommande par les hautes questions de morale, de politique, d'industrie et d'histoire générale qui y sont traitées avec une grande précision du point de vue philosophique saint-simonien. Les deux premières livraisons ont paru. On souscrit chez le fondateur, boulevart St-Martin, n⁰ 7. Prix de chaque livraison, par abonnement, 25 cent. ; prises séparément 3o cent. ; Les frais de poste sont à part.

S'adresser au Bureau de l'Apostolat tous les jours, de midi à quatre heures, rue du Faubourg Saint-Denis, n. 11 ; et, pour les renseignemens, à madame VOILQUIN, rue Cadet, n. 26 et 28.

(*Affranchir les lettres et envois*).

MARIE-REINE,
SUZANNE, } Directrices.

PARIS. — IMPRIMERIE DE AUGUSTE AUFFRAY,
PASSAGE DU CAIRE, n⁰ 54.

APOSTOLAT

DES FEMMES.

VÉRITÉ — **UNION.**

Liberté pour les femmes, liberté pour le
peuple par une nouvelle organisation du
ménage et de l'industrie.

A Mmes LAURE BERNARD et FOUQUEAU DE PASSY,

En réponse à leurs articles insérés dans le Journal des Femmes, le 15 et le 29 septembre.

Lorsque le Journal des Femmes a paru, Mesdames, je croyais sincèrement qu'il y serait question de quelque chose de sérieux, de bon, de vrai ; mais, permettez-moi de le dire, j'ai été bien singulièrement trompée : des historiettes, des vers, des recettes de chocolat, des modes, etc.

Au milieu de tous ces riens, deux graves questions s'agitent: celle de l'éducation d'abord ; puis celle des femmes,
traitée par vous deux, Mesdames, de la manière la plus
frivole et la plus légère. Oh! alors je me suis sentie ré-
voltée. Vous parlez des femmes, et vous ne savez pas ce
qu'elles sont, ce qu'elles souffrent ; vous parlez des femmes,
et vous ne les jugez et mesurez que d'après votre individualité. Vous, femmes heureuses de la classe privilégiée,
vous voulez parler des femmes, et vous ne savez parler
que de vous. Vous êtes jeunes encore sans doute, riches,
entourées d'êtres qui vous aiment et que vous aimez; alors
vous dites : la condition des femmes est bonne ; elles sont
heureuses..... Oui, fort heureuses !.... Vous parlez même
d'*air victime, coquet et naïf*..... Ah ! gardez, gardez pour
vous ces airs coquets et naïfs, ces complimens légers ;
gardez ces mots vides et secs qui insultent à l'humanité
toute entière. Je suis jeune encore aussi, Mesdames, et,
comme vous, de cette classe privilégiée; mes enfans sont
bons, beaux ;.... je suis entourée d'affection ,.... et cependant je ne suis pas heureuse, moi, Mesdames, car autour de moi je sens que l'on souffre horriblement. A cette
pensée mon cœur se serre; et quand vous vous trouvez,
vous, si parfaitement heureuses, c'est que vous oubliez
qu'autour de vous, au-dessus, au-dessous de vous, souffrent et périssent de toutes les douleurs et misères les plus
affreuses, des êtres qui sont des femmes aussi pourtant,
du moins qui seraient des femmes, si les douleurs qui les
accablent ne les avaient défigurées au point de faire douter que ce sont des femmes, si la société s'était chargée
de les nourrir, de leur apprendre à faire le bien, à éviter
le mal. Ah ! n'entrons pas dans ces affreux détails; depuis
la mère qui souffre en son corps et en celui de ses enfans,
qui lui crient : j'ai faim, jusqu'à cette jeune fille du
peuple, perdue à quinze ans par l'homme qui la flatte et

la trompe, jusqu'à cette jeune fille de la classe privilégiée qu'on vend à son mari, ou qui l'achète, jusqu'à cette jeune femme froissée et trompée dans toutes ses espérances d'avenir et d'amour; dites, dites, Mesdames, n'y a-t-il pas là de grandes douleurs, de grands enseignemens? Y a-t-il de quoi réjouir la femme qui se trouve heureuse? Ne sent-elle pas, cette femme, l'ardent désir, le besoin de contribuer au soulagement de tant de souffrances? de travailler à *la grande œuvre sociale?* Écoutez seulement votre cœur avec attention; après cet examen, osez dire encore, dans votre profond égoïsme, que les femmes sont heureuses!... Ah! j'espère mieux de vous.

Combien j'ai été étonnée en lisant les lignes offensantes que vous avez écrites contre les Saint-Simoniens. Vous ne les connaissez pas, à ce qu'il paraît, et vous vous mêlez de les juger : étudiez, étudiez-les, Mesdames, avant de parler d'eux; ils en valent la peine. Lorsqu'on fait tant que d'avoir la prétention d'écrire au public et de mettre son nom au bas d'un article, il faut au moins avoir assez d'amour-propre pour ne pas mériter qu'on vous dise que vous parlez bien légèrement de ce que vous ne savez pas. Je ne suis pas Saint-Simonienne, Mesdames; absente de Paris depuis long-temps, je n'ai pas vu les Apôtres de Ménil-Montant; mais je vous avoue que je rougirais à votre place d'oser attaquer de tels hommes sans les connaître, sans avoir avec soin étudié et apprécié la valeur de leur doctrine. Lisez l'*Exposition de la Doctrine Saint-Simonienne*, l'*Economie politique* de M. Enfantin; les *Prédications* de MM. Barrault et Retouret surtout. Si, après, vous ne sentez pas tout le sérieux de la vie, si vous n'êtes pas émues et touchées, alors je vous plains, et n'ai rien à ajouter. Je les ai entendus quelquefois à la salle Tait-Bout; j'ai lu avec suite le *Globe,* et je n'ai pu leur refuser beaucoup de sympathie; car toujours ils parlent au nom

de ceux qui souffrent. Si vous vous étiez donné la peine
d'étudier avant de vous faire imprimer, vous auriez appris
que, loin de vouloir faire les femmes *soldats*, ils ne veulent plus de soldats; car ils nous prédisent que l'avenir
sera sans guerre et pacifique. Ah! j'accepte avec joie cet
avenir de paix. Vous auriez pu comprendre aussi qu'il ne
serait pas si absurde que des femmes coupables soient
jugées par des femmes; vous sauriez encore qu'ils ne donnent pas seulement un trop court présent, mais qu'ils font
pressentir et désirer une vie future. Eh, mon Dieu, Mesdames, que diriez-vous, s'ils vous avaient *formulé*, pour
me servir d'une expression qui leur est habituelle, une
vie future toute prête et arrangée merveilleusement, en
flattant vos désirs? Vous vous moqueriez sans doute, car
cela paraît vous être facile. Mais Jésus lui-même, que vous
a-t-il appris de la vie future? Rien..... que l'espérance.
Etudiez, Mesdames, croyez-moi; on gagne toujours à
apprendre. Alors peut-être comprendrez-vous que *nous
sommes corps et esprit, tous deux ensemble, et jamais l'un
ou l'autre séparément; que la vie ne nous quitte jamais, car
rien ne meurt; que notre transformation s'opère en mieux
toujours, car tout est progrès, mais en mieux plus ou moins,
selon nos œuvres*. Dans tout cela je ne vois pas de maté-
rialisme.

Vous semblez ignorer que tous ces hommes sont dis-
tingués par leur science et leurs études; que tous ont aban-
donné des carrières élevées et indépendantes; que presque
tous sortent de l'école Polytechnique; que tous étaient
aussi de cette classe privilégiée à laquelle ils veulent apprendre à aimer *le peuple qui souffre, les femmes qui
souffrent;* ils se sont dévoués au soulagement de tant de
douleurs, pour les adoucir d'abord, pour les faire cesser
plus tard. Et voilà les hommes qu'une bouche de femme
ose injurier!... DES DANSEURS DE CORDE!! O Madame!...

et quand ce seraient des danseurs de corde, de quel droit le mépris? l'insulte sied si mal à une femme!.... et dans quel moment, dans celui où ils sont condamnés par un jury ignorant et incapable de juger de si hautes et si graves questions. On admire *leur politique*, et on les injurie comme hommes *religieux!* Et que demandent-ils, ces hommes pour lesquels l'histoire est une grande leçon? Ils disent qu'il faut s'occuper du peuple, avant que le peuple s'occupe lui-même de lui; ils disent que le libéralisme est aujourd'hui impuissant pour le soulagement des masses; car à quoi bon qu'elles sachent lire, écrire, si vous ne leur procurez pas de l'aisance matérielle? Ils disent que le riche oisif doit payer l'impôt pour le pauvre qui travaille : ils disent que les jeunes filles ne doivent plus être vendues et achetées; ils disent que la femme est l'égale et la compagne de l'homme, et qu'il est temps qu'elle se révèle et qu'elle se relève de cet état de subalternité, de soumission et de dépendance : ils disent que le divorce est aujourd'hui une loi nécessaire et morale : est-ce que vous ne pensez pas comme eux? Plus nous avancerons, plus cette loi deviendra faible et inutile. Vous jugez par exceptions, Mesdames, vos jugemens ne peuvent qu'être faux et mesquins. Sortez de vos chambres et de vos boudoirs, si brillans en été, si chauds en hiver; admirez la moralité du peuple, sa résignation : tremblez à la pensée que sa force est nerveuse et musculaire, et qu'un jour peut-être il vous la fera sentir, si vous, riche oisive et privilégiée, vous ne faites pas entendre votre voix en faveur de ses filles et de ses femmes. Alors, Mesdames, comprenez la mission de ces hommes; elle est vraiment grande et religieuse.

M. F.

EXTRAIT DU RÈGLEMENT

QUI UNIT LES FEMMES NOUVELLES.

Le but auquel nous désirons toutes d'atteindre, est notre affranchissement sous le triple aspect moral, intellectuel et matériel. Mais cette liberté ainsi conçue vers laquelle nous gravitons depuis si long-temps, nous sommes loin de la posséder encore, la religion saint-simonienne en déclarant la femme libre et l'égale de l'homme, et surtout en ne lui imposant ni conditions ni limites, nous a par cette sublime confiance, dans notre sexe, laissé la tâche non moins grande de prouver aux hommes, nos tuteurs encore), que nous en sommes dignes et que nous pourrons arriver à régénérer complètement notre condition sociale, sans passer par une époque de désordre et d'anarchie. Nous, directrices et fondatrices de *la Femme nouvelle*, nous invitons celles de nos compagnes qui s'approchent de nous et veulent marcher sous notre bannière, de bien réfléchir aux termes de l'Apostolat que nous fondons. Toutes les femmes sont appelées par nous à en faire partie, il n'y a rien d'exclusif dans notre cœur, nous ne repoussons personne. Qu'importe en effet qu'il y ait parmi nous des femmes dont une seule passion remplit la vie, ou d'autres dont l'imagination riante leur fait un besoin de changement, nous n'avons pas encore à nous occuper de justifier et de donner satisfaction à ces différentes natures. Pour agir unanimement et obtenir d'heureux résultats de nos efforts communs, l'important est de sentir que notre Apostolat n'étant qu'une préparation à la loi morale qui régira l'avenir, l'intérêt de notre cause nous fait un devoir à toutes de rester fidèles à la morale chrétienne, quelque gênante qu'elle paraisse à certain caractère, et qu'il est plus conséquent et plus religieux pour chacune de

nous de donner à nos actes un but général que d'agir sous
la préoccupation d'un sentiment individuel et d'après le
désir de pratiquer immédiatement la liberté sans règle
ni limite, ce qui ne pourrait être constaté selon nous que
comme désordre, car en l'absence de la loi d'avenir
qui est-ce qui sanctifierait tout lien nouveau ? Ainsi, comprenons bien que quels que soient nos désirs secrets, de
quelque manière que nous rêvions notre vie future, nous
devons rester soumises à la loi du monde, jusqu'à ce qu'il
y ait à notre tête un couple supérieur en tout, auquel nous
reconnaissions le droit de lier et de délier, mais tout en
conformant nos actes à la régularité chrétienne, sachons
mériter le titre de *femme nouvelle*, par notre dévouement
à la cause de notre sexe, par nos pensées d'avenir exprimées avec force et vérité. Notre Apostolat ainsi continué,
ayons foi qu'une femme vraiment grande, aussi bonne que
sage, viendra nous résumer toutes et donner force de loi
aux sentimens, aux vœux que nous aurons exprimés, par
la réunion de sa volonté unie à celle du chef de notre religion. Mais nous le répétons encore, nous ne réprouvons
aucune nature et nous supplions toutes les femmes d'a-
dopter une devise commune à toutes, pour former le lien
général, celle de notre sœur désirée, *union et vérité*, pourrait, il me semble, remplir ce but; ensuite qu'une différence dans la couleur du ruban, puisse indiquer comment
chacune de nous comprend sa liberté. Par exemple, nous
femmes nouvelles, nous avons adopté comme symbole de
dévouement et d'attente, la couleur dahlia, celles qui se
pareront de ce signe, resteront soumises comme il est dit
plus haut à la règle chrétienne. D'autres femmes pleines
de force et de franchise se proposent de justifier une autre
couleur, respect et silence également pour ces femmes,
si l'amour libre qu'elles conçoivent fait tourner au profit
du bonheur social, le charme de leur imagination déli-

rante. La femme nouvelle ne se constitue pas juge de ses
compagnes, il ne nous appartient pas de louer ni de blâmer, n'en sommes nous pas toutes à la négation de notre
condition présente, soit sous l'aspect moral ou politique?
Vienne le grand concile de femmes, alors seulement pourra être discutée la limite du bien et du mal.

SUZANNE.

———

Non, je ne suis pas chrétienne, Mesdames, vous l'avez
entendu mais l'avez vous compris? à moi de vous dire
comment je ne suis pas chrétienne, car j'ambitionne votre
approbation, et ne voudrais pas vous voir reculer à mon
approche. Disparaissez, idées de désordre, de vice et de
mensonge; disparaissez, prostitution et adultère, de l'esprit
du monde, lorsque je prononce ces mots : je ne suis pas
chrétienne. Non je n'ai jamais connu le joug de la morale
du Christ, jamais ses austères devoirs ne m'ont asservie.
Libre de cette croyance dès mes plus jeunes ans mes sentimens prenaient essor à mesure que mon âge croissait,
et menée aux fonds baptismaux à dix ans, lorsqu'on me
revêtait du signe sacré, mon jeune cœur le désavouait.
car déjà j'avais dit je ne suis pas chrétienne. Entourée de
mes jeunes compagnes, innocente comme elles; voyant leur
émotion sainte à la vue du Dieu qu'elles allaient recevoir
j'étais calme, je les admirais c'était tout ce que je pouvais
faire et ce beau jour de la première communion, ce jour
entouré de tant de prestiges pieux, de tant d'amour pour
le Dieu des chrétiens me trouva payenne, même au pied
de l'autel, malgré l'appareil de sainteté du prêtre et la ma-
jesté du sanctuaire; mon imagination de douze ans ne fut
point éblouie. C'est donc un sentiment fortifié par la con-

naissance de la religion chrétienne que j'ai présenté à vos observations en vous disant que je n'étais pas de cette religion. Et qu'aurait-elle pu m'offrir de consolant? à moi si exaltée. Qu'aurait-elle pu m'offrir que je pusse accepter? à moi si passionnée. Elle est venue dire que la passion est du domaine de Satan. A moi qui veux de l'amour elle est venue dire de ne pas aimer; à moi qui veux du plaisir, elle est venue commander la souffrance; à moi qui prise autant la forme que le fonds, la chair que l'esprit elle a exalté l'un et anathématisé l'autre : et ses anathèmes m'ont fait frémir, et le moment d'après je les ai vus se briser contre ce qu'ils voulaient foudroyer comme ils s'étaient brisés contre mes désirs; et bientôt j'ai vu leur impuissance en face du monde, en face de ceux qui les lancent comme je l'avais vue en face de moi. Et j'ai vu les femmes accepter d'abord cette morale et la rejeter ensuite, et elles ont été loin.... bien loin.... dans l'abîme ! Les malheureuses elles avaient eu un premier pas à faire, elles avaient eu un joug à briser, elles avaient eu toute une religion à nier. Et moi j'ai échappé au désordre à la prostitution à l'adultère, car je n'ai pas connu de joug, car jamais l'abnégation n'a été pour moi un devoir, je n'ai rien eu à briser et il ne m'a fallu aucun événement extraordinaire pour m'amener à l'amour sans le mariage. Comme vous je connais le bonheur d'une affection qui remplit toute la vie comme vous la fidélité en amour est l'objet de tous mes vœux, et je n'envisage jamais le passage d'une affection à une autre sans une médiocrité de bonheur. Moi aussi j'aime les devoirs d'épouse et cependant je n'en veux pas porter le nom, car je suis pas chrétienne, le serment que je ferais serait illusoire pour moi; il serait fait devant un Dieu auquel je ne crois pas; fait devant l'officier civil il le serait encore : car je n'ai pas de fortune à régler, ce ne serait qu'un contrat de vente. D'ail-

leurs le serment est quelque chose d'absurde pour moi.
Je n'aurai donc pas l'estime du monde, je n'aurai pas la
gloire de me parer du titre d'épouse mais en revanche
j'aurai de l'amour j'aurai du bonheur, j'en aurai sans être
méprisable. C'est au nom des sentimens que je professe
hautement que j'appelle aujourd'hui les femmes, les
femmes qui aiment la joie du bal et les plaisirs des fêtes.
les femmes qui trouvent le courage de braver l'opinion et
n'ont pas eu la force de résister à qui leur a parlé d'amour.
Les femmes qui sentent en elles l'amour des grandes
choses qui veulent de l'amour et des plaisirs, mais qui
aussi veulent des devoirs et du respect. Je les appelle
toutes à la liberté que déjà elles ont et à celle qui nous
reste à acquérir pour le présent et surtout pour l'avenir,
je les appelle à s'occuper du sort de celle que le joug de
fer de la morale chrétienne à jetée au loin dans les écueils
inévitables que leur offre l'ordre social actuel. Et je leur
présente comme lien, comme signe de communion d'idées
entre nous le ruban ponceau. Car à cette couleur se rattache des idées tout-à-fait en harmonie avec nos caractères.

JOSÉPHINE FÉLICITÉ.

LA FEMME NOUVELLE.

DIALOGUE ENTRE UNE DE NOS ABONNÉES ET UNE DES DIRECTRICES DE CETTE PETITE FEUILLE.

Madame la directrice, puisque vous avez l'obligeance
de vouloir bien répondre à tous les si et les mais, dont
je me rends l'interprète, j'entre de suite en matière et
vous prie de me dire ce que c'est que la *Femme nouvelle?*
sur quels principes elle compte s'appuyer pour justifier
son titre ambitieux. » En effet, chère lectrice, votre curiosité est légitime, et votre demande fondée, car en re-

lisant quelques articles de nos derniers numéros, je sens que nous devons vous paraître un peu énigmatique, je me hâte donc pour faire cesser vos doutes de vous expliquer ce que nous voulons, et vous verrez facilement qui nous sommes; nous voulons l'affranchissement des femmes et du peuple, puis améliorer l'existence matérielle de *tous*. Pour cela représenter sans cesse que tout étant *par* l'industrie, tout doit-être *pour* l'industrie; nous voulons, éclairer les intelligences, et travailler à donner une nouvelle morale au monde, nous voulons encore que les plus aimant et les plus capables élèvent et guident les faibles, et que chacun soit rétribué selon ses œuvres, que dans cette grande association, que nos communs efforts préparent, *tout* devienne fonction sociale, et que chaque fonction soit remplie par un couple... « Assez, madame, assez je vous assure, mais c'est du saint-simonisme tout pur que vous m'annoncez; avouez-le, votre femme nouvelle n'est qu'un masque derrière lequel se cache la véritable saint-simonienne. » Je l'avoue de bien bon cœur d'autant plus que nous n'avons jamais prétendu nous faire connaître pour moins que cela, et ce qui fait difficulté dans votre esprit n'aurait pas de valeur, si vous faisiez attention qu'ayant pris rang parmi les premières femmes qui ont répondu à l'appel de liberté qui nous a été fait, nous devons nous en montrer dignes, et que tout en adoptant et suivant les principes sublimes de notre belle religion, nous pouvons, je dirai plus, nous devons tracer nous-mêmes notre position justifier un nom qui nous soit propre et que nous ne tenions que de nous-même: vous voyez que c'est mieux qu'un masque. »

Oui je comprends cela; alors permettez-moi de vous faire observer que d'après plusieurs articles de votre Journal, vous paraissiez donner à plein collier (passez moi l'expression) dans un système peu connu, très-com-

pliqué, et seulement industriel ? A mon tour permettez-
moi de vous répondre que dans le sommaire très-succinct
de nos principes, j'ai oublié de mettre en tête : *Religion
du progrès,* vous auriez senti, madame, que toute idée nouvelle, tout progrès nouveau devait être tributaire d'une
religion, qui comprend et embrasse tout dans son sein;
ensuite pour répondre d'une manière plus spéciale à votre
question, je vous dirai que parmi nous les fonctions ont
été choisies, d'après la tendance de caractère de chacune :
par exemple plusieurs de mes sœurs ont compris qu'il
devait y avoir quelques vérités utiles à l'humanité dans
un système étudié pendant un grand nombre d'années par
un homme qui marque entre les savans et d'après cette
donnée, nouvelles abeilles travailleuses, elles se sont fait
un devoir de nous en faire apprécier l'excellence, ainsi
faites comme moi, madame, attendez, car je l'avoue de
bonne grâce, pour le moment je serai fort peu en état de
juger ce plan de réforme industrielle, je n'y comprends
rien du tout. » Votre réponse est pleine de justesse elle
me satisfait entièrement, je ne vous conteste plus votre
double titre, et vous écouterai parler chacune dans votre
langue ; je conçois d'ailleurs que les femmes étant comme
vous le dites si bien, les représentantes de la puissance
morale, elles doivent être, le lien entre tous, et faire servir, au progrès continu, les divers systèmes des savans
ainsi que les découvertes des industriels. Mais vous, madame, dont les articles sentent le saint-simonisme de fort
loin, dites-moi par où vous prétendez débuter dans cette
nouvelle carrière de liberté qui s'ouvre pour la femme ?
quelle est votre pensée première ? ce que vous pressentez
pour nous, en morale en religion et en politique ? rien
que cela, chère lectrice, je vous admire vraiment, mais
c'est tout notre avenir, tout un monde nouveau que vous
voulez que je vous décrive en quelques lignes, je ne puis

que vous répéter une seconde fois ce mot *attendez*, et si cette conversation familière a pu vous intéresser nous pourrons la continuer dans les numéros suivans sous la forme et le titre que nous avons adoptés; par cela même la *Femme nouvelle* se trouvera naturellement développée.

SUZANNE.

PAR MES ŒUVRES ON SAURA MON NOM.

Lorsque, dans la dernière séance des Dames, j'ai dit que je ne voulais pas du nom de Saint-Simonienne, ce n'est point que je nie le bien qu'ont fait les Saint-Simoniens, ni que je doute de ce qu'ils feront : je crois qu'ils ont mieux que personne pressenti l'avenir de l'humanité, et qu'ils sont les hommes les plus avancés de notre époque. Si je voulais me ranger sous un nom, ce serait certainement le leur que je prendrais.

Mais je me sens une œuvre différente à accomplir. Pour moi, toutes les questions sociales dépendent de la liberté des femmes : elle les résoudra toutes. C'est donc vers ce but que tendent tous mes efforts; c'est à la bannière des femmes nouvelles que je rapporterai tout ce que je ferai pour notre émancipation : la cause des femmes est universelle, et n'est point seulement saint-simonienne; car ailleurs aussi nous puiserons des forces : d'autres hommes, en même temps que Saint-Simon, comprenaient que la liberté des femmes était liée à celle du peuple. Nous en avons déjà cité deux : il en est probablement que nous ignorons encore. D'autres depuis ont propagé ces idées, et il s'en trouvera qui nous soutiendront, et qui, pour être baptisés d'un autre nom que celui de Saint-Simon, sont cependant unis à nous par une même pensée.

Laissons aux hommes ces distinctions de noms, d'opi-

nions; elles leur sont utiles: leur esprit, plus systématique
que le nôtre, a besoin, pour agir avec ordre, de rattacher
à un nom, à un individu, les progrès qu'il fait; mais nous,
êtres de sentiment, d'inspiration, nous sautons par-dessus
les traditions et règles auxquelles les hommes ne dérogent
qu'avec peine. Nous ne devons voir dans le genre humain
que les enfans d'une même famille, dont nous sommes
par notre conformation les mères et les éducatrices naturelles. Tous les hommes sont frères et sœurs unis entre
eux par notre maternité : ils enfantent des doctrines, des
systèmes, et les baptisent de leur nom ; mais nous, nous
enfantons des hommes; nous devrons leur donner notre
nom, et ne tenir le nôtre que de nos mères et de Dieu.
C'est la loi qui nous est dictée par la nature, et si nous
continuons à prendre des noms d'hommes et de doctrines,
nous serons esclaves à notre insu des principes qu'ils ont
enfantés et sur lesquels ils exercent une sorte de paternité
à laquelle nous devrons être soumises pour être consé-
quentes avec nous-mêmes: de cette manière, nous aurons
des pères; leur autorité sera plus douce, plus aimante
que celle du passé; mais nous ne serons jamais les égales,
les mères des hommes.

Voilà, en termes généraux, les motifs qui m'ont fait
agir. Je suis liée à vous; je conserve la même devise:
union, vérité, mais, pour que l'union, la vérité soient du-
rables entre vous et moi, je veux être indépendante de
toutes.

Le 4 novembre 1832.　　　JEANNE DÉSIRÉE.

VARIÉTÉS.

La femme nouvelle réclamant droit de cité, doit avoir
constamment les yeux tournés vers ce but, toute occupée

71

du sort déplorable de ses clientes elle ne peut pas, comme
tant d'autres brochures, être légère et brillante parler
modes, théâtre, litérature, etc. pour seulement distraire
quelques élégantes oisives, ce sera donc toujours sous la
préoccupation d'une pensée d'avenir utile à notre sexe,
que nous rendrons compte des ouvrages qui nous paraî-
trons propres à concourir à notre plan ; nous indiquerons
pour aujourd'hui à nos lectrices deux brochures fort remarquables, la première est du chevalier James de Laurence ayant pour titre : LES ENFANS DE DIEU, *ou la religion
de Jésus réconcilié avec la philosophie*. Nous recommandons
à toutes les femmes de bien méditer sur la grande pensée
de l'auteur, qu'elles ne se hâtent point surtout de crier au
boulversement, mais d'examiner si au contraire dans ce
changement de principe, *la famille reposant sur la maternité*, ne se trouverait pas le seul moyen de faire cesser la
lutte, la jalousie, en un mot l'exploitation de la femme.
Nous nous abstenons de donner notre opinion particu-
lière, une semblable question ne peut-être discutée que
dans un concile général de femmes.

L'abondance des matières ne nous permettant pas de
nous étendre davantage aujourd'hui, dans le prochain numéro nous ajouterons quelques réflexions sur ce sujet en
rendant compte d'un roman du même auteur.

L'autre brochure que nous annonçons est le second numéro de l'*Ami du Prolétaire*; elle est écrite avec force et précision, que le fondateur continue de justifier ainsi son titre,
il prendra rang parmi les éducateurs du peuple, il est difficile d'établir d'une manière plus nette l'état où se trouve
le constitutionalisme considéré comme civilisation bâ-
tarde ou négation du passé, l'auteur prouve en résultat
que s'en tenir à ce système, c'est organiser la lutte qui
mine le corps social tout entier.

La grande question de la liberté de la femme qui avant

peu nous l'espérons deviendra question politique n'est
pas traitée avec moins de bonheur ; les femmes nouvelles
au nom de leur sexe adressent à l'auteur des remercîmens
sincères pour l'expression vraie, énergique et digne de son
langage : nous n'en citerous qu'un passage où l'auteur s'a-
dressant aux hommes de tous les partis leur dit : « qu'elle
est débile votre liberté; qu'elle est débile votre autorité,
» et pourquoi! C'est que vos prétentions manquent de
» l'appui de la moitié du monde, les femmes! donc celui-
» là est brutalement mystique, qui, ne voulant la liberté
» que pour son espèce, la réfuse à la femme et profane
» ses charmes dans l'ombre; celui-là est au contraire posi-
» tivement moral, qui veut la liberté pour l'homme et la
» femme, honore publiquement les charmes de celle-ci,
» proclame la puissance moralisante de sa grâce et de sa
» beauté, et l'appelle à exercer conjointement avec
» l'homme, un sacerdoce civil, domestique et politi-
» que, etc. » Femme notre position future est toute entière tracée dans ces lignes. C'est ainsi que nous présen-
tons notre avenir, c'est-là le terme de nos prétentions,
alors seulement pourra être résolu, à l'avantage de tous,
le grand problême de l'autorité et de la liberté.

SUZANNE.

✺

S'adresser au Bureau de l'Apostolat tous les jours, de midi à
quatre heures, rue du Faubourg Saint-Denis, n. 11; et, pour les renseignemens, à madame VOILQUIN, rue Cadet, n. 26 et 28.

(*Affranchir les lettres et envois*).

SUZANNE.
 MARIE REINE } *Directrices.*

PARIS. — IMPRIMERIE DE AUGUSTE AUFFRAY,
PASSAGE DU CAIRE, no 54.

La Femme Nouvelle.

APOSTOLAT

DES FEMMES.

VÉRITÉ   **UNION.**

Liberté pour les femmes, liberté pour le peuple par une nouvelle organisation du ménage et de l'industrie.

BANQUET DES OUVRIERS DE LYON.

La *Tribune* du 13 novembre contient le récit du banquet qui a eu lieu à Lyon entre les ouvriers, et elle rapporte les toasts qui y ont été portés : ces toasts sont la plus grande preuve de la moralité du peuple et des progrès qu'il a faits depuis quelques années ; c'est la preuve certaine que le temps est venu de s'occuper de son bien-être matériel, intellectuel et moral. Et que peut-on voir

de plus vrai, de plus énergique et pourtant de plus calme
que ces paroles de Berger : « Nous n'envious pas vos for-
» tunes, vos plaisirs , vos lambris dorés, vos lits somp-
» tueux, vos riches équipages, ni vos tables surchargées
» de mets exquis ; non, mais un salaire capable de nous
» procurer un lit modeste, un gîte à l'abri des intempéries
» des saisons, du pain pour nos vieux pères qui souffrent
» de besoin après avoir passé leur jeunesse à remplir vos
» coffres forts. Nous vous demandons enfin l'oubli de tous
« nos différens, et votre amitié en échange de la nôtre. »
Et quels sont ceux d'entre vous, hommes privilégiés, qui
possédez des sentimens plus nobles et plus généreux que
ceux exprimés dans ces paroles ? Oh ! là on reconnaît le
peuple ; c'est lorsqu'il s'exprime ainsi qu'on peut dire
avec vérité que sa voix est celle de Dieu. Gloire au peuple ! il commence à comprendre quelle est sa dignité ; il
ne veut pas d'une aisance qu'il ne devrait qu'à la charité :
chez lui pas de haine, et s'il s'en trouve parmi lui qui
commettent quelques excès, c'est plutôt la faute de la
société que celle de leur cœur. Et comment voudrait-on
qu'il en fût autrement ? Des hommes qui ont une grande
intelligence, qui sentent qu'ils auraient une grande force
et une grande puissance, si cette intelligence pouvait être
développée, et qui se voient repoussés de tous côtés, qui
voient que personne ne s'occupe d'eux, par cela seul qu'ils
sont pauvres, tandis qu'ils en voient d'autres, qui souvent
n'ont pas tant d'intelligence qu'eux, et pour qui l'on met
à contribution tous les moyens d'instruction, afin qu'ils
puissent s'élever. Je suis loin de blâmer ces soins donnés
à l'instruction du riche ; seulement je voudrais qu'ils
s'étendissent à *tous*, que chacun, quels que soient les parens
que le ciel lui ait donnés , puisse embrasser la carrière
vers laquelle il se trouvera le plus porté. Je sais bien
qu'on va m'objecter qu'il est des individus qui ne cher-

chent dans l'instruction qu'un moyen de se soustraire au
travail manuel qui leur est imposé. Oui, beaucoup d'hommes cherchent à se soustraire à ce travail rude et pénible
qui, le plus souvent, leur rapporte à peine de quoi vivre
eux et leur famille, et qui d'ailleurs ne leur attire aucune
considération; car la société est si mal organisée, que
toute la considération est pour celui qui vit dans l'oisiveté, tandis qu'elle n'accorde rien à celui qui travaille. Je
sais bien que l'on me dira que le peuple s'abrutit : oui,
mais s'est-on occupé de ces hommes ? qui leur a donné
du savoir et de la moralité ? Personne : on les abandonne
à eux-mêmes, et on se plaint de ce qu'ils ne se sont pas
fait leur éducation et leur instruction ! Oui, relevez l'industrie, accordez des honneurs au travail, des plaisirs au
peuple, et il ne cherchera plus à se soustraire au travail.
Occupez-vous du bien-être et de la moralité du peuple,
et vous n'aurez plus à lui reprocher les désordres auxquels il se livre quelquefois : cela est facile, car vous voyez
qu'il comprend bien que ce n'est qu'en réclamant ses
droits pacifiquement et avec ordre, qu'il pourra les obtenir. Oui, le peuple sent bien que ce n'est plus par des
émeutes qu'il peut améliorer son sort : aussi n'est-ce plus
sur la place publique qu'il s'assemble; mais dans des réunions où l'ordre règne, il vient exprimer ses vœux et ses
espérances, il s'associe; car, comme l'a dit l'un d'eux :
« la force est là où est l'union. » Nous, filles du peuple,
nous nous réjouissons de voir nos frères si bien sentir leurs
droits et leurs devoirs. Nous aussi, femmes, nous avons
beaucoup à réclamer; hâtons-nous : les temps sont venus : associons-nous, afin que nous puissions aussi dire
nos vœux et nos espérances. Il est temps que nous fassions
voir aux hommes qu'aussi bien qu'eux nous pouvons réclamer nos droits, sans pourtant cesser d'être femmes
Gloire à toi, peuple ! l'heure de ton émancipation défini-

tive a sonné, car tu as été grand et sublime; gloire à ceux qui, les premiers d'entre les ouvriers, ont formulé d'une manière si précise les sentimens calmes et pacifiques de leurs frères!

MARIE REINE.

AUX RÉDACTRICES DE *LA FEMME NOUVELLE*.

Née pour la liberté et la rêvant sans cesse, comme on rêve le bonheur, un destin bizarre voulait me rendre esclave. Je fus dès l'enfance enfermée dans un cloître, et je n'en sortis que pour un nouvel esclavage, plus dur peut-être, celui des pensionnats; ma vie devait s'y passer. Tout à coup cette liberté idéale que je m'étais créée se présente à mon imagination, non plus comme un rêve ni un fantôme, mais comme une chose naturelle et possible, et qui dès-lors me devint nécessaire. Pour en venir à mon but, j'eus mille entraves; mais enfin je secouai le joug que l'on voulait m'imposer; et, malgré tout, je devins libre, ou du moins je crus l'être. Comme un oiseau échappé de sa volière, je courais çà et là, voulant, s'il m'eût été possible, jouir en un seul instant de la vue de l'univers. Toutes mes actions étant autant d'actes de ma liberté, me semblaient une jouissance, et je crus enfin avoir saisi le bonheur. J'étais dans l'enthousiasme du moment. Hélas! ce moment dura peu; cette illusion si chère s'évanouit devant les sots préjugés d'un monde peuplé d'esclaves. La mordante critique vint m'assaillir de toutes parts, et, pour garder ce que l'on appelle sa réputation, je me vis recluse entre les murs de ma chambre, isolée, solitaire, sans même qu'il me fût permis de chercher à éloigner mon ennui.

Ce fut alors que cette rêverie, qui jadis m'avait porté secours, vint de nouveau m'offrir ses mélancoliques jouissances, et, déroulant à mes yeux le tableau de la société, j'y vis cette liberté si chère prônée, vantée, exaltée partout, et cependant presque inconnue, du moins à en juger par les œuvres : néanmoins l'homme me sembla plus libre en apparence, surtout vis-à-vis de la femme, qu'en sa qualité d'être faible, il semblait vouloir dominer à son gré. Moi, qui jusqu'alors m'étais figuré que la femme, étant comme l'homme un être pensant et raisonnable, devait marcher son égale dans la vie, j'interroge sur cette dissemblance qui me paraît injuste, et j'obtiens pour réponse ce vers de La Fontaine :

« La raison du plus fort est toujours la meilleure. »

Fort bien, leur répondis-je ; j'avais cru que l'intelligence donnait seule des droits à la souveraineté; mais maintenant je vois que l'homme et l'animal se gouvernent de la même sorte ! Mais, encore une fois, vous êtes toujours injustes : le lion et beaucoup d'autres animaux sont infiniment plus forts que vous ; vous devez donc les regarder comme vos maîtres, et leur vouer respect et obéissance. Nous les avons asservis, quelques-uns effectivement ; mais le plus grand nombre vous résiste, et ce n'est pas individuellement que vous pouvez les vaincre : donc ils sont plus forts, donc ils sont vos maîtres.

Mais laissons là les animaux : vous conviendrez au moins d'après votre système, que le plus robuste des hommes vous dictera des lois, et que le sauvage soulevant à lui seul des masses de rochers, ou faisant plier un chêne, est celui qui doit vous gouverner. — Non : l'intelligence doit être réunie à la force. — Alors changez la nature, qui rarement réunit ces deux choses. Si, au contraire, l'intelligence doit seule inspirer la force, la diriger, la faire agir, convenez avec moi que la femme peut, tout comme vous, suivre sa volonté et la faire suivre aux autres, lors-

qu'elle est juste et raisonnable : alors cessez votre tyrannie; ne tâchez pas, dès notre berceau, d'asservir notre
raison; laissez-nous nous livrer au génie des sciences et
des arts, si tel est le goût que nous inspire la nature;
n'entourez plus notre existence de chaînes, d'autant plus
pesantes, que le plus souvent c'est le cœur qu'elles lient;
ne nous regardez plus comme un jouet propre à votre
agrément : en un mot, laissez-nous libres !....

Mais quoi! m'abaisser à vous demander notre liberté,
comme une grâce! Fi donc! elle est à nous; la nature
nous l'a départie; à vous la force du corps, à nous celle
des agrémens. Vous voulez régner, dites-vous : pauvres
dupes; vous forts, vous puissans, deux beaux yeux vous
arrêtent, et, en dépit de vous, une jolie bouche vous dicte
des lois !.... Continuez à nous tenir esclaves, et vous verrez tous les jours des Hercule filant aux pieds des Om-
phale, et des Samson joués par des Dalila. Vous méritez votre sort, et les fautes que nous faisons doivent être
imputées à vous seuls. Mais j'apprends aujourd'hui que
des hommes vraiment bons, vraiment philantropes, ont
senti comme moi la justesse de ces raisons, et les ont fait
sentir à la femme, qui, à cause de son état d'asservissement, les sentait sans pouvoir y remédier. Gloire à vous,
femmes généreuses, qui les premières avez osé secouer
le joug! Gloire à vous, courageuses Saint-Simoniennes!
votre nom sera redit avec respect aux femmes de l'âge
futur, comme les régénératrices de votre sexe et les créa-
trices de son bonheur! Je me range avec orgueil sous votre
bannière. Faisons voir à ceux qui se croient nos maîtres,
que ce n'est pas tout-à-fait en vain qu'ils arborent partout
le drapeau de la liberté! Combattons, pour sa cause, les
préjugés et leurs auteurs; déployons ces forces qui, quoique moindres en apparence, n'en sont pas moins réelles;
enfin brisons nos chaînes; et, pour notre bonheur comme

pour celui de l'homme, que celles qui nous lieront désormais ne soient tissues que de fleurs, encore devront-elles nous enlacer ensemble.

Isabelle.

L'article suivant nous a été envoyé par une dame de province qui n'est pas Saint-Simonienne.

Jusques à quand, Catilina, abuseras-tu de notre patience ?

Vous voulez affranchir les femmes d'un joug honteux vous n'ignorez pas sans doute que l'entreprise est difficile ; les femmes sont humiliées de leur servitude, elles en gémissent, mais ne cherchent aucun moyen pour s'y soustraire ; elles laissent au contraire augmenter le pouvoir des hommes et envahir une partie du domaine qui leur fut assigné par la nature ; la femme est l'autre moitié de l'homme, que serait-il sans elle ? Il lui doit le bonheur.

Les hommes s'obstinent à nous tenir éloignées des sciences, prétendant que nous ne sommes pas organisées pour elles. Laissez-nous développer nos facultés intellectuelles ; n'enfermez pas notre génie dans *l'étroite prison de l'ignorance*, et vous verrez des *Sapho*, des *Dacier*, et peut-être encore quelques-unes de nous pourront dépasser ces premières.

Non, les hommes ne nous rendent pas justice, ils se déclarent nos protecteurs, et jusqu'alors quelle protection avons-nous reçue d'eux ; mais notre rôle va changer ; nous serons toutes sœurs, désormais nous nous soutiendrons mutuellement ; nous ne devons plus être sous la dépendance des hommes ; aujourd'hui que nous avons conscience de notre vale   réelle, réunissons-nous sous un chef pris parmi nous. Marchons sous l'égide de la vertu !!! Trouvons notre force dans une éducation religieuse et

profonde. Les sciences ne doivent plus nous être étrangères ; très-peu de femmes ont osé braver le préjugé pour
puiser des connaissances que les hommes jaloux et orgueilleux se croient seuls susceptibles de comprendre.
Madame Dacier traduisit HOMÈRE, avec une perfection
rare. Mademoiselle Germain fut selon NAPOLÉON, le
premier mathématicien de son siècle ; Mademoiselle Ger-
vais fut très-bonne chimiste; madame de Staël était non-
seulement bonne romancière, mais encore meilleure his-
torienne ; madame de Genlis excellant dans les ouvrages à
l'aiguille, n'en fut pas moins une grande musicienne ; son
style romancier est un modèle de sensibilité et de délicatesse. Madame Cottin mérite au moins un éloge aussi flat-
teur ; mesdames de Sévigné et Deshoulières furent jusqu'alors inimitables.

Il n'appartient qu'à un talent supérieur au mien, de
rappeler ici les vertus d'un sexe qui mérite aussi son Panthéon. Mes sœurs la victoire est à nous, si nous voulons
suivre les modèles qui nous sont tracés. Ne soyons donc
plus les esclaves des hommes; imposons-leur, au contraire
l'obligation de nous mériter : que leurs vertus soient leur
dot ; voilà nos conditions de paix, voilà, dis-je, le seul
moyen de faire taire la discorde, de consolider le bonheur général et de ramener l'âge d'or.

FRANÇOISE ROSALIE.

VARIÉTÉS.

Madame la Directrice, on parle de votre *Femme nouvelle*
dans la *Revue des deux mondes*, et moi, pauvrette, ignorante, aussitôt de me récrier : La *Revue des deux mondes* ! le
beau titre ! qu'est ce que c'est ? Madame, c'est en effet une
brochure fort grave rédigée par des savans. Désireuse,

comme toutes les filles d'Eve, de voir et de connaître, je me
rends de suite dans le cabinet littéraire le plus voisin,
demander l'œuvre de science, persuadée d'y trouver une
analyse consciencieuse de nos articles, ou une critique sage
et raisonnée de nos principes ; la précieuse brochure en
main, je me place dans l'angle le plus éloigné, afin de
n'être pas troublée par les jeunes et chauds admirateurs
de Prospère , dont la belle défense était reproduite par la
Tribune du jour, et là, je me livre avec avidité à ma lecture, mais à quelle mystification cette follette d'imagination m'expose lorsque je lui laisse tenir la lorgnette ! A la
place de ce que j'ai compté trouver, je vois dans cet article,
des allusions peu délicates, et quelques pensées de cette
force là. « Les femmes nouvelles ont conquis leur indé-
« pendance à la pointe de l'aiguille ; elles se sont affran-
« chies de la domination de l'homme en lui faisant des
« chemises. » Comme c'est élégant ! quelle finesse ! A toi
Figaro dans tes jours de gloire tu aurais revendiqué cette
pointe. Ombre grande et chérie dans le passé ; je te la renvoie, ornes-en ta dernière gentillesse sur nous.

Pour vous, Messieurs les savans de la revue, croyez-moi
la plaisanterie n'est pas votre arme. Dans vos mains, elle ne
fait pas rire, elle blesse et répugne.

Suzanne.

Que d'espoir dans la jeunesse française ! que de beaux et
nobles sentimens se manifestent partout où elle se trouve,
dans les banquets patriotiques, comme tous les toasts nous
entraînent vers l'égalité, la paix et le travail ! dans les cours
d'assises, que de pensées progressives exprimées par
cette foule de jeunes républicains, Laponneraie, Jeanne,
Prospère, et tant d'autres, comment vos ames de feu ne

parviendraient-elles pas à faire fondre la glace qui entoure le cœur égoïste des puissances du jour? espérons mieux de l'avenir, et nous femmes, confions-nous dans la bonté de notre cause ; comment d'ailleurs cette jeune génération qui comprend si bien la liberté, l'égalité, pourrait-elle être inconséquente à son principe et nous déshériter des progrès de la civilisation ? espérons ! Ces réflexions je les faisais hier soir au théâtre du Panthéon, sous le charme d'une drame nouveau empreint de tous ces sentimens, cette pièce en quatre actes et en vers, est intitulée 1572 ; l'auteur est, dit-on, un jeune homme de grande espérance nommé Lesguillon.

Je laisse à une autre plume exercée et savante le soin d'en faire l'analyse raisonnée; pour moi dont chaque pensée doit avant de la pouvoir rendre, passer par mon cœur, je ne puis que parler de mes impressions. Le point d'histoire que l'auteur a choisi précède peu la grande catastrophe de la Saint-Barthélemy; l'intrigue principale est même pour hâter ce moment, Catherine de Médicis et Charles IX, l'une perfide, ambitieuse, l'autre faible et dominé, restent tous deux dans la vérité historique; les autres figures groupées autour d'eux rappellent le caractère de cette époque, mais les sentimens exprimés dans ce drame, sont bien de notre temps. Aussi a-t-il été accueilli d'une manière bien flatteuse et bien encourageante pour l'auteur; toutes les allusions sur la politique du jour, ont été applaudies avec fureur. Les scènes d'amour sont charmantes, on se dit, mais tout bas qu'il y a du bonheur à être aimé ainsi; une foule de très-beaux vers ont rendu le succès complet, ils sont de ceux que l'on retiendra facilement, parce qu'ils expriment toujours une pensée noble et vraie.

Quelqu'un en sortant m'a fait voir le jeune auteur, et cette idée consolante a dominé toutes mes autres sensations. « Que d'espoir dans la jeunesse française! »

Suzanne.

A la première lecture, n'est-il pas vrai, Mesdames, que la brochure de monsieur de Laurance, dont je vous parlais dernièrement, ne paraît remplie que de sophismes; on dirait que l'on en a escamoté la raison. Selon l'auteur voilà dix-huit siècles que l'on interprète mal la religion de Jésus, qui est (toujours d'après l'auteur) la religion de la maternité, et dont le symbole offert à la vénération des fidèles, est une mère portant un enfant sur les bras. « Et plus loin, écoutez ce qu'il nous dit encore : « Jésus a pu « opérer des miracles, mais son système n'en avait pas be- « soin. La nature doit-elle devenir inconséquente à ses « propres lois pour mériter notre admiration? Non sans « doute, tout ce qui est, est miraculeux. »

« La conception de Marie fut miraculeuse; la conception « de toutes les femmes est miraculeuse. »

« La conception de Marie fut un mystère; la conception « de toutes les femmes est un mystère. »

« La conception de Marie fut immaculée; la conception « de toutes les femmes est immaculée. Quelle souillure « peut s'attacher aux opérations de la nature? Maintenir « le contraire serait un blasphême. Jusqu'ici nous avons « appelé le mariage *saint*, à l'avenir nous appelerons la « conception *divine*. Celle qui est enceinte est remplie du « Saint-Esprit, et alors avec quel respect on traitera une « femme dans ce moment, où elle a le plus besoin d'aide « et de bienveillance. »

Là ! convenez-en, n'est-ce pas bien serpent de nous amener à faire comparaison de ce qui existe, avec l'ordre de choses que Jésus voulait établir. J'en juge par moi, mes chères lectrices, qui suis si débonnaire, qui éprouve un saint respect pour tout ce qui est vieux et décrépit, au point de n'y vouloir toucher, et de laisser à Dieu le soin de le faire disparaître; eh bien! ma forte tête en a été ébranlée : je me suis surprise disant : mais au fait pour-

quoi pas ? et même disposée à prendre *la hache révolutionnaire* pour saper d'abord le vieux mariage chrétien, où il
faut être fidèle et constante quand même ; ensuite ma bile
s'est tournée vers cette vieille société masculine, où l'on
nous laisse toujours derrière le rideau, où nous ne pouvons faire un pas qu'à la suite de ces messieurs, où toutes
les places, les divers emplois, tout ce qu'il y a de positions
avantageuses se trouve accaparé par ces vampires, ce
qui fait que la moitié des femmes, pour satisfaire à la
vie matérielle, doivent, ou se donner sans amour, ou se
vendre ! se vendre pour du pain !! Fi ! fi ! la vilaine
société que les hommes nous ont faite là. Allons, femmes,
courage, relevons-nous, courage à l'œuvre, essayons de
faire quelque chose de mieux que cela.....

Vous voyez par cet accès combien j'avais raison de nommer serpent des auteurs qui nous donnent de semblables
idées de révolte. Cependant réfléchissez, Mesdames, que
nous envoyions sa brochure dans le royaume de la lune,
avec tout ce qui nous paraît inutile ici-bas, ou que nous
en prêchions les principes, c'est ce que je vous laisse à
décider, mais toujours est-il que nous devons une pensée
de reconnaissance à l'auteur. Dans son système, nous
sommes au moins comptées pour quelque chose, nous
avons une *patrie* ; ne riez pas, je vous prie, le terme est
juste ; dans le système de famille patriarcal tel que les
hommes l'ont adopté, ils ont eux une *patrie*, et nous nous
n', avons pas de place ! je livre cette pensée à vos méditations, voyez, examinez, et.... unissons-nous !

Oh ! par exemple je vous fais bon marché du roman du
même auteur (l'empire des Noirs, ou le Paradis de l'a-
mour), où la même question est reproduite, non plus sous
son aspect religieux, mais sous son aspect moral et politique ; je ne vous engage pas même à le lire : je vais vous

en dire quelques mots, parce que je vous l'ai promis, mais cette tâche remplie, ne me fuyez pas trop, ne me croyez pas perdue. Quel que soit le sujet dont la *femme nouvelle* vous entretiendra, ne perdez pas de vue que nous sommes appelées à prononcer dans la grande cause de la morale de l'avenir; que nous devons par conséquent réunir autour de nous toutes les lumières éparses, afin de former comme un foyer qui puisse éclairer les pas de notre mère, de la grande prêtresse de l'avenir. D'ailleurs, vous savez, ou si vous ne savez pas, je vous apprendrai que dans la grande loterie du mariage, il y a huit ans, que j'ai eu le rare, le très-rare bonheur, de tirer un excellent numéro; aussi, préservée par ce talisman, je puis braver tous les dangers et faire comme les casuistes chrétiens, lire les ouvrages à drôles d'idées, afin d'en faire frémir mes ouailles et préserver leurs consciences de la contagion.

Ces préliminaires terminés, je vous dirai donc que dans ce roman, l'auteur fait le procès à ce pauvre dieu d'Hyménée d'une manière cruelle; non content de trouver pour le condamner des preuves toutes faites dans la société, je suis persuadé qu'il en invente. Pour avoir plus beau jeu, il nous transporte sur la côte de Malabar; de là, il met à contribution l'Orient et l'Occident, pour lui fournir des histoires qui se croisent en tous sens et dans lesquelles chacun de ses personnages a l'air d'arriver avec une pierre en poche, pour la jeter en passant à ce pauvre dieu d'Hymen, enfin tous les torts, toutes les fautes, tous les crimes, sont mis sur son compte. Je vous assure que dans l'empire des Naïrs, il joue un fort triste rôle. Je ne puis en conscience aller plus loin et vous faire une analyse plus complète de ce roman; l'auteur bien sûr exagère le mal. Figurez-vous puisqu'il faut tout vous dire, qu'il fait du mariage chrétien, le bouc émissaire chargé de toutes les peccadilles de la société, et à la fin du quatrième et dernier volume, il a l'air d'écrire sur sa bannière : « Pour le bonheur des humains, plus de mariage. » Oh! j'en ai frémi, et aussitôt j'ai laissé là ce dangereux livre; faites comme moi, mesdames, et si vous le pouvez n'y pensez plus.

S....

———

Dimanche 18 novembre, le père Enfantin, entouré de toute sa famille de Paris, en costume d'apôtre, est allé à heures du matin recevoir son père à son arrivée à Paris. C'était un spectacle touchant de voir cette foule d'hommes dévoués escorter à cette heure la vieillesse et le génie. Quelqu'un me demandait quel était le charme que le Père employait pour faire ainsi condescendre ses désirs? La réponse m'a paru facile : « Il aime, il est aimé. »

Nous remarquerons avec bonheur, que notre cause s'instruit activement. Plusieurs apôtres saints-simoniens sont partis la semaine dernière pour aller dans les belles provinces du midi, prêcher notre affranchissement, soutenir nos droits, non plus la lance au poing comme les chevaliers du moyen-âge, mais par une parole de persuasion et d'amour, convier à la paix, à l'association, au bonheur, les femmes et le peuple. Gloire à eux !

S......

———

En vérité, messieurs du désintéressé Figaro, je vous prierai de me dire ce que vous entendez par la dignité humaine, et si une demi-douzaine de couturières, comme vous nous appelez, ne sont pas aussi respectables en consolidant leur indépendance par le travail de leur aiguille, que tant d'autres employant, par exemple, une plume facile et exercée au *service* de telle ou telle coterie. Non, Messieurs, ce n'est pas par crainte ou par honte que nous taisons le nom de nos maris ou de nos pères, mais nous voulons répondre nous-mêmes de nos paroles et de nos actes. Les *femmes nouvelles* placent leur dignité dans une noble franchise, et elles seront toujours prêtes à sauver l'ennui des recherches, quand on voudra prendre sur elles des renseignemens positifs.

S......

Pour vous, MM. du journal *l'industriel*, c'est sur un autre ton qu'il faut que je vous tance. Quoi! de Verdun, vous vous avisez méchamment de nous dénoncer à messieurs du parquet, et vous tâchez même par vos insinuations de nous faire appliquer le petit article 291, si benin, si progressif, que l'on a par hasard oublié dans la charte, c'est fort mal en vérité de votre part, d'tes-moi donc s'il vous plaît, si dans le pot-pourri politique qui se passe sous nos yeux et paraît si plaisant ou si triste selon l'humeur de chacun, où tout le monde réclame, pourquoi nous, femmes, seules, nous ne pourrions rien réclamer? Nous qui sommes tant par le fait et si peu par le droit. Vous messieurs, vous réclamez pour l'industrie, ce que j'approuve fort, (vous voyez que malgré vos torts envers nous je sais reconnaître votre bon côté), d'autres journaux réclament pour les droits politiques du peuple, ceux-ci pour les intérêts de tel parti, ceux-là pour soutenir des droits chimériques et usés, mais tous restent à côté de la question; aucun ne s'occupe de nous, pour nous la presse n'a point d'entrailles ni de justice, et cependant rien ne se terminera sans nous. En vérité puisqu'il en est ainsi, laissez-nous donc réclamer une bonne fois le libre exercice de notre volonté, puisque la Providence nous en a gratifié d'une tout comme vous; pour ma part, je vous préviens que la mienne est

fort tenace et que je ne suis pas prête, **Dieu aidant, de cesser de vous harceler. Prenez acte de ce que je vous dis, si
bon vous semble; afin de justifier votre foudroyante accusation, je conviendrai avec vous que nous voulons bien
changer quelque chose à votre morale, mais rassurez-vous,
nous n'irons pas jusqu'au *sens dessus-dessous général* que
vous craignez. Ainsi accusez-nous du crime de lèze-ma-
jesté maritale, de conspirations diaboliques contre le pouvoir si doux, si débonnaire des maris, toujours est-il qu'en
face de la cause des femmes et des peuples, il ne sera plus
désormais possible de dire : néant à la requête !

Afin de vous prouver, messieurs, que ce n'est pas un défi
que je vous jette, permettez-moi de transposer les mots de
votre dernière phrase : ce que Dieu veut, liberté, égalité,
bonheur pour tous, la *femme nouvelle* le veut.

SUZANNE.

✻

S'adresser au Bureau de l'Apostolat tous les jours, de midi à
quatre heures, rue du Faubourg Saint-Denis, n. 11; et, pour les renseignemens, à madame VOILQUIN, rue Cadet, n. 26 et 28.

(*Affranchir les lettres et envois*).

SUZANNE. }
MARIE REINE }*Directrices.*

PARIS. — IMPRIMERIE DE AUGUSTE AUFFRAY,
PASSAGE DU CAIRE, n° 54.

APOSTOLAT

DES FEMMES.

VÉRITÉ   **UNION.**

Liberté pour les femmes, liberté pour le
peuple par une nouvelle organisation du
ménage et de l'industrie.

AUX FEMMES.

Notre siècle, dit-on, est le siècle des lumières : alors
pourquoi serait-on surpris qu'un rayon de ce divin foyer
pénétrât l'ame de la femme, et lui fît voir au grand jour
l'esclavage où elle est plongée ? Ce règne, dit-on encore,
est celui de la liberté; du moins un lambeau tricolore orne
les temples et les édifices : alors pourquoi ce beau nom de

liberté ne résonnerait-il pas aussi agréablement à l'oreille de la femme? pourquoi ne ferait-il pas vibrer aussi fortement tous les nerfs de son cœur? pourquoi, en un mot, ne serait-elle pas aussi envieuse que l'homme de jouir de ce don précieux de la nature, que chacun aime, que chacun prise, et qui néanmoins fait généralement parmi nous l'effet du beau idéal qu'un grand nombre rêvent, et que si peu effectuent.

Femmes, c'est à vous que je m'adresse. Sortez de votre léthargie; ouvrez les yeux, et voyez enfin l'état avilissant où l'on vous a réduites. La nature vous fit-elle ainsi? vous créa-t-elle la propriété de l'homme? vous créa-t-elle pour être son jouet? vous créa-t-elle pour suivre ses lois, ses volontés et ses fantaisies? vous créa-t-elle enfin pour être son esclave et celle des préjugés qu'il enfante?..... Non : vous fûtes créée pour être son égale, et pour cheminer ensemble aussi doucement que possible sur la route de la vie!.... Honte et confusion pour nous, si les choses ne sont pas ce qu'elles doivent être

Mais l'heure est sonnée; levons-nous en masse, et faisons voir à l'homme que le sexe faible est fort lorsqu'il est opprimé; brisons les chaînes dont on nous entoure; déployons notre pacifique bannière; et, semblable à celle des anciennes croisades, que chacun y lise : *Dieu le veut :* peut-être ajoutera-t-on, puisque les femmes le veulent. Eh bien oui, nous le voulons, parce que nous voulons la justice : notre cause est celle de la nature, celle des hommes, sans qu'ils s'en doutent; car de notre affranchissement dépend notre commun bonheur! Du courage donc et de l'énergie; accomplissons cette œuvre par excellence; le mal n'est pas si grand qu'il n'y ait encore du remède. Franchissons les barrières que l'on nous oppose. Honte à jamais pour celles qui reculeront en voyant les obstacles!

N'ayons qu'un seul cri, qu'une seule devise, liberté, liberté!... Réunissons nos faibles voix, et donnons-leur tant de force, qu'elles trouvent un écho chez la veuve du Malabar et dans les harems des sultans!.....

Mais si, à la honte de notre sexe, il pouvait s'en trouver qui aimassent leur servitude, dont le cœur faible et rampant ne pût concevoir le bonheur d'être libre, je leur dirais : Venez vers nous, vers nous qui sommes saint-simoniennes, et qui faisons gloire de l'être ; vers des femmes dont le sang bouillonne au seul nom de la liberté ! venez, approchez-vous, afin que quelques étincelles électriques du feu qui nous embrase émeuvent vos ames de glace, et fassent agir les ressorts de votre être ! Faibles et timides créatures, peut-être mes paroles vous effraient-elles ? peut-être craignez-vous de sortir des bornes que la nature a mises à notre sexe ? Rassurez-vous ; comme vous, nous voulons rester femmes, mais femmes suivant le vrai sens de ce mot ; c'est-à-dire que nous serons toujours, autant qu'il sera en n   e pouvoir, cet être formé de grâce, d'amour et de volupté, cet être né pour charmer et pour plaire, cet être doux, insinuant et persuasif ; enfin nous serons femmes et nous ne serons pas esclaves ! Nous serons femmes, et l'on verra s'éloigner de nous la ruse, l'artifice et la fausseté, compagnes de l'asservissement. Fidèles aux lois de la nature, nous aimerons sans feinte, et nous rirons des préjugés.   ISABELLE,

---

Nous désirons que ce projet d'association, rédigé par de jeunes filles, puisse faire comprendre aux femmes qu'elles ne parviendront à s'affranchir moralement que lorsque, se sentant solidaires les unes des autres, elles se soutiendront toutes et se suffiront matériellement.

Seule tribune des femmes, *la Femme nouvelle* se fera toujours un devoir, malgré sa faible voix, de publier toutes les réflexions que l'on nous fera parvenir, dès qu'elles pourront servir à former *lien* entre *toutes*.

S....

« MESDAMES,

« Nous sommes arrivées à une époque où le besoin d'association, d'un lien religieux qui unisse entre eux les individus, se fait vivement sentir. Hier encore, une séance a eu lieu parmi les hommes saint-simoniens. Dans cette séance, on a proposé les moyens qui pouvaient paraître les meilleurs pour arriver à ce grand but; savoir, de relier les hommes de telle sorte qu'ils se soutiennent les uns les autres, qu'il y ait entre eux association et religion.

» Aujourd'hui, nous femmes, nous qui nous sommes déclarées libres et capables de prendre part au grand œuvre, c'est-à-dire au progrès et à l'affranchissement, nous devons travailler pour cela; mais travailler avec courage et sans relâche.

» Si jusqu'ici les femmes ont été entièrement soumises et esclaves, c'est qu'elles n'ont pas été unies; c'est qu'il n'y a pas eu association, lien religieux entre elles. De petites rivalités, des haines sans sujet, sans raison; tels ont été jusqu'à ce jour leur principale occupation, les soins de leur vie. Ce défaut d'ensemble et d'harmonie les expose chaque jour aux piéges et à la brutalité des hommes.

» Mesdames, ces pénibles réflexions me sont suggérées par un fait récent encore, et dernièrement parvenu à ma connaissance.

» Une jeune fille, sage, vivant de la vie chrétienne, bien qu'adoptant nos idées de liberté et d'affranchissement, vient d'être la victime d'un homme. Elle était orpheline, et vivait du travail de ses mains, retirée dans un misérable réduit. Un homme demeurait au-dessous d'elle, un homme grand et fort. Elle était jolie, et lui avait inspiré des désirs. Un jour il monta dans sa chambre sous un prétexte quelconque, et là il abusa de sa force...... Que pouvait faire la pauvre jeune fille? elle avait seize ans : les tribunaux n'accordent droit de plainte que jusqu'à quinze ans. Les lois ne lui donnent point satisfaction ; maintenant son bourreau refuse de la réhabiliter dans le monde ; il ne veut point l'épouser, et cependant soir et matin il frappe à sa porte pour renouveler ses infâmes tentatives.

» Tel est le fait sur lequel je voulais appeler toute votre attention.

» Eh bien, Mesdames, dans la société actuelle, si le crime a des suites, si la jeune fille porte des marques de la violence qui lui a été faite, la voilà déshonorée à tout jamais, flétrie pour toujours. Elle aura beau dire et crier au public : Je ne l'ai point voulu, je me suis défendue ! j'étais trop faible !... le public railleur la repoussera, les hommes riront à son passage, les femmes lui crieront : Arrière ! Il serait en effet si ridicule aujourd'hui de croire à la vertu d'une femme ! et elle, innocente et sage, subira la honte et l'infamie, parce qu'un homme fut plus fort et plus robuste qu'elle.

Ces faits se reproduisent chaque jour dans la société. Si l'on voulait rechercher et tenir note de tout ce qu'il y a d'immoral dans la conduite des hommes envers les femmes, on verrait qu'il n'est pas un jour, pas une heure, où de semblables crimes d'exploitation ne se commettent.

Et en effet, soit violence, soit séduction, il est bien rare de voir les pauvres filles du peuple, lorsqu'elles se trouvent isolées sur la terre, ne pas faillir à ce qu'on appelle dans le monde l'honneur et la vertu. Pauvres enfans abandonnés de tous, sans parens, sans amis, qui les consolent au jour de l'orage, dont la voix les ranime, dont la main les soutienne; elles sont lancées au milieu de cette société qui ne leur offre que des écueils, ou dont la froide indifférence ne daigne pas s'occuper de ces cœurs qui ont tant besoin d'amour, et qui ne trouvent que mépris et froissement.

Alors, sans appui, sans défenseur, et même sans vengeur, comment peuvent-elles se soustraire à la brutalité des hommes? et puis, lorsque, tristes et pleurantes de leur isolement, elles tournent leurs regards vers ceux qui les entourent, elles aperçoivent des visages glacés d'égoïsme, des cœurs qui ne savent point répondre aux battemens de leurs cœurs, et qui ne comprennent pas ce qu'elles veulent.

Pauvres filles! si un homme, en ces momens de douleur, s'approche de l'une d'elles; s'il fait retentir à ses oreilles le mot magique d'amour; s'il lui promet de l'aimer, elle, confiante et naïve, tout entière au bonheur d'aimer et d'être aimée pour la première fois, s'abandonne, suit son guide qui l'entraîne, et elle tombe.

C'est alors qu'il fait beau voir les hommes rire de sa chute, et rire dédaigneusement; et les femmes l'injurier et dire anathème sur elle, les femmes du monde qui sont nées heureuses, aimées; car elles peuvent avoir de l'amour, oui, de l'amour comme elles veulent et tant qu'elles veulent, pour leur dot, pour leur fortune.

Les femmes privilégiées, tout entières à leur bonheur, gonflées de leur propre individualité, ne comprennent pas les cris de détresse de leurs compagnes souffrantes;

elles ne savent point leur tendre la main ; et cependant
un coup de Bourse, un incendie, une banqueroute, un
de ces jeux cruels du hasard et de la fortune, que l'on
voit si souvent se répéter, peut de leurs soyeux divans
les jeter rudement sur le pavé ou dans le grenier de la
misère, et leur faire partager la dure condition des pauvres filles du peuple.

Que feront-elles alors, en voyant leurs amis dans l'o-
pulence s'éloigner d'elles et les fuir? car dans ce monde
on attache de la honte même à la misère; on se croit souvent obligé d'excuser la pauvreté. Que deviendraient-
elles, dis-je, alors dans un tel dénuement? que feraient-
elles? quelles seraient leur conduite, la direction qu'elles
choisiraient? Abandonnées de tous, combien serait affreux leur sort!

Que les femmes et les filles des riches se représentent un
instant dans cet état. Un instant qu'elles se figurent misérables et réduites à vivre du travail de leurs mains ;
qu'elles y pensent, mais mûrement, mais gravement.

Hé bien alors, pour elles ne serait-il pas heureux, aussi
bien que pour les filles du pauvre, qu'il y eût des maisons
fondées dans une pensée religieuse et d'amour, des maisons d'association artiste et industrielle, où les jeunes
filles, unies entre elles par une commune pensée, trouveraient un asile assuré contre la misère, la faim, la brutalité des hommes, leurs séductions, ou l'appât de l'or.
si puissant sur l'être qui sent le froid, et la soif et la
faim.

Oui, nous le répétons encore, l'association est le seul
moyen d'affranchir à la fois les femmes et les hommes;
les femmes, lorsque leurs moyens d'existence ne dépen-
dront plus de leurs pères ou de leurs maris; les hommes,
qui pourront plus librement se livrer à leur vocation lors-

qu'ils seront assurés que leurs filles ou leurs femmes n'auront plus besoin d'eux pour manger.

C'est donc l'association qui est essentielle entre les femmes; c'est donc l'association qu'il faut réaliser; et, pour remplir ce but, voici ce que nous avons à vous proposer.

Nous demandons que,

« Il se forme, sous le nom de *Réunion Saint-simonienne artiste et industrielle*, une association de jeunes filles qui sont *dans l'attente*, et de dames veuves par la mort ou l'absence de leurs maris, dont les conseils et l'expérience puissent diriger leurs *sœurs* plus jeunes.

Dans cette maison pourront entrer toutes les jeunes filles, quelle que soit d'ailleurs leur condition dans le monde actuel, pourvu qu'elles soient et qu'elles veuillent vivre dans l'attente, et qu'elles puissent par leur travail, quel qu'il soit, coopérer utilement à l'existence matérielle et au bien-être de la communauté.

Avant de se présenter pour faire partie de l'association, chaque personne devra bien comprendre le besoin de socialisation, d'union et d'amour entre tous les membres de la communauté. Dans notre maison artiste et industrielle, les efforts individuels doivent tendre au bien-être général, et ce besoin de généralité se fait vivement sentir surtout dans les commencemens.

C'est dans l'estime et l'amour de leurs compagnes que celles dont les travaux sont plus lucratifs doivent, surtout dans les commencemens, chercher la satisfaction de leur individualité.

Il y aurait cependant un registre où seraient mentionnés l'apport de chacune et le produit de son travail pour lui en tenir compte au moment où elle quitterait la communauté, ce qu'elle ne fera pourtant qu'avec précaution et de manière à ce que sa séparation ne blessât pas trop l'intérêt général.

Ce ne sont pas seulement les produits matériels qui doivent se partager, mais le sentiment religieux, qui anime et dirige tous les membres de la comuunauté, doit les engager à se faire mutuellement part de tous les trésors de science, d'art et d'industrie, qu'ils peuvent individuellement posséder.

Certaines heures de la journée, surtout le dimanche, seront consacrées à des chants religieux.

Voici, Mesdames, les bases principales de l'association que nous voulons vous proposer ; mais n'allez pas croire que nous venions devant vous sans avoir préalablement fait tous les calculs qui peuvent assurer l'existence de notre communauté : tels sont donc les calculs de réalisation que nous avons faits.

Calculs de réalisation.

Pour douze cents francs par an, nous pouvons louer une petite maison isolée, entre cour et jardin, derrière le Luxembourg.

Dans cette maison, il y aura

    Salon, Parloir ;

    Atelier, Dortoir ;

    Réfectoire, Lingerie ;

    Cuisine, Infirmerie.   1,200 fr.

En supposant que le nombre des membres de la communauté soit de vingt en commençant, et que le minimum du gain de chacun soit de un franc par jour, les diverses sommes formeraient un gain de 7,200 fr.

En mettant la nourriture à douze sous par tête, ce qui fait douze francs par jour ; dépense de l'année, 4,380 fr.

Il reste maintenant pour l'habillement, le chauffage, l'éclairage, 1,620 fr.

Le chauffage et l'éclairage coûtent, d'après les calculs, 300 fr.

Le blanchissage, en comptant :

	Par mois.	Par an.
80 chemises	12	144.
80 paires de bas	8	96.
160 serviettes	8	96.
Toutes les 6 semaines,		
20 paires de draps	8	72.
40 torchons	1	12.
Total par an		422.

Il reste donc 898 fr. pour l'entretien du linge et des vêtemens ;

Pour chaque membre, 44 fr. 40 cent.

Voilà ce que nous avions à vous proposer ; tel est notre plan. Nous espérons que vos observations tendront encore à l'améliorer.

ANGÉLIQUE.

SOPHIE CAROLINE.

DISCOURS ADRESSÉ LE 2 DÉCEMBRE A LA FAMILLE DE PARIS, RÉUNIE EN ASSEMBLÉE GÉNÉRALE.

MESSIEURS,

Tous les actes d'une société religieuse, qui se sent comme la nôtre, la mission de régénérer le sort de l'humanité ; tous ces actes, dis-je, doivent être graves ; c'est

donc avec confiance que je me présente devant vous, afin
de déterminer entre vous et nous une organisation au
moins provisoire.

Dimanche dernier, dans cette même enceinte, vous avez
tous entendu dans le discours d'adieu prononcé par notre
bien-aimé prédicateur Barrault, cette phrase si remarquable : « Nous laissons Paris aux femmes. »

Oui . Messieurs, nous acceptons cet héritage; déjà il y a
un commencement d'association d'union entre nous; des
femmes se sont groupées autour de la bannière de la
Femme nouvelle. Déjà dans la brochure de ce nom, entière
ment rédigée par des femmes , nous avons pu toutes, chacune à notre manière , exprimer nos sentimens, nos désirs
d'avenir, enfin faire acte de volonté libre ; déjà dans des
réunions préparatoires nous avons senti que d'abord notre œuvre à nous devait être bien distincte de la vôtre ,
afin que plus tard , lorsque nous aurons compris notre
force et notre valeur, nous puissions, dans toutes les directions de la vie , nous placer à vos côtés *comme vos égales*.
Mais ne croyez pas, Messieurs, que ce soit à une sauvage indépendance que je désire voir arriver mon sexe; non, non,
loin de moi cette pensée anti-religieuse ; la proposition
que je viens vous faire, tend au contraire à coordonner,
à réunir nos efforts aux vôtres, afin d'arriver plus tôt au
résultat que nous désirons *tous*, qui est d'obtenir d'une
manière pacifique l'association universelle , l'affranchissement des femmes et des peuples.

Comme c'est dans l'amour que je porte à mon sexe
que j'ai puisé tous les sentimens que j'exprime , je ne
crains pas d'être démentie par mes sœurs, en vous de-
mandant, au nom de toutes , que partout où vous serez
il y ait pour nous, *place , amour, respect*. Vous devez
sentir, Messieurs, qu'en dédommagement des mépris et des

calomnies dont le monde extérieur nous abreuve, vous ne sauriez trop parmi vous nous accorder de considération.

C'est donc en femmes qui se sont déjà montrées dignes de la liberté, que nous réclamons de votre justice qu'il n'y ait plus d'assemblée générale de convoquée sans que nous n'y soyons admises. Imitez le père suprême; envisagez surtout l'avenir du saint-simonisme dans la solution de la question des femmes : il sera beau et grand, Messieurs, que la famille de Paris puisse se donner en exemple au monde, pour adoucir les mœurs; réveiller, exalter dans l'âme des travailleurs, les sentimens chevaleresques du moyen âge. Rendez, autant que possible, vos prises d'habit solennelles; que ce soit un jour de fête pour la famille; que le nouveau frère appelé à notre communion déclare, pour toute profession de foi, qu'il repousse comme arriéré et sauvage toute exploitation sur les individus. Alors que le père ou son délégué lui présente la ceinture; les frères, la toque; mais que les femmes seules donnent et posent l'écharpe. Le nouveau frère, se regardant dès-lors comme le chevalier des femmes et du peuple, sentira la nécessité de se laisser dépouiller momentanément de ses divers symboles, s'il vient à faillir à son œuvre.

Messieurs, pour me résumer en peu de mots, nous demandons que les différens groupes de femmes qui pourront se former sous l'inspiration saint-simonienne soient admis à faire partie de vos assemblées, et puissent délibérer, comme vous, sur toutes les questions générales qui s'y traiteront; mais aussi plus nous tenterons de rapprochement entre les sexes, plus le besoin d'une justice toute moralisante se fera sentir. D'après cette pensée, nous demandons, afin de pouvoir réprimer les torts de quiconque se rendrait coupable envers les individus ou la généralité, qu'il soit formé un conseil de famille présidé par des femmes et des hommes.

Que la dénomination de ce tribunal de famille puisse varier selon les causes qu'il sera appelé à juger; par exemple, il se formera sous le nom de *cour de justice*, si le délinquant s'est rendu coupable envers le père, ses frères ou le peuple; mais, dans toutes les causes qui regarderont spécialement notre sexe, ou un délit aura été commis envers une femme, et surtout pour que tous les actes de la femme soient bien distincts des vôtres et conservent l'empreinte de son caractère, nous voulons que l'assemblée soit aussitôt convoquée sous le nom de *cour d'amour.*

Il est inutile ici de spécifier le genre des fautes à juger, ou la nature des peines propres à être appliquées; ce sont, il me semble, des détails ultérieurs qui pourront se régler lorsque plus tard il y aura contravention, décision prise entre nous, lorsque vous aurez comme moi le sentiment intime que, pour faire avancer l'œuvre, il faut que les femmes prennent une part active à tout ce qui se décidera dans la famille.

Je vous ai présenté, Messieurs, ces pensées de femmes, d'une manière bien informe sans doute; je laisse à vos réflexions le soin d'examiner ce qu'elles ont d'applicable pour les circonstances actuelles. Je désire cependant que vous sentiez aussi vivement que moi ce que la publicité, ce principe moralisant qui agirait sur tous les individus, aurait d'*actif*, de *vivant* pour l'éducation des femmes qui, ayant jusqu'à présent été réléguées dans l'intérieur de la petite famille, ne sentent pas assez ce qu'il y a d'excellent et d'avenir dans la vie sociale.

Saints-simoniens, pour que notre liberté ne soit pas une

vaine révolte, veuillez-la dans toute la sincérité de votre ame : mieux vous comprendrez ces paroles, plus la femme agira.

SUZANNE.

VARIÉTÉS.

Au départ des apôtres saint-simoniens pour Lyon, une jeune femme, émue du dévouement de ces hommes religieux, leur a adressé des adieux touchans; entre autres pensées remarquables, elle leur a dit : « Nous vous prions « d'être nos interprètes auprès des femmes qui s'appro- « cheront de vous et seront touchées de vos paroles ; « faites-leur part de la sympathie que nous éprouvons « et voudrions voir partagée par toutes , que nous dési- « rons être en relation avec elles; dites surtout aux pro- « létaires que, si elles viennent à Paris nous visiter, nous « les recevrons comme des sœurs; qu'elles trouveront « toujours en nous appui et protection. Portez-leur donc « cette parole d'union, afin qu'étant sentie par quelques « femmes aimantes, elles se rallient à la sainte cause à « laquelle nous avons voué notre vie. Que notre foi dans « l'avenir soutienne notre courage à toutes, car cette « parole du père doit s'accomplir : Liberté pour les fem- « mes, liberté pour les peuples ; oui, c'est là la volonté « de Dieu. »

ÉMILIE, femme F.

Une jeune fille nous prie d'insérer ce petit discours au peuple. Nous aurions désiré que toutes les femmes sentissent que le but de cette petite brochure est de servir d'écho à toutes pensées d'avenir échappées d'un cœur de femme, et concourant à obtenir sous quelque forme que ce soit notre affranchissement moral et intellectuel; cependant pour cette fois nous nous rendons au désir de cette jeune personne, d'autant plus que le sentiment qui l'a inspirée est très-bon, puisqu'elle cherche à réhabiliter le mérite et met le dévouement en honneur.

DISCOURS AU PEUPLE.

Peuple malheureux, fera-t-on toujours en vain les plus immenses sacrifices pour te prouver que l'on travaille à ton bonheur ? Ton oreille restera-t-elle toujours fermée à cette *vérité* qu'on veut te faire connaître ? ton cœur ne sera-t-il point touché de tant de peines et de patience que l'on a pour t'instruire ? Pourquoi refuser de croire à l'éminente vertu des hommes qui veulent éclairer la société ? La vertu dans notre siècle est-elle donc devenue impossible, outragerait-t-on assez l'humanité pour le croire ? rappelons ici le souvenir de la vénérable antiquité; on ne peut nier que les héros qui l'ont illustrée n'aient donné des exemples d'une vertu surhumaine. Hé bien, la nature n'est point épuisée ; elle sait encore produire aujourd'hui de grands homme, mais comme l'envie et l'imposture cherchèrent à obscurcir la renommée des sages anciens, de même maintenant la mort seule peut faire rendre justice à ceux dont le mérite importune les regards de leurs contemporains. Je rappelle ici le pacte vénitien : les hommes de cette nation se révoltèrent quand *Bonaparte* leur présenta la liberté, parce qu'ils ignoraient le prix d'un tel bienfait. Peuple, c'est dans cette disposition que se trouve

le prolétaire, à qui particulièrement les apôtres saint-
simoniens portent intérêt; ils demandent pour l'ouvrier
du travail, et la tranquillité pour le riche; et quel est
celui qui, ayant un cœur humain, le sera pendant le cours
de cet hiver, entouré d'infortunés que l'on voit languir
autour de soi? Peuple, comprends donc la noble mission
des apôtres saint-simoniens; cesse de les injurier, ils
sont tes vrais amis, puisqu'ils cherchent à rapprocher de
toi les classes élevées qui t'ignorent, te craignent, et sous
la préoccupation de ce sentiment hésitent à travailler à
ton bonheur.

PAULINE P.

Nota. **A** dater du 20 décembre, le bureau de l'Apostolat sera transporté chez madame Voilquin, rue Cadet,
nᵒˢ 26 et 28. Les lettres et envois devront être adressés à
SUZANNE ou à MARIE REINE.

S'adresser au Bureau de l'Apostolat tous les jours, de midi à
quatre heures, rue du Faubourg Saint-Denis, n. 11; et, pour les renseignemens, à madame VOILQUIN, rue Cadet, n. 26 et 28.

(*Affranchir les lettres et envois*).

SUZANNE.
MARIE REINE } *Directrices.*

PARIS. — IMPRIMERIE DE AUGUSTE AUFFRAY,
PASSAGE DU CAIRE. nᵒ 54.

APOSTOLAT

DES FEMMES.

VÉRITÉ   **UNION.**

> Égalité entre tous de droits et de devoirs ;
> notre bannière étant à la peine, il est juste
> qu'elle soit à l'honneur.   (Jeanne d'Arc.)

Depuis l'incarcération du père Enfantin, plusieurs dames de province nous ayant exprimé la crainte de voir la famille Saint-Simonienne sans *lien* par l'absence du chef, nous croyons, par quelques détails simples et vrais sur l'intérieur de la famille, répondre à leur bienveillante sollicitude.

Oh non ! non ! mes sœurs, le saint-simonisme n'est pas anéanti à Paris. Rassurez-vous, et ayez foi en nous : il est plus vivant que jamais, puisqu'il commence à s'incarner dans les femmes et le peuple. La phase des docteurs est achevée; toutes théories sont faites; vienne la phase du sentiment, des femmes, en un mot, et la nouvelle Genèse sera enfantée; les temps seront accomplis; l'ère nouvelle datera du jour où la sainte égalité de la femme et de l'homme sera authentiquement reconnue. Jusque là, travaillons avec ardeur à faire descendre dans le cœur des hommes la conviction que de notre affranchissement dépendent aussi leur liberté et notre commun bonheur.

Ainsi donc, jusqu'au jour où des voix d'hommes se feront entendre au milieu de nous, *la Femme nouvelle*, sans cesser de réclamer, en face du monde extérieur, les droits de son sexe, rendra compte à nos sœurs et frères des départemens du mouvement progressif qui s'accomplira dans la famille de Paris; car c'est de ce *centre* qu'est parti le signal de notre liberté, pour aller, bondissant d'écho en écho, retentir au loin par le monde; ou bien encore, comme un phare bienfaisant, éclairer les consciences des hommes, et faire tressaillir de joie les cœurs de femmes. Ainsi, dans les esquisses que je vous tracerai, tour à tour vous verrez l'influence de la famille-*homme* de Paris, et l'influence de la *Femme nouvelle*, réagissant l'une sur l'autre, et s'inspirant mutuellement. Il faut, pour me faire comprendre, que je vous dise quelques mots sur la position respective des femmes et hommes *saint-simoniennes*. Généralement, les femmes parmi nous, comme ailleurs, comprennent peu la liberté qui nous est offerte; elles sont presque toutes encore sous l'influence ou la volonté de l'homme; elles n'ont point *confiance en elles-mêmes*. Encore sous le charme des brillantes théories que ces messieurs nous ont faites, elles n'osent faire entendre leur faible et timide voix; enfin elles ne sentent pas encore que c'est à notre cœur, dégagé de tout sentiment individuel,

que toutes questions s'adressent; que lui seul est appelé
à les résoudre ; que, dans une religion toute d'*amour*, le
plus *aimant* devient le plus *capable :* peut-être aussi ne
sont-elles pas *bien écoutées*.

Pour les Saint-Simoniens, depuis que *l'homme de génie*
qui les a guidés et les a inspirés continuellement en notre
faveur, *expie* par la prison le tort d'avoir voulu rendre à
cette société égoïste la *vie* et le *bonheur*, en nous plaçant
au rang d'égalité qui nous est dû; depuis, dis-je, nos
frères, tout étonnés de la révolution qui s'est faite en eux,
d'après l'inspiration du *père* et du pas immense qu'ils nous
ont laissé franchir, nous regardent, nous écoutent, je
dirais presque *nous redoutent*. L'autorité ayant toujours
été arbitraire, despotique, à leur tour ils ne comprennent
pas encore quelle place nous pourrons occuper sans frois-
ser leurs droits: ils croient voir, de notre part, une e tendance à l'usurpation, lorsque nous osons manifester une
volonté. En général, les hommes, même un *peu* dans la
famille, sont à l'égard des femmes comme les gouverne-
mens à l'égard des peuples; ils nous craignent et ne nous
aiment pas encore. Ils parlent de désordres; mais, grand
Dieu! qu'y gagnerions-nous? le désordre! mais c'est
l'abrutissement, l'exploitation de notre sexe! Oh! qu'ils
se rassurent: la liberté que nous entrevoyons sera *belle* et
pure; les relations des sexes étant fondées sur le sentiment
vrai de l'*amour*, l'*exploitation*, la *fraude* seront inutiles
ou impossibles. Que les femmes laissent parler leur cœur,
oui, je le sens, ce seul et même cri s'en échappera :
« Arrière, arrière! caprice volage, qui forme en te jouant
mille liaisons éphémères; tu traînes à ta suite dégoût et
satiété ; non, non, tu n'es pas le bonheur. Arrière, imagination folle et vagabonde, qui fais délirer comme l'amour,
mais qui n'es ni l'amour, ni le bonheur! » Femmes, femmes, écoutez vos cœurs et prononcez.

Cependant, chères sœurs, malgré la vérité de ce tableau, croyez que nous sommes loin de nous décourager.
La confiance s'établit peu à peu entre nous ; des groupes
s'attirent, se forment de tous côtés et se réunissent ensuite
en assemblée générale. Là on lit les lettres des frères ab-
sens, des vers à la louange des femmes ; on chante des
couplets qui rappellent l'amour que l'on doit au *père*, et
le dévouement aux femmes et au peuple. Pour être juste,
il faudrait citer bien des faits ; mais *rien* n'est perdu pour
nous ; tout viendra en son temps : dans le cœur de la
femme, il y aura une louange pour chaque genre de dévouement. Aujourd'hui je me suis attachée à vous relier
au moins mystiquement à la famille de Paris ; plus haut,
je vous ai parlé du tribut que nous apportent en assemblée générale nos jeunes auteurs saint-simoniens : sans
pouvoir les citer tous, c'est justice cependant que de vous
faire partager le plaisir qu'un de nos frères nous a fait
en nous offrant ce chant d'appel à la femme.

(*Air de la Varsovienne.*)

I.

Parmi nous, femme douce et chère,
Viens pacifier l'univers ;
A ses enfans viens donner une mère ;
Viens : nos bras et nos cœurs te sont toujours ouverts.

Lève ton front trop long-temps abaissé ;
Lève ton front, femme pure et timide ;
Répudiant l'outrage du passé,
Que ton amour nous inspire, nous guide :
Nous avons déchiré le funeste bandeau
Qui nous cacha long-temps ta divine puissance.
Viens, ton règne commence :
Dieu n'a pas pour l'oubli fait un pouvoir si beau.
Parmi nous, etc.

2.

Viens, prends un luth à tes mains usurpé :
Du travailleur, ton frère d'esclavage,
Que le malheur par toi soit extirpé ;
Rallume en lui l'amour et le courage.
On vit par son *travail*, et non par son *blason*.
Dis-lui donc qu'il verra pour sa grande famille
        Sa tranchante faucille
Des coteaux jaunissans dépouiller la toison.
        Parmi nous, etc.

3.

Va, ce n'est pas un *culte* sans ferveur,
    Tel qu'à tes traits en vouait l'artifice.
    Il s'est éteint, le jour de la faveu :
    Il va briller, le jour de la justice.
Ne seras-tu toujours qu'une vierge aux doux yeux,
Ou sultane adorée, esclave ou vagabonde ?
        Non : viens montrer au *monde*
La plus belle moitié d'un couple radieux.
        Parmi nous, etc.

4.

    Retiens les bonds de ton coursier fougueux,
    Noble soldat, et redresse ta lance :
    Cessez vos cris, vos transports belliqueux ;
    Libre, en vos rangs une femme s'avance.
Sa voix en travailleurs changeant vos bataillons,
Elle saura bientôt calmer toutes les haines,
        Et dans nos vastes plaines
Le fer de vos mousquets creusera des sillons.
        Parmi nous, etc.

5.

    Oh ! ce n'est pas un bonheur idéal :
    La voilà bien, mon cœur me la révèle.

Obéissant à ce sacré signal,
La voilà bien , majestueuse et belle.
Canons, ne tonnez plus; tombez, mortel épieu :
La femme va parler, et sa voix virginale
Sera grande et morale :
Qui pourrait en douter nîrait la *loi de Dieu.*
Parmi nous , etc.

———

Je dois ajouter qu'ayant toutes senti que ces louanges, loin d'être corruptrices comme les louanges du passé, étaient dignes de nous, et peignaient le fond de notre pensée, nous avons, d'un mouvement spontané, pris la résolution d'offrir au jeune MERCIER une écharpe, sur laquelle, plus tard, nous mettrons : *Donnée par les femmes.*

En regard de nos moyens pour glorifier ce qui nous paraît *bien*, je veux aussi vous faire connaître nos moyens de répression par un seul exemple pris également dans notre sein. Un jeune homme, plein d'aveu r, mais d'un caractère jusqu'alors indomptable, auquel on avait laissé prendre l'habit saint-simonien, peut-être un peu trop légèrement, avait compromis ses frères, en prostituant cet habit : le père du jeune homme s'est senti le courage de demander à la famille la dégradation de son fils; le fils, à son tour, est venu noblement, courageusement, s'accuser de ses torts devant *tous*, et se dépouiller de ses vêtemens symboliques. Lorsque, plus tard, par une conduite soutenue, il aura reconquis l'estime de la famille, les femmes elles-mêmes demanderont sa réhabilitation. Alors aussi je dirai son nom, qu'il rendra glorieux, parce qu'il ne voudra pas qu'une main de femme l'efface de nouveau. Que le monde juge par ces deux exemples de la force moralisante que nous puisons dans la religion saint-simonienne. Aussi, trouvant dans cette religion tout ce qui peut enthousiasmer l'ame, le *sentiment*, science du cœur, qui doit *relier*, *unir* tous les peuples; l'*amour* véritable, qui tout à la fois excitera et récompensera les actions sublimes; et la *poésie*, fille de la religion et de l'amour, qui fera du *globe* la terre promise par *Dieu*; et, désirant faire partager nos convictions par ceux qui nous aiment, nous avons décidé, en conseil intime, que la haute direction de cette petite brochure serait entièrement sous l'inspiration de la religion nouvelle. Nous insérerons, comme par le passé, les articles des dames qui, sans être saint-simoniennes, comprendront la place qui attend la femme dans la hiérarchie humaine. De plus, les développemens sur l'industrie, les articles qui peindront la misère matérielle qui assiége notre sexe, seront reçus par nous avec empressement; mais nous avons senti que d'abord *la Femme nouvelle* devait être *religieuse* et *morale*. Ainsi, avant que d'exalter tel ou tel système industriel, comme parmi nous quelques-unes semblaient le vouloir, nous attendrons que leurs auteurs aient appelé à leur secours, comme preuve, l'expérience de la *pratique*.

SUZANNE.

RÉPONSE

A QUELQUES QUESTIONS QUI NOUS ONT ÉTÉ FAITES.

On nous reproche de ne pas avoir dit *quelle est la liberté que nous voulons* (on nous dit que nous n'avons pas assez clairement démontré *en quoi nous sommes esclaves*. C'est à ces deux questions que je vais essayer de répondre. Peut-être ne les développerai-je que sous un de leurs aspects; mais d'autres que moi pourront les reprendre et développer celui que j'aurai laissé. Oui, la femme est esclave;

car dès son enfance on l'asservit aux préjugés qui, par cela seul qu'elle est fille, ne lui permettent pas de se livrer aux jeux qui pourraient lui plaire. Dès son enfance, on la fausse dans son éducation; on lui apprend à baisser les yeux, pour avoir ce qu'on appelle de la timidité. Je suis loin de vouloir que les femmes se dépouillent de la pudeur, de la modestie, qui sont leur plus belle parure; mais il y a loin de cette réserve à celle qu'on leur donne dans l'enfance; car l'une est vraie, c'est le résultat de leur manière de penser et d'agir, tandis que l'autre n'est que le résultat de la contrainte qu'on leur a fait éprouver. Cela est si peu naturel, que vous voyez la plupart des jeunes filles qui ont été ainsi retenues, lorsqu'elles se trouvent libres, avoir beaucoup moins de modestie que celles chez qui c'est le résultat de leur réflexion. Mais une autre chose qui prouve bien que nous sommes subalternisées, c'est que, dans notre éducation, on ne nous donne que des talens d'agrément, point ou peu d'études sérieuses. Notre tête, dit-on, n'est point organisée pour cela; et cependant il est des femmes qui se sont illustrées dans les sciences; elles sont en petit nombre, il est vrai; mais c'est que peu de femmes ont été placées de manière à pouvoir faire les études nécessaires pour y arriver. Ainsi cette carrière se trouve fermée pour nous; *nous sommes donc subalternisées par rapport à la science.* Pour ce qui regarde la politique, je n'ai pas besoin de faire de grands raisonnemens pour prouver que nous n'y avons *aucune place*, et que, sous ce rapport, nous sommes non-seulement subalternisées; mais, ce qui est plus, les esclaves des hommes. Qui fait les lois qui doivent régir la société? des *hommes seuls?* Qui les apprend aux femmes? Personne; et lorsque l'une d'elles y faillit, qui la juge, qui la condamne? Des *hommes seuls;* elle est obligée, pour se défendre, d'avoir recours à un homme, les usages ne permettant pas qu'une femme soit entendue comme avocat. Lorsqu'eut lieu le procès des Saint-Simoniens, le PÈRE avait dit que, comme *sa cause était celle des femmes*, il en demandait deux pour conseil. *On les lui a refusées.* Ce fait seul a prouvé notre subalternité; et l'on vient encore nous demander *en quoi nous ne sommes pas libres!* Non, nous ne le sommes pas, puisque nous n'avons que le droit d'être *accusées*, jamais celui d'être *juges* ni *défenseurs*, même dans notre propre cause. Et n'est-ce pas de l'esclavage pour les femmes que ce droit de l'homme, que la femme doit suivre son mari partout où il lui plaira d'aller, quelles que soient d'ailleurs les raisons qu'elle aurait de vouloir rester dans le pays où elle est? Et, sous le rapport matériel, quels sont ces droits? *Aucun.* La femme ne peut posséder; tout ce qu'elle a appartient à son mari, parce qu'il est le chef de la communauté, et elle ne peut par cette raison disposer des biens qui lui appartiennent, alors que son mari absent ne peut lui en donner l'autorisation. Dans l'industrie, très-peu de carrières nous sont offertes; tous les travaux qui peuvent être de quelque rapport sont faits par des hommes: on ne nous laisse que la liberté d'accepter des états qui nous rapportent à peine de quoi vivre. Dès qu'on voit qu'une industrie quelconque peut être faite par nous, on s'empresse d'en baisser les prix, par la raison que nous ne devons pas gagner autant que les hommes. C'est vrai, il est essentiel que nos gains soient très-modiques, car c'est une des causes de notre dépendance envers les hommes, puisque nous sommes obligées d'avoir recours à eux pour notre vie matérielle; mais je crois qu'à bien examiner, il leur serait aussi avantageux qu'à nous que, sous ce rapport, nous ne fussions plus sous leur dépendance; car ils auraient plus de liberté, alors qu'ils ne seraient plus obligés de penser à la subsistance de leurs femmes. Voilà quelques-unes des causes de notre escla-

vage et de nos souffrances : il en est d'autres qne mes sœurs
feront connaître ; j'ai dit celles qui m'ont le plus frappée.
Je vais vous expliquer ce que je veux dire lorsque je parle
de *liberté*, *d'égalité*. Que pour la femme, ainsi que pour
l'homme, il y ait *égale chance de développement ;* que dans
notre éducation on développe et nos *forces matérielles* et
nos *forces intellectuelles ;* que nous puissions embrasser la
carrière des sciences, si telle est notre vocation ; qu'on
ne nous en exclue pas, sous le rapport de notre légèreté,
car nous ne sommes légères que parce qu'on ne nous donne
pas la faculté de nous développer, et qu'on ne nous inspire que des idées étroites ou frivoles ; que ce ne soit plus
des hommes seuls qui nous jugent ; que nous puissions
émettre notre opinion en *matière politique* comme en *matière religieuse ;* qu'enfin nous ayons *place partout*, et aussi
bien que les hommes nous saurons remplir toutes les fonctions, alors que, comme-eux, nous y aurons été préparées par une éducation forte et sérieuse. Enfin, que
l'homme ne regarde plus sa femme comme sa *propriété*, sa
chose, que les lois nous accordent, ainsi qu'à eux, la faculté de disposer de notre bien ; que nous puissions embrasser telle profession qui nous conviendra, sans que
nous soyons obligées d'avoir l'autorisation d'un mari.
Mais ce que je sens devoir réclamer le plus immédiatement, c'est une *réforme complète dans l'éducation des
femmes ;* car ce n'est que lorsqu'elles auront reçu une
éducation beaucoup plus étendue que celle qu'on leur
donne aujourd'hui, qu'elles pourront *partout* se placer à
côté des hommes comme leurs *égales :* ensuite l'égalité
dans le mariage ; que la femme, aussi bien que l'homme,
puisse posséder. Je sens bien que les femmes ont aussi à
réclamer leur liberté morale ; car c'est là que pour elles
l'exploitation est rude ; c'est là que sont pour elles les
causes de grandes douleurs ; mais je ne pense pas que

cette liberté morale puisse s'établir maintenant. Il faut cependant que nous la réclamions, que nous l'appelions de toutes nos forces; mais nous devons bien sentir que toutes les libertés doivent marcher en même temps; et, pour que nous puissions être libres *moralement*, il faut que nous le soyons *matériellement*; car notre liberté morale ne serait-elle pas dérisoire, si nous étions encore obligées de dépendre des hommes pour notre vie matérielle?

Marie Reine.

INVOCATION.

Amour!... Bonheur!.. Liberté... divinités tutélaires de la religion nouvelle, daignez couvrir de votre égide protectrice une jeune fille qui met en vous tout son espoir.

Un voile épais semble vouloir pour toujours dérober l'avenir à nos yeux; il cache encore à quelques-uns les chaînes que, depuis tant de siècles, les hommes ont fait peser sur nous; mais l'heure va bientôt sonner, la Liberté, fille du Ciel, attend notre voix pour déchirer le voile et briser nos chaînes: eh bien, qui donc nous retient encore?

La paix et le bonheur accompagnent ses pas; les beaux-arts, l'industrie, les plaisirs et l'amour composent sa cour brillante: elle attend, vous dis-je; resterez-vous immobiles?

Il ne peut en être ainsi, Dieu nous conduit sans cesse dans la voie du progrès, nous marcherons avec lui; le chemin est aride d'abord, puis il s'élargit et s'embellit toujours; le but est couronné de fleurs; marchons, que notre bannière, sur laquelle on lit: Amour, travail et liberté, fasse le tour du monde!

Espérance, divine enchanteresse, bientôt ton baume
divin aura dessillé les yeux de la femme. Esclave, sous un
maître rusé ou farouche, elle croit devoir lui cacher ses
pleurs, mais l'heure approche où, revendiquant ses droits,
elle viendra demander compte à son maître de dix-huit
siècles d'esclavage.

Isabelle.

LES DEUX MÈRES.

Comme les heures données à l'observation ne sont pas
toujours des heures perdues, et que d'ailleurs Paris est si
beau, si paré au commencement de chaque année par
tous ces jolis *riens,* qui rapportent si peu à l'ingénieux industriel qui les invente, qu'il me prend envie d'essayer
aujourd'hui du métier d'oisif, de marcher sans *but...* Arrê-
tons-nous devant ce grand magasin; cet endroit me four-
nira sans doute quelques remarques utiles. Mais toi, pauvre femme blottie dans cet angle, que viens-tu faire avec
tes trois pauvres petits enfans auprès de cette porte? ce
n'est pas la curiosité. Oh non, non; à ton œil terne, à ta
figure pâle, aux lambeaux qui t'entourent, je le vois, c'est
le besoin, le cruel besoin d'exister qui te retient là. Voyons
si sur toutes ces physionomies de riches qui passent devant moi, je ne pourrais pas saisir un mouvement de
sensibilité qui m'indique une ame. Ils ne sont pas là en
représentation; elle est bien d'eux, cette expression froide
et dédaigneuse. O riches, riches! puisque vos ames sont
trop étroites pour comprendre l'association, faites donc
de la philanthropie; c'est la vertu du présent. Toi, pauvre
femme, ne te décourage pas; voici une jeune élégante qui
descend de voiture; elle est riche aussi, il est vrai; mais

un cœur de femme devine tant de choses, que, sans avoir souffert, elle pourra comprendre ta peine. Que sa toilette est brillante! quel luxe de chevaux, de voiture! Oh! quelle servilité dans les soins que lui rendent ses domestiques! Je crois remarquer que ce n'est pas l'affection qui donne, ni le cœur qui récompense; mais bien la richesse qui solde la cupidité. Et cet honnête marchand, à combien de révérences ne se croit-il pas obligé? une femme en équipage descendre dans ses magasins! Certes, en voyant son air affairé, on peut assurer qu'il est loin de vouloir, comme notre poète national, laisser la Fortune à la porte. La Fortune! seule divinité du jour : il semble, à voir les soins dont on entoure ses favoris, que tout le mérite et le bonheur de la vie se résument en eux, et que, pour obtenir les faveurs de la capricieuse déesse, il faille tout sacrifier, tout, jusqu'à la dignité humaine. Mais pourquoi attendre, pauvre femme? ne vois-tu pas, au ton à la fois servile et impertinent des valets, que le cœur égoïste et sec de leur maîtresse est prêt à repousser ta plainte? Quels regards expressifs tu jettes sur cette brillante voiture et sur les guenilles qui te couvrent à peine, et ensuite, les reportant vers le ciel, tu sembles interrogèr sa justice sur le mystère de cette inégalité! Cependant espère encore: comme toi cette femme est mère; elle doit compatir à ta misère. Oh! oh! bon marchand, ton air radieux annonce que tes excessives politesses ne sont pas perdues. Que de futilités sont portées de chez toi dans la riche voiture! Pauvre femme, hâte-toi de présenter ta requête de mère; la jeune élégante est prête elle-même à monter auprès de ses enfans: bien, glisse-toi au milieu des empressés...... hélas! un mouvement d'humeur répond seul à ta touchante prière, et apprend aux domestiques, au marchand lui-même, qu'ils doivent se hâter d'éloigner l'importune solliciteuse...... Et moi, le cœur serré en regardant cette voiture rouler et s'enfuir, j'ai besoin, pour respirer plus librement, de penser à l'éternelle justice, *à chacun selon ses œuvres.* Oui, femme riche, ta vie se perpétuera comme celle de la femme pauvre ! toi, mère, tu as dédaigné de faire cesser des douleurs de mère ! Dieu te réserve, pour te faire accomplir ton progrès et attendrir ton ame, de te faire souffrir, dans tes enfans, les angoisses de la faim, du froid, de toutes les misères que tu n'as pas empêchées. Je vous le rappelle, femmes riches, *à chacun selon ses œuvres !*

SUZANNE.

VARIÉTÉS.

REINE, CARDINAL ET PAGE ;

Vaudeville en un Acte, de M. ANCELOT.

Oui, je le répète, la presse sera pour nous encore long-temps silencieuse et glacée ; c'est au théâtre que nous trouverons nos plus puissans auxiliaires ; c'est du théâtre, seul temple où il y ait communion pour le peuple, que l'on répondra dignement à la parole d'émancipation qui a été jetée par le monde en notre faveur. Depuis que les idées de liberté, d'égalité, agitent tous les cœurs, certes, les auteurs ont senti et reconnu l'immense influence que nous exerçions. Assez long-temps ils l'ont utilisée dans leur seul intérêt, en nous faisant débiter force tirades sur la liberté et les droits du peuple ; mais des nôtres... *point....* Cependant les femmes sont peuples aussi ! Quand donc nous fera-t-on parler pour nous-mêmes ? Quand cessera-t-on de nous identifier ainsi avec des sentimens qui ne sont point les nôtres ? Vienne un homme de génie

qui prête l'oreille aux réclamations de la *Femme nouvelle*,
ou recueille çà et là les tendres plaintes qui, dans toutes
les positions, échappent à notre cœur. Celui-là, en vulgarisant nos pensées sur la scène, tracera non-seulement
une nouvelle voie au génie, mais pourra se présenter au
monde comme un des premiers éducateurs des peuples.
Déjà quelques tentatives en ce genre ont réussi. Dans le
joli drame de *Sophie* ou *le Mauvais ménage*, nous voyons,
il est vrai, une femme réclamant des droits politiques.
C'est un grand pas; mais, hélas! c'est par la lutte qu'elle
procède; oui, sans doute, c'est un tableau fidèle de ce
qui existe; mais nous y sommes représentées telles que
les hommes nous ont faites, et non point telles que nous
sommes, et moins encore, telles que nous serons.

Le caractère de la reine, dans la pièce de M. Ancelot,
est supérieurement tracé; il exprime mieux aussi ce que
j'attends de la femme. Elle est reine, et pourtant elle se
plaint: oh! c'est que le cœur de la femme n'est pas rempli
par l'ambition; elle se plaint, mais c'est comme femme
qui sent la pesanteur des chaînes qui l'accablent, c'est
sa liberté morale qu'elle réclame, c'est un amour d'égalité que son cœur désire.

Comme l'ame élevée de cette femme est oppressée lorsque, pour se soustraire à l'astucieuse tyrannie de Richelieu, elle est obligée de descendre à la ruse! Elle est
vraie cette expression qui lui échappe: «Hélas! comme
chaque victoire que nous remportons coûte à notre
dignité et à notre franchise! »

Enfin voilà donc un auteur qui nous comprend: du
reste, il s'est montré dans ce joli vaudeville, comme dans
ses autres ouvrages, excellent peintre; il touche aux
sentimens intimes du cœur avec une vérité, une délicatesse toutes féminines. L'intrigue repose sur un fait
vrai; le poëme est écrit avec élégance; les caractères de

Louis XIII, de Richelieu, de lord Buckingham, sont exactement historiques, et très-bien en scène par l'effet des contrastes : Louis, avec sa *nullité*, indigne de l'amour de la belle Anne d'Autriche; le rusé, l'astucieux Richelieu, faisant naître et profitant des circonstances pour tout enlacer, et le beau et brillant Buckingham, l'amant aimé de la reine : en vérité, il n'est personne qui ne le lui pardonne. A voir l'accueil fait à cette pièce, n'est-ce pas la plus forte protestation contre le mariage chrétien, tel qu'il se pratique dans tous les rangs?

Quoique je sente l'inutilité de faire une analyse complète, après plus de vingt représentations, cependant je ne dois pas oublier le rôle charmant du jeune page, avec son amour du premier âge, sans espoir; mais pourtant si dévoué, et qui, semblable aux bons génies d'autrefois, veille sur celle qu'il aime avec tant de sollicitude, que cet amour prépare un heureux dénouement.

SUZANNE.

S'adresser au Bureau de l'Apostolat tous les jours, excepté les dimanches et fêtes, chez madame VOILQUIN, rue Cadet, n. 26 et 28.

(Affranchir les lettres et envois).

SUZANNE.   }
MARIE REINE } *Directrices.*

PARIS. — IMPRIMERIE DE AUGUSTE AUFFRAY,
PASSAGE DU CAIRE, n° 54.

APOSTOLAT
DES FEMMES.

VÉRITÉ   **UNION.**

Notre bannière étant à la peine, il est juste
qu'elle soit à l'honneur. (Jeanne d'Arc.)

Égalité entre tous de droits et de devoirs.

LA JUSTICE DES HOMMES.

L'intérêt d'une cause toute populaire m'avait attiré il y
a quelques temps, dans une des chambres de la police cor-
rectionnelle, où cette cause devait être jugée. Peut-être un

jour vous en parlerais-je, elle ne manque pas d'intérêt, mais pour aujourd'hui, je veux motiver à vos yeux, mes chères lectrices, le désir de démolition qui s'est emparé de moi depuis quelques jours; en vous donnant les détails d'une autre cause qui se plaidait également ce jour-là; vous sentirez comme moi, je l'espère, combien nous sommes peu protégées par les hommes, même *ceux* de la légalité.

Devant la cour paraissait d'abord une jeune femme touchante de pâleur, de douleur morale, touchante de misère, car elle n'était pas méritée. En face de toutes ces figures d'hommes froidement sévères, cette pauvre petite racontait simplement, mais avec vérité, comment son mari, après lui avoir promis protection et appui devant toute la *société* (*représentée* dans la personne de *monsieur le maire*), avait tout vendu ce qu'ils possédaient, et lui avait laissé pour toute ressource matérielle, les dettes faites en commun, et qu'ensuite il avait été dissiper tout cet argent avec une fille perdue, dégradée. Pauvre petite femme *légitime!...* Toi qui religieusement a courbé ton front sous le joug de leurs lois, quelle consolation ces hommes apportent-ils à ton cœur brisé, lorsqu'un des leurs à détruit ton existence par l'abandon, le mépris, la misère? Tout répond autour de toi, *isolement!...* ou mépris! Si ton cœur n'est pas docile à cette sentence... Je me demande quel fond inépuisable d'indulgence est donc en nous, femmes, puisque malgré les trop justes griefs que celle-ci avait pour porter plainte contre son mari, elle paraissait peinée d'être obligé d'entrer dans tous ces détails; ce n'était pas contre lui qu'elle plaidait, mais contre la malheureuse fille, qui, non contente d'avoir apporté le désordre dans son union, l'avait un jour brutalement frappée, ne voulant pas endurer de cette pauvre délaissée, quelques reproches trop justes, trop mérités. Il y avait preuves, certificat de médecin; une autre cour l'avait déjà condamnée à six mois de réclusion, à l'amende; mais le vice à ce degré est audacieux, cette fille en avait rappelé, la cour lui nomma un défenseur d'office. Oh! comment vous dirais-je l'indignation qui me saisit, lorsque j'entendis cet avocat produire de l'effet sur la cour et l'auditoire avec de si misérables raisons. — « Vous le voyez, messieurs, « la jalousie de la plaignante l'a excitée à dire des injures, « ma cliente a riposté un peu vivement. Messieurs, vous « renverrez l'affaire hors de cause, car, vous le voyez, ce « ne sont-là *que des querelles de femmes.* » — (L'accusée ne fut pas graciée entièrement, mais sa peine fut diminuée de moitié.) Si une femme eût siégé à côté du juge, cette question si importante des rapports des sexes, n'eut pas été résolue aussi légèrement des *querelles des femmes!* Un avocat s'exprimer ainsi, quelle indécence! où donc est la morale? où donc est la protection que l'on doit à la faiblesse et au malheur; si elles ne se trouvent pas dans le sanctuaire de la justice, société sans *lien* où il n'y a que froissemens pour nous, soit que nous suivions où que nous nous écartions de tes lois; comment, dans mon humeur noire et morose, ne pas être tentée de renverser, si faire se peut, le principe d'inégalité qui te régit, et qui blesse l'éternelle justice, puisqu'il opprime, écrase en nous la moitié de l'humanité; pour vous prouver, mes chères lectrices, que cette sortie n'est point exagérée par les effets, remontons à la cause, c'est-à-dire examinons ensemble le chef-d'œuvre de la civilisation, le Code des lois que les hommes nous imposent.

Qui dit Code des lois, dit réglemens sociaux faits dans l'intérêt de *tous,* et approuvés, consentis par *tous,* mais en vérité que sommes-nous donc? L'humanité n'est pas composée d'hommes seulement. Législateurs de tous les temps, à quelle époque, dites-moi, si nous sommes la moitié *du tout;* avez-vous admis parmi vous des femmes pour soutenir les droits de leur sexe? Et si nous n'avons jamais eu de représentantes pour *discuter* et *repousser* les lois oppressives que vous formuliez contre nous, dites alors de quel droit vous voulez à tout jamais que nous y restions soumises? Hommes! ne vous étonnez donc plus du désordre qui règne dans votre société : c'est une protestation énergique contre ce que vous avez fait *seuls.*

Moi, faible femme, je me sens aujourd'hui le besoin et la force de *protester* hautement contre ce qu'il y a d'arbitraire et de vicieux dans votre système social, résumé dans quelques articles de lois que j'attaque comme conséquence forcée d'un mauvais principe. Par exemple, comment entendre de sang-froid, au XIX° siècle, un délégué de votre autorité nous dire grâvement : « La femme doit obéissance à son mari. » (Art. 213). J'ai déjà demandé dans un autre article le *pourquoi,* mon gand est resté à terre, aucun ne l'a relevé. *La Revue des Deux Mondes,* seule à plaisanté, mais *plaisanter* n'est pas *prouver.* (Art. 214.) « La femme est *obligée* (c'est le texte) d'habiter avec le mari, et de le suivre partout où il juge à propos de résider.» L'esprit de ses lois ne constate-t-il pas notre esclavage, aussi nous ne pouvons être nous-même; non, l'homme ne nous connaît pas, et, de là aussi, pour rétablir tant soit peu l'équilibre, que de ruses, de mensonges dans toutes les relations; hélas, quelle société!... Vous avez beau dire qu'il est très-rare que vous invoquiez l'autorité de cet article contre nous; mais alors pourquoi le laisser à la disposition d'un *seul* d'entre vous; en vérité, messieurs, vous n'êtes pas aussi inconséquens pour gérer vos propres affaires; rappelez vous votre conduite en 1830, il n'est aucun de vous qui n'ait pensé que Louis-Philippe, en montant sur le trône des Français, ne fût trop habile, trop homme de bien, pour abuser comme son prédécesseur de l'article 14, et, cependaut, le premier acte législatif, fut de rayer ce même article de votre Charte.

Messieurs, à *bon entendeur, salut.*

L'esprit de votre loi est encore plus malveillant pour la *mère* que pour *l'épouse;* il y a contre l'éponse de l'arbi-traire, du despotisme auquel elle échappe par cette lutte sourde de tous les instans; mais c'est le cœur de la mère que vous blessez, que vous brisez par la défiance et l'in-justice qui se fait sentir dans les articles suivans. (Art.373). «Le *père* seul exerce l'autorité sur ses enfans durant le ma-riage. (Art. 374). L'enfant ne peut quitter la maison *pater-nelle* sans la volonté de son père; » mais dans la famille qu'est donc la mère? *tout;* son influence est immense, et ses droits? *nuls.* O justice des hommes!... (Art. 389). « Le père est, durant le mariage, administrateur des biens personnels de ses enfans mineurs. » Plus d'une fois en lisant cet article je me suis demandé, mais le père *seul* a donc la science infuse? l'infaillibilité s'est donc réfugiée dans la petite forteresse conjugale ? Probablement dans la pensée des législateurs, car si la femme, dans son amour de mère, trouve la force de contrôler les actes de son mari, la *loi homme* est là prête à lui dire, *arrière* usurpatrice, c'est un droit que vous vous arrogez et que vous ne possédez pas.(Art. 390). « Après la mort de l'un des époux, sa tutelle des enfans mineurs appartient au survivant; » cet article paraissait établir trop d'égalité entre les époux, le suivant sert aussitôt de correctif. (Art. 391).«Pourra néanmoins le père, nommer à la mère survivante et tutrice, un conseil spécial, sans l'avis duquel elle ne pourra faire aucun acte relatif à la tutelle.» Il est généralement reconnu que l'amour maternel est le plus fort, le plus profond de tous les sen-timens, alors, pourquoi cette défiance ? c'est faire de *l'ex-ception* la *règle,* que de laisser à l'arbitraire d'un moribond, le soin d'appliquer cet article; d'une autre part, s'il a été conçu dans l'intérêt de l'enfant, qui, plus que la mère est en position de veiller à leur bonheur? qui, plus qu'elle, a la certitude qu'ils sont bien *d'elle*, bien à *elle?* Si c'est pour obvier à l'inconduite présumée de l'un des époux, pourquoi la mère n'a-t-elle pas le même droit de prévoyance? pourquoi ne pas lui permettre la tranquillité dans la mort, en lui laissant consolider l'avenir de *ses* enfans; tout ce que l'on peut préjuger sur la conduite postérieure des femmes dans le veuvage, ne peut-on pas, dans le même cas, l'appliquer aux hommes? eux qui n'ont pas comme nous le sentiment de la petite famille; et, d'ailleurs, si un nouvel amour apporte à la femme de nouveaux enfans, ne puisent-ils pas *tous* à la même source la *vie* qui leur est commune; ne les unit-elle pas tous dans sa pensée, dans son cœur de mère, et si, forcée par cette loi d'héritage (qui est impie puisqu'elle est contre nature), de répartir d'une manière inégale les biens entre *tous*, au moins n'en déshérite-t-elle aucun de ses soins ou de son amour; il n'en est pas de même pour l'homme, presque toujours les enfans d'un premier lit sont chassés de la maison du père par l'égoïsme maternel de la seconde épouse, et cependant le père *seul*, en mourant a le droit de nommer un conseil de tutelle. O justice des hommes!...

Jeunes mères, chassez loin de vous d'aussi sombres réflexions; que d'années de bonheur l'amour de vos enfans vous prépare, si le mariage n'est pour vous qu'une longue déception; réfugiez - vous dans l'avenir de vos enfans, que votre imagination embellisse leur existence de tout le bonheur dont vous êtes privée, car ils sont bien à vous, jeunes mères, ces enfans; réjouissez-vous dans votre fille, voyez comme ses grâces se déploient dans son adolescence, comme son front rougit et devient pensif lorsqu'elle sent pour la première fois palpiter son cœur; ô! alors, tendres mères, devenez sa confidente ; vous sentez si bien ce qu'il faut au cœur de la femme, préparez dès long-temps son premier amour, car souvent c'est-là toute la destinée d'une femme ; vous le savez, vous, les arrêts que lancent votre société seront encore long-temps des arrêts irrévocables contre nous ; ainsi, bonne mère, point *d'erreur*, que le cœur *seul* de votre enfant soit consulté. (Art. 148). « Pour former mariage le consentement du père suffit. (Art. 150). Si les père et mère sont morts et qu'il y ait dissentiment entre l'aïeul et l'aïeule, il suffit du consentement de l'aïeul. »

O justice des hommes ! en vérité, le temps est proche où vous serez déclaré impie ; bientôt la mère ne sera plus martyrisée dans son esprit et dans sa chair. *Dieu à* confié à la mère *seule* la *certitude* de la famille. Dans le sein de la jeune fille repose le *lien vivant* qui sans cesse rattache les générations qui se succèdent à celles qui finissent ; mystère qui sans fin s'accomplit dans le sein de *Dieu* sous le grand nom de l'*humanité !*...

SUZANNE.

AUX HOMMES.

Vous vous épouvantez de nos idées de liberté, hommes, qui, toute votre vie, vous appliquez à nous faire rompre les liens qui nous enlacent, quand votre intérêt personnel comme frère, époux ou père, n'y est pas lésé. Quand il ne peut en résulter pour vous que du plaisir et une gloire que j'appellerai au moins immorale, vous voulez bien que nous soyons libres, libres de l'obéissance de nos parens, des devoirs de la religion et de l'opinion du monde, mais esclaves de vos goûts ; et encore cette liberté, que vous cherchez si bien à nous faire aimer, vous nous l'imputez à crime. Et maintenant, que nous voulons briser l'esclavage du monde et le vôtre surtout, le vôtre, d'autant plus terrible qu'étant incorporé d'une manière très-intime à notre bonheur, il nous faut plus que du courage pour nous y soustraire. Vous criez à l'immoralité; on a été perdue, dites-vous, on n'a plus de mœurs, de sentiment. Est-ce parce qu'on s'oppose à votre exploitation qu'on est perdue? Moi je crois, tout au contraire, qu'on est sauvée, alors qu'on a le courage nécessaire pour se raidir contre vos condamnations. Si on est modeste, réservée; si on s'adonne spécialement aux occupations du ménage; si l'on préfère une vie tranquille au tourbillon des plaisirs du monde, ce n'est pas qu'en maître qui doit être obéi, vous nous aurez fait un devoir de vivre de cette manière; mais c'est qu'apparamment notre humeur s'accorde avec ce genre de vie. Si nous faisons hautement l'aveu d'un amour constant et durable, ce ne sera pas dans la crainte de nous voir repoussées et salies par vous, qui ne manqueriez pas de nous faire un crime d'oser être autre chose que ce que vous voulez que nous soyons. C'est que notre nature nous portera à aimer de cette manière. Et vous n'aimeriez pas mieux ces sentimens nobles et généreux, qui doivent exister d'égal à égal, que les sentimens mercenaires qu'un esclave a pour son maître? Vous seriez donc bien insensés ou bien aveugles. Quoiqu'il en soit, la parole de Marie, « que votre volonté soit faite, » ne sortira plus de notre bouche pour sourire à votre despotique pouvoir. Nouvelle Marie, la femme que nous attendons est conviée à accomplir l'œuvre de Dieu; mais de concert avec l'homme, et non en esclave soumise. Elle aussi sauvera le monde et écrasera la tête du serpent; mais le rédempteur qui doit le sauver avec elle ne lui dira pas d'un air d'autorité : Femme, qu'y a-t-il de commun entre vous et moi? Il l'appelle à ses côtés pour y partager l'autorité, pour apporter sur l'œuvre qu'il a commencée si noblement et qu'il accomplit avec tant de courage, sa face de lumière, de grâce, de modestie et de sagesse, quoiqu'en disent nos critiques. Et si elle révoque les usages du passé pour ce qui est de goût, de parure, comme pour ce qui est de sentiment, la pudeur, la modestie et la grâce seront ses guides; elle n'ira pas nous apporter inconsidérément et sans ordre des usages nouveaux qui repousseraient par leur nouveauté tant soit peu effrontée, comme vous vous plaisez à le croire, messieurs les puristes en morale et en parures. Jusque-là donc, abstenez-vous. Si vous jugez maintenant, vous serez confondus; car l'avenir s'avance, et il vient sur des nuages d'azur, de pourpre et d'or, remplacer votre passé brumeux et gros d'orages.

Josephine Félicité.

« Mère, épouse et fille, le lien sacré de l'égalité t'unit au père, à l'épouse et au fils. »

(Paroles du Père.)

O vous, acteurs zélés de la scène du monde, qui voudriez renfermer l'univers dans le cercle étroit du théâtre de vos préjugés; vous, qui jetez à pleines mains le ridicule et le blâme sur les enfans de Saint-Simon, ressemblerez-vous constamment aux idoles des nations? aurez-vous longtemps encore des yeux pour ne pas voir, des oreilles pour ne point entendre? Juges aveugles et incompétens, qui voyez tout à travers le prisme étroit de vos idées; dépouillez-vous du vieil homme, et revêtez-vous du nouveau; alors vous serez à notre hauteur; alors seulement vous pourrez nous juger. Mais, en attendant que vous puissiez nous comprendre, nous dont la religion est toute de paix et d'amour, nous, dont la conscience forte et irré-prochable n'a nullement besoin de votre approbation, nous enfin, femmes Saint-Simoniennes, qui ne repoussons personne, mais appelons au contraire, de nos vœux les plus ardens, le bonheur et la vérité sur les malheureux humains. Nous venons vers vous, et nous vous disons, comme autrefois Jésus: « Que celui d'entre vous qui est sans péché nous jette la première pierre. » Avez-vous bien pesé la valeur du mot, quand vous nous taxez d'im-morales, parce que, ne voulant plus nous prostituer ni nous vendre, nous venons réhabiliter l'amour, ce nom si profané parmi vous, et qui est pour ainsi dire l'anagramme de la religion future! mais vous, avec votre vertu aus-tère, du moins en apparence, s'en trouverait-il un grand nombre, même dans nos plus chauds accusateurs, qui voulussent vivre de la vie des apôtres de la foi nouvelle; de cette vie de ce célibat (expliquons-nous mieux), de continence religieuse, nécessaire maintenant pour l'accord de nos principes? Répondez..... Pour nous, femmes nou-velles, sentant toute la dignité de notre apostolat, et mar-chant l'égale de l'homme, nous prouvons au monde que nous avons autant de force, sinon physique, du moins morale; et, sans jeter comme vous l'anathème sur nos sœurs dont la nature ardente leur fait un besoin du plaisir, nous saurons vaincre nos passions et taire nos dé-sirs jusqu'au moment, peut-être encore éloigné, où l'a-mour n'étant plus un crime pour les femmes, nous en jouirons hautement, sans rougir, en partageant avec l'homme un égal pouvoir d'action et de parole.

N'allez pas croire, d'après ces mots, que ceux ou celles dont les feux brûlans et l'imagination délirante ne peuvent se conformer à notre vie apostolique, soient pour cela moins en honneur parmi nous : loin de notre doctrine une aussi fausse idée! notre système, d'après un ancien adage reconnu même parmi vous, est que Dieu n'a rien fait que de bien, ou, suivant l'expression saint-simonienne, que toute nature est bonne par elle-même, et dépend seulement de la manière dont on l'envisage ou la dirige. Dites-moi, vous qui plaidez contre nous, pourquoi sommes-nous sur la terre? est-ce pour y être malheureux? alors pourquoi chercher le bonheur? je dirai plus, pourquoi vivre? Autre question : Et la société est-elle établie pour augmenter la somme de nos maux, ou plutôt doit-elle seule nous en causer? Dieu, dans sa colère, l'a-t-il créée pour être le tyran perpétuel des individus qui la composent? Elle veut unir la glace avec le feu, l'indifférence avec l'amour; elle veut rendre constant et fidèle celui qui est changeant et volage; froid et réservé celui qui est brûlant et impétueux; soldat et guerrier l'homme timide et pacifique : en un mot, cette société sublime veut, pour notre commun bien-être, bouleverser ce qu'a fait la nature. Quelle admirable idée!...... Mais, dans son humeur bénigne, les femmes surtout ont ressenti sa douce influence; et, suivant toujours son système de controverse, elle leur a enjoint de se regarder comme d'aimables automates, organisés pour le bonheur de l'homme, lorsqu'il lui plaît de les acheter ou de les prendre. La nature, en mère aveugle, nous a pourvues d'une ame tendre, sensible, exaltée; et, pour compléter notre tourment, elle y a joint un cœur : malheur à nous si nous y songeons! il faut l'oublier, ou nous serions flétries, réprouvées, méprisées par la société, à moins qu'une heureuse fortune, ou mieux encore les trésors de Plutus, chose honorée par-dessus tout, nous mettent à même à notre tour d'acheter le bonheur. Remerciant donc cette société de sa bonté toute maternelle, et croyant d'après nous qu'elle se trompe, nous suivons le système de la simple nature, et pensons qu'il est beaucoup plus moral de s'unir par l'amour que par l'intérêt, d'aimer franchement et sans détour, que de se cacher et de feindre; d'être utile à ses semblables dans un état que l'on goûte et que l'on conçoit, que d'embrasser celui pour lequel on n'a nul attrait, parce que la position l'exige : enfin, disciples d'un Dieu de paix, nous prêchons l'égalité de l'homme et de la femme, l'affranchissement des peuples, l'union et le bonheur pour tous. Voilà l'abrégé de notre doctrine. Enfans de Saint-Simon, l'univers vous comprendra bientôt, et l'âge d'or reviendra sur la terre. Gloire à Dieu.

ISABELLE.

VARIÉTÉS.

VERS A MON FRÈRE,
PAR MADEMOISELLE E...

Quel est ton bonheur toi, mon frère,
Sans trembler tu vas sur la terre,
Tu peux tout connaître, tout voir;
Moi, la solitude m'éclaire,
Je reste assise avec ma mère,
A *penser*, à *coudre* le soir.

Avec ta force et ta jeunesse
Tu peux répondre à qui te blesse,
Protéger ta mère et ta sœur.
Je dois et souffrir et me plaindre,

Je suis faible on ne peut me craindre,
Toute seule à la nuit j'ai peur.

Quittant le berceau de l'enfance,
Tu peux rêver l'indépendance,
Choisir, être ce que tu veux ;
Tu peux élancer ta jeune ame
Comme une volontaire flamme ;
Je ne dois former que des vœux.

Toi, jeune papillon frivole,
Heureux oiseau qui chante et vole,
Tu peux gaîment fendre les airs ;
Moi, j'obéis à la raquette,
Je suis le volant que l'on jette,
Je quitte et je reprends mes fers.

En cheminant ta longue vie
Tu peux à ton choix, ton envie,
Prendre le suc à toutes fleurs ;
Et moi je suis la tourterelle,
Je mourrai pour être fidèle,
Un seul fera couler mes pleurs.

Dans une ame encore vierge et pure,
Dans le cœur qui tout bas murmure,
Tu peux réveiller des échos.
Moi, j'aurai des semblans de flamme,
J'aurai l'illusion d'une ame,
De l'amour, j'aurais les..... lambeaux.

Mais le torrent se précipite,
Le jeune homme aussi va trop vîte,
Et tombe lassé du chemin.
Ah ! cette liberté coureuse,
Mon ami quelle est dangereuse,
Je te l'envie et je te plains.

LA FEMME SELON MON COEUR,
PAR EUGÈNE L'HÉRITIER.

La Femme Nouvelle en permettra la lecture à ses sœurs.

Certainement dans tous les romans il y a de l'amour, c'est même l'élément indispensable, partant, dans tous il y a des pères ou des oncles cruels et barbares qui refusent d'unir de tendres amans, ce qui détermine, selon l'humeur des auteurs qui tiennent la vie de leurs personnages sous leur plume, de petites ou de grandes cacastrophes. Mais voici qu'avec ce canevas tant soit peu usé, oui, avec la rencontre et l'amour de deux jeunes gens et l'avarice d'un père qui ne paraît un instant à la fin que parce qu'à tout, et surtout à un roman il faut un dénouement, voici, dis-je, qu'en l'an de grâce 1833, un nouvel auteur s'ingère et trouve le moyen de faire un livre véritablement nouveau; non de cette nouveauté humide de la presse, si donc, l'esprit à double face ne sera jamais le mien; d'ailleurs, mes chères lectrices, puisqu'ensemble nous voulons et nous instruire et nous améliorer, je veux toujours dans nos causeries être *vraie* avec vous, et bien, croyez-moi, ce roman est nouveau de *sentiment*, nouveau de *caractère*, voulez-vous en savoir le pourquoi, approchez, je vais vous le dire, car j'ai dérobé le secret de l'auteur, chut! surtout il a l'air par fois de n'en pas vouloir convenir, écoutez : pressé par sa conscience d'honnête homme, il a fait cet ouvrage sous l'inspiration d'une grande et noble pensée :

L'affranchissement intellectuel et moral de la femme.

Oui, préssé par sa conscience, je le répète, jugez plutôt, mesdames, n'est-ce pas une ame en peine (ame bonne et généreuse) qui plie sous un trop lourd fardeau, et vent s'en décharger par une confession publique qui lui a fait faire tous ses aveux.«Oh ! en vérité, nous autres hommes, « nous avons bien de l'orgueil !... Je demanderai seule- « ment si un moral, considéré sous son aspect le plus lar- « ge, pris généralement, si, dis-je, la femme le cède à « l'homme par quelques points ; si elle a reçu de la nature « moins de facultés intellectuelles, si ces facultés sont « moins intenses, moins complètes, si une femme est « moins rapide et pénétrante dans la pensée, moins for- « te, moins soutenue et courageuse dans l'exécution. « Pour moi, plus j'y regarde de près, plus je m'assure « que les femmes sont nées tout aussi *bien* que nous... Au « fur et à mesure que la civilisation a marché, la femme a « dû marcher avec elle, et rompre chaque jour un anneau « de la chaîne qui la tenait garottée ; l'heure aujourd'hui « n'est-elle point venue que la femme soit notre égale *tout-* « *à-fait ?* pesez cela. » Toutes déclarations très-importan- tes, mesdames, et dont il nous faut prendre acte, car elles ne sont pas d'un réprouvé du monde ; non, elles ne sont pas d'un Saint-Simonien : entre nous je regrette un peu qu'il rejette ce titre à l'admiration future des hommes, j'aurais eu du bonheur à le traiter de frère : un défenseur de cette force dans votre cause n'est certe pas à dédai- gner, il connaît l'amour comme si un cœur de femme lui en avait dévoilé tout le mystère, il connaît les fem- mes, il a confiance en elles ; faut entendre comme il fait parler sa gentille Marie, elle parle de *tout*, et point en pédante, je vous assure, et vraiment c'est un type (d'amour exclusif par exemple) que je ne désavouerai pas ; je l'accueil- lerai volontiers aussi comme une sœur chérie. Si elle venait nous voir comme elle se l'est promis, méchante, lui dirais-je, avec un esprit si juste, pourquoi te laisser prévenir contre nous sans bien nous connaître, nous juger, c'est mal, quelle si grande différence existe-t-il donc entre nous ? comme en toi. Dans notre cœur est tout un monde nouveau, monde *grand*, *beau*, *poétique*, que nous préparons; religion de frère, lien d'amour qui doit tout enlacer, et pour les relations individuelles, ô je dis aussi, aimer, être aimée, c'est la vie dans toute sa plénitude; féconde, abondante, une vie nouvelle, la vie véritable; ainsi que toi je repousse tout amour qui ne prend sa source que dans l'imagination, je veux que toujours les sens ne soient éveillés que par le cœur, autrement je dirais aussi, fi, fi de l'amour! et sur l'éducation à donner aux enfans, nous qui désirons voir tomber les barrières qui séparent les nations, crois-tu, bonne Marie, que nos idées soient moins larges, moins sociales que les tiennes, et parce que nous envisageons toutes les créatures de *Dieu* sous le nom générique de *l'humanité*, crois-tu que nous ne hiérarchissions pas nos sentimens pour les peuples, et que notre tant si *belle France* n'occupe pas la première place dans nos cœurs? nous, mystiques, dis-tu, tu ne le crois Marie, nous qui faisons rentrer dans le sein de Dieu l'élément matériel, que les *tout* mystiques chrétiens avaient laissé en dehors *du Dieu infini*, nous qui venons réaliser sur terre pour *tous* leur paradis qu'ils n'ont entrevu que spirituellement et pour quelques-uns, ô nous sommes religieux et point mystiques. Avec quel bonheur je répète avec toi cette invocation que je retrouve cent fois le jour dans mon cœur, oui je me fie à l'avenir, oui je crois que les peuples un jour, bientôt peut-être, seront heureux; ô mon cœur s'exalte, et mon sein se soulève, et je suis heureuse! ô ma France, mon beau pays! ô toute l'humanité, je vous aime! je vous veux voir heureuse! elles le seront, ô mon *Dieu!* n'est-il pas vrai?

Suzanne.

S'adresser au Bureau de l'Apostolat tous les jours, excepté les dimanches et fêtes, chez madame Voilquin, rue Cadet, n. 26 et 28.

(Affranchir les lettres et envois).

Suzanne.
Marie Reine } *Directrices.*

PARIS. — IMPRIMERIE DE AUGUSTE AUFFRAY,
PASSAGE DU CAIRE, n° 54.

La Femme Nouvelle.

APOSTOLAT
DES FEMMES.

VÉRITÉ   UNION.

Notre bannière étant à la peine, il est juste
qu'elle soit à l'honneur. (Jeanne d'Arc.)

Égalité entre tous de droits et de devoirs.

ANNIVERSAIRE DE LA NAISSANCE DU PÈRE.

C'est encore sous l'impression des sentimens de joie et
de religiosité qui animait hier la famille Saint-Simonienne de Paris, que je vais essayer, chères sœurs, de

vous rendre compte du motif qui, pour nous, a fait de
ce jour une véritable fête de famille. Le vendredi, 8 février, était le jour anniversaire de la naissance du LIBÉ-
RATEUR DES FEMMES, du véritable APÔTRE de l'égalité
sociale, puisqu'il la proclame et la veut pour tous.

Pour nous, le travail étant un acte saint, une action
agréable à Dieu, et ne voulant point indisposer les maîtres pour une perte de temps en dehors des habitudes
reçues, il fut convenu que cette cérémonie n'aurait lieu
que le dimanche suivant.

Le 10 février un nombreux groupe de Saints-Simoniens,
les chanteurs en tête, partit du quai de l'Archevêché
pour se rendre à Sainte-Pélagie, traversant une popula-
tion nombreuse, toujours avide de sensations nouvelles;
ils furent suivis d'un plus grand nombre de prolétaires; et
firent deux fois le tour de la prison en chantant des couplets faits en l'honneur du Père, etdont les refrains, nous
a-t-on dit, furent répétés par les prisonniers. Sans doute
ton cœur paternel a joui de cet hommage, mais aucun
signe extérieur n'a pu faire connaître à tes fils que cette
démarche te fût connue.

Noble prisonnier! que tu as dû souffrir de ne pouvoir
répondre à cet élan sympathique de tes enfans par un
sourire ou une parole d'amour!... mais tu sais attendre...
Tu nous a répété souvent que « pour travailler à l'œuvre
» de DIEU, la patience est la vertu la plus indispensable à
» l'apôtre. »

Patience donc; à chaque jour son progrès. Qu'il se forme
un ensemble de vœux, une *unité* de sentimens, forte et
puissante; qu'il se forme une armée de travailleurs pacifiques, un groupe nombreux de femmes sentant leur volonté, leur dignité, capables toutes ensemble de travailler
au nouveau temple. Oh! alors ton retour parmi nous sera
véritablement un jour de fête pour ton cœur comme pour

les nôtres. Pour arriver à cet avenir, ne faut-il pas traverser le présent? revenons-y, car il est beau aussi d'espoir ce présent; il est plein d'élémens de succès, il ne s'agit que de les coordonner.

Oui, le peuple commence à nous comprendre. Au retour de Sainte-Pélagie, une foule toujours croissante de ces jeunes garçons pleins d'énergie, dont la joie ou les cris bruyants commencent toutes les fêtes ou toutes les émeutes, ne cessaient de se presser en flots tumultueux sur notre passage, fesant à d'assez longs intervalles, marqués pour le repos nécessaire à nos chanteurs, retentir leurs cris d'impatience, Lorsqu'en passant un ouvrier leur dit... *gamins, plutôt que de crier encore!.. encore!.. mettez vous en ligne et chantez avec les Saints-Simoniens, puisque c'est pour vous et vos parens qu'ils travaillent: allons ensemble: vive les Saints-Simoniens.* Et cette foule d'enfans heureuse de se voir comptée pour quelque chose, de s'écrier aussitôt: vive les Saints-Simoniens! Répétant nos refrains avec enthousiasme, ils se sont formés d'eux-mêmes en colonne, ont traversé Paris, nous suivant jusqu'à la barrière des Amandiers, où devait avoir lieu le banquet de cent cinquante prolétaires de la famille auxquels se sont joints comme visiteurs quelques personnes que le spectacle de notre union touche plus vivement.

Arrivés, après avoir déposé le buste de Saint-Simon porté par les membres de la famille et par un ouvrier inconnu qui a sollicité cette faveur, quelques membres de la famille ont fait une petite collecte qui leur a servi à faire boire plus d'une centaine de ces jeunes enfans à la santé du PÈRE, ce qu'ils ont joyeusement accepté, promettant bien que dès qu'ils verraient un Saint-Simonien, ils le salueraient *comme un bien bon enfant.*

Plusieurs ouvriers touchés de notre urbanité ont sollicité et obtenu d'être admis à cette fête de famille, en se conformant à l'ordre et au culte , bien imparfait encore , mais qui cependant n'est pas sans valeur comme moralisation aux yeux de la société.

Dans le cours du banquet, différens toasts ont été portés, le premier au Père, et les cris de vive le père ont retenti dans toutes les parties de la salle ; puis à l'affranchissement des femmes et du peuple, à nos amis (bientôt nos frères) les républicains, dont les principes politiques, si bien exprimés dans la *Tribune du* 3i *janvier,* seront les nôtres quand ils seront bien convaincus que tout moyen violent est rétrograde , et que voulant ainsi que nous travailler au bonheur de tous ils ne doivent avoir aucun sentiment haineux dans le cœur. Les temps sont venus où la force morale qui doit régir le monde va se poser sur une bâse solide.... il est temps, dis-je, que les hommes de cœur et de dévouement se rapprochent, afin de hâter le moment de régénération qui maintenant est un article de foi pour tous les esprits faits et avancés.

Après le repas, les chants ont commencé. Je ne puis les citer tous : les uns vous entraînent par la beauté du rythme; d'autres par des pensées élevées, qu'une certaine rudesse ne dépare pas, comme expression de sentiment d'ame brisée aux rudes travaux du prolétariat; car tous nos auteurs sont prolétaires dans l'acception du mot, et leurs chants partent du cœur.

Pourquoi la femme nouvelle, par une modestie mal entendue, ne proclamerait-elle pas les noms exerçant une influence moralisante sur la famille? Ne doit elle pas en tenir les archives? Toute faible et timide que soit son allure, pourquoi ne servirait-elle pas d'écho et de lien entre tous?....

Si, dans les précédens numéros, je n'ai cité qu'un des chants sur le grand nombre de ceux que nous avons accueillis avec joie, c'est qu'un de nos frères *Gallé* a eu

l'heureuse idée de faire imprimer avec l'approbation des auteurs, Vinçart, Mercier, Morat et Leroudier, tous les chants qui ont paru jusqu'à ce jour, employant l'excédant de la recette à revêtir de nouveaux frères de l'habit Saint-Simonien. Cette touchante fraternité n'a pas besoin d'éloges ; l'énonciation du fait seul suffit. La plupart des industriels qui se réunissent à la barrière des Amandiers, sont des industriels qui ne peuvent disposer que d'un franc pour leurs repas de fête. Que les gens du monde rient dédaigneusement en prononçant le mot *mesquin*, mais que les sages, les penseurs viennent à nous et voient dans ces repas si simples un commencement de haute moralisation pour le peuple. Pourquoi ne citerais-je pas aussi le dévouement tout social d'une jeune fille nommée *Pauline*? Un dimanche on manquait de musicien : s'enhardissant à parler, elle fait un geste, réclame le silence et laisse échapper ces mots :
« Mes sœurs, mes frères, je sais jouer la contredanse, et
« m'offre tous les dimanches à vous faire danser; mais com-
« me le PÈRE et *Michel* sont pécuniairement fort mal en
« prison, si les danseurs consentaient à donner une petite
« rétribution de dix centimes par contredanse, nous pour-
« rions en offrir le montant au PÈRE, au nom de la fa-
« mille. » On accepta avec reconnaissance : depuis elle a continué à se dévouer au plaisir de tous.

A chacun selon ses œuvres : je ne puis vous passer sous silence un acte qui a laissé dans les esprits une impression de religiosité plus sentie que comprise. Le repas terminé, *Gallé*, qui par son activité nous a semblé mériter d'être proposé à ses frères, comme organisateur du culte prolétaire, s'est rappelé avec bonheur le fait si religieux qui s'est passé à Ménilmontant, je veux parler de l'abolition de la domesticité; il a demandé que la famille communiât dans cette pensée avec les domestiques de la maison.

Le bon, le savant Lambert, l'ami du Père, élève aussi de l'Ecole Polytechnique, que toute la famille affectionne, pour donner plus de solennité à cet acte, s'est alors approché et remerciant *Gallé* de l'occasion qu'il lui offrait de renouveler ce qui s'était passé à Ménilmontant, a dit : « Bourgeois pour le moment, mais fils de domestiques, je « suis heureux de boire avec un des domestiques de cette « maison à l'abolition de la domesticité. » Gloire à lui !..... et à ceux qui, de même que lui, peuvent se dire avec une noble fierté, « je suis fils de mes œuvres. »

Les chants ont commencé : ceux de notre poète national ont été demandés à l'unanimité, et la chanson des fous sublimes a été accueillie avec transport, comme glorifiant les régénérateurs de l'humanité.

Les journaux par un oubli peut-être volontaire, ne l'ayant pas mentionnée, je vais la reproduire en son entier.

> Vieux soldats de plomb que nous sommes,
> Au cordeau nous alignant tous,
> Si des rangs sortent quelques hommes,
> Tous nous crions : A bas les fous !
> On les persécute, on les tue
> Sauf, après un lent examen,
> A leur dresser une statue
> Pour la gloire du genre humain.
>
> Combien de temps une pensée,
> Vierge obscure, attend son époux !
> Les sots la traitent d'insensée ;
> Le sage lui dit : Cachez-vous.
> Mais, la rencontrant loin du monde,
> Un fou, qui croit au lendemain,
> L'épouse ; elle devient féconde
> Pour le bonheur du genre humain.

J'ai vu Saint-Simon le prophète,
Riche d'abord, puis endetté,
Qui des fondemens jusqu'au faîte,
Refesait la société.
Plein de son œuvre commencée,
Vieux, pour elle il tendait la main,
Sûr qu'il embrassait la pensée
Qui doit sauver le genre humain.

Fourrier nous dit : Sors de la fange,
Peuple en proie aux déceptions ;
Travaille, groupé par phalange,
Dans un cercle d'attraction.
La terre, après tant de désastres,
Forme avec le ciel un hymen,
Et la loi qui régit les astres
Donne la paix au genre humain.

Enfantin affranchit la femme,
L'appelle à partager nos droits.
Fi ! dites-vous ; sous l'épigramme,
Ces fous rêveurs tombent tous trois.
Messieurs, lorsqu'en vain notre sphère
Du bonheur cherche le chemin,
Honneur au fou qui ferait faire
Un rêve heureux au genre humain !

Qui découvrit un nouveau monde ?
Un fou qu'on raillait en tout lieu.
Sur la croix que son sang inonde,
Un fou qui meurt nous lègue un Dieu.
Si demain, oubliant d'éclore,
Le jour manquait, eh bien ! demain,
Quelque fou trouverait encore
Un flambeau pour le genre humain.

Suzanne.

DE L'INSTRUCTION PUBLIQUE.

L'instruction publique est une question qui en ce moment occupe tous les hommes avancés, et c'est avec raison, car c'est de sa solution que dépend l'avenir de la société ; c'est elle, qui fera du peuple, au lieu d'hommes *grossiers* et *ignorans*, des hommes *calmes*, connaissant leurs *devoirs* et leurs *droits* et *accomplissant* les uns pour avoir le droit de *réclamer* les autres. Dans une question aussi importante, je crois qu'il est utile que les femmes fassent entendre leur voix. Ainsi que le peuple, nous sommes privées d'instruction, ou nous ne la recevons que restreinte dans les limites les plus étroites qu'on a pu lui donner. Le ministre de l'instruction publique a présenté un projet de loi pour régler l'instruction primaire, titre aussi mesquin que le projet l'est en lui-même. Que signifie ce mot primaire, si ce n'est que l'instruction du peuple doit être resserrée dans les limites les plus étroites? Qu'il sache lire, écrire, c'est tout ce qu'il lui faut. Quand donc les chefs de la société comprendront-ils que vraiment c'est dans son intérêt, qu'elle devrait donner à tous ses enfans les mêmes chances de développemens? Que de génies qui sont comprimés et étouffés par la société actuelle, qui, si on leur eût donné la faculté de se développer, eussent pu la servir utilement en lui apportant le tribut de toutes les connaissances qu'elle lui aurait données, en les faisant servir à son progrès! on dira que je prêche *l'égalité* : oui, mais pour l'enfance seulement : à cet âge nous sommes tous égaux, on ne croit plus aux droits de la naissance, mais lorsque ces mêmes enfans se seront élevés, alors *inégalité ;* que chacun soit placé suivant sa *moralité, sa science* : vouloir alors l'é-

galité, serait vouloir l'impossible, ce serait anéantir l'émulation, tuer le génie, car il ne se développe, que lorsqu'il
voit qu'il peut se créer une place supérieure à celle qu'il
occupe ; mais si vous voulez niveler les hommes, vous les
anéantissez. Oui, le temps n'est pas éloigné, où pour tous
les enfans il y aura une éducation commune, qui permettra à chacun de se développer dans la carrière à laquelle il
sera le plus apte. Je sais qu'un tel projet serait difficile à
proposer maintenant ; mais en restant encore dans les
termes du projet, il est facile de prouver combien il a peu
d'étendue. « Dans chaque commune, il y aura une école
où les enfans seront admis moyennant une légère rétribution ; les parens qui ne pourront la payer, devront se
faire donner par le maire *une attestation de leur misère*,
après quoi leurs enfans seront admis. » Voilà donc des
enfans à qui vous ferez l'aumône de l'instruction ! Quand
reconnaîtra-t-on que la société ne fait qu'accomplir un
devoir envers ceux de ses membres qui travaillent pour
elle ? Lorsqu'elle donne l'éducation à leurs enfans, on se
plaint que le peuple est grossier et ignorant, et on ne fait
rien pour lui donner de l'instruction. Croit-on qu'il sera
doux pour les parens d'être obligés d'aller dire leur misère
à des gens qui, quelquefois, les regarderont avec *dédain*,
le plus souvent avec cette *pitié* qui est plus pénible pour
celui qui en est l'objet que le mépris ? On se dit : l'homme
qui me méprise est un sot, il n'a que de l'orgueil ; et on ne
peut en dire autant de celui qui vous accable de sa pitié.
Sans doute bien des *mères*, des *pères* feront le sacrifice de
leur personnalité pour obtenir à leurs enfans une place sur
les bancs de l'école primaire, mais il en est qui reculeront,
et vous aurez encore des enfans ignorans. Il n'y a qu'un
moyen de remédier à ce mal, c'est d'ouvrir l'école à tous
ceux qui ne peuvent payer, sans que les parens soient
obligés d'avoir recours à ces formalités toujours pénibles.

Mais c'est sur-tout en ce qui regarde les femmes, que le projet est resté en arrière; il n'en est fait aucune mention. On ajoute à la fin, que des écoles de filles pourront être formées, s'il y lieu. S'IL Y A LIEU!! Comment! est-ce que partout les femmes n'ont pas besoin d'instruction? Voulez-vous donc les laisser toujours *ignorantes?* Vous êtes encore plus généreux pour les fils du peuple que pour ses filles. Mais sentez donc que si vous lui donnez de l'instruction, il faut aussi que vous en donniez à celle qui doit être la compagne de sa vie. Si vous l'instruisez, c'est pour lui donner de la moralité, et c'est vraiment là le seul moyen; mais il faut aussi qu'en lui donnant de la moralité politique, vous lui donniez celle qui doit le rendre *bon père*, *bon époux;* et comment voulez-vous que cet homme, qui aura développé ses facultés, puisse se plaire dans son intérieur s'il n'a vis-à-vis de lui qu'une femme ignorante qui ne le comprendra pas. C'est dans l'intérêt de tous qu'il faut que la femme, ainsi que l'homme, reçoive de l'instruction; mais ce que les hommes n'ont pas fait, c'est aux femmes à le faire. C'est donc à vous, femmes privilégiées par l'instruction et la fortune, que je m'adresse; il n'en est aucune de vous qui ne sente ou n'ait senti combien la position des femmes est pénible. Pour que cette position change, il faut que *toutes les femmes* sentent que le temps est venu de travailler elles-mêmes à améliorer leur sort; mais, pour qu'aucune ne se méprenne sur ce que nous demandons, il est besoin de les instruire toutes. Réunissez-vous donc, formez des cours où vous viendrez instruire celles de vos sœurs qui ont été privées des bienfaits de l'instruction; déjà des femmes ont commencé à vous donner ce bel exemple dans la société libre pour l'instruction du peuple, société très-avancée et à laquelle nous devons de la reconnaissance, comme ayant une des premières reconnu notre égalité, en admettant des femmes dans son sein. Déjà, dis-je, elle a institué des cours de femmes, où d'autres femmes dévouées sont venues répandre sur les autres toute l'instruction qu'elles possèdent. Honneur à ces femmes, qui les premières ont commencé! Espérons que leur exemple sera suivi, et que d'autres viendront se joindre à elles, et que partout, faisant sentir leur influence, les femmes porteront l'instruction jusque dans les derniers rangs des classes ouvrières. Femmes, sentez-le bien toutes: l'influence que nous devons exercer doit être *conciliatrice*; et quel plus beau moyen de la faire sentir, qu'en allant parmi cette classe, déshéritée de la naissance, répandre le bien-être et la moralité? Ce n'est pas seulement de l'instruction qu'il faut donner au peuple, il faut aussi faire son éducation; cette partie appartient plutôt aux femmes qu'aux hommes; ce sont elles qui, par leurs douces paroles, feront comprendre au peuple tout l'avantage qu'il peut retirer de l'instruction que les hommes lui donnent; ce sont elles seules qui pourront lui faire comprendre tout ce que *la paix*, *l'ordre* ont de supérieur à *la guerre*, au *désordre*; mais elles ne lui feront sentir cela qu'en allant parmi lui, non comme dames de charité, mais comme *institutrices*. Femmes, comprenez-le bien, notre sort s'est toujours amélioré avec celui du peuple; il ne nous reste plus, ainsi qu'à lui, qu'un dernier pas à faire, et nous ne le ferons qu'à la condition que nous sentirons qu'il est lié au sien. Méritons notre liberté en travaillant à l'acquérir; mais n'oublions pas aussi que nous devons travailler pour le peuple; il est reconnaissant et n'oublie jamais ce qu'on fait pour lui.

MARIE REINE.

LETTRE A BÉRANGER.

Eh! quoi Béranger, cesser de peindre, congédier ta
muse avant d'avoir accompli ta sublime tâche de mora-
liste; tu n'ignores pas cependant que notre sort est lié à
celui de ce peuple que tu aimes et inspires si bien.

Ne sais-tu pas que cette sainte *égalité* que tu réclames
avec tant d'ardeur, pour être réellement féconde, doit s'é-
tendre à *tous*, et que tous ces avantages doivent être par-
tagés par notre sexe.

O poète du peuple! écoute la voix d'un enfant du peuple! comprends la sollicitude religieuse qui l'entraîne à
te parler en faveur de ses compagnes; ma naissance fut
entachée du péché originel qui pèse toujours et partout
sur le malheureux peuple, la *misère*, et cependant j'avais
reçu de la nature, de Dieu, une ame ardente et passionnée,
un désir indomptable de pénétrer dans la profondeur de
la science, de vivre de cette vie intellectuelle; mais hélas!... la nécessité brisa tous ses ressorts indispensables
à mon bonheur; il fallut me plier aux mesquines habitudes
d'une vie commune et journalière, végéter, de par la loi
de cette société sans providence individuelle. O Béranger! si tu savais les douleurs de cette vie abâtardie, de
de cette existence jetée hors de la sphère de ses désirs,
de sa vocation, ton cœur réclamerait comme nous l'affranchissement intellectuel de la femme; car, crois le bien, je
ne suis pas une exception, je suis loin d'être un type
entre toutes, oh non! j'ai vu nombre de jeunes filles du
peuple souffrir des mêmes douleurs que moi: aussi je
voudrais que tu réclamasses pour les enfans des deux sexes
une éducation gratuite, forte et sociale, car tous ces enfans seront à leur tour des femmes et des hommes ap-

pelés à jouer un rôle important dans la société , quoique
très-différens dans leur manifestation : tous doivent donc
apprendre de bonne heure à connaître le but de leur existence , à être éclairés sur leur vocation respective, car du
mauvais classement des individus naît tout le désordre
qui existe dans la société. Alors , seulement alors, notre
poète , lorsque ceci sera compris , la prophétie renfer-
mée dans tes vers s'accomplira :

« Partout luira l'*Égalité* féconde;
« Les vieilles lois errent sur des débris ;
« Le monde ancien finit ; d'un nouveau monde
« La *France* est *reine* , et son louvre est *Paris*. »

Oh! notre poète, ne fais pas les choses à demi. Ce n'est
pas là tout ce que les femmes attendent de toi! la liberté
intellectuelle seule ne les conduirait pas au bonheur; il
leur faut encore la liberté morale. Déjà dans plusieurs de
tes poèmes, et notamment dans tes *Deux Sœurs de charité*,
cette pensée de l'excellence des différentes natures, développées moralement, socialement, sans doute a dominé
ton génie.

Toi qui si bien as chanté l'Amour, tu sais aussi que
pour nous c'est la moitié de notre vie; mais pour compléter cette vie de sentiment, il nous faut encore l'approbation de ce qui nous entoure : la sanction religieuse
que la société accorde à qui reste soumis à ses lois, et
telle femme, ayant reçu de Dieu un cœur tendre, passionné, préfère le briser, traîner des jours pâles et dé-
colorés au bonheur incomplet d'éprouver l'amour saus
estime ni respect. Pour ces femmes qui ne sont pas les
moins fortes, comme pour celles qui ont failli aux lois
sévères que les hommes nous imposent, et qu'ils sont loin
de s'appliquer à eux-mêmes, ainsi que pour d'autres

femmes encore, qui par une dissimulation soutenue, usurpent cette considération qui nous est si nécessaire à *toutes*; je réclame de toi, pour ces différentes natures, la protection de ton immense popularité. On permet aux femmes, souffrant de ce mal corrosif, *l'ennui*, mal qui mine et dessèche les sources de la vie, dont elles ignorent elles-mêmes la cause, de se dire vaporeuses; on leur permet de croire à l'extrême délicatesse de leurs nerfs; mais qu'elles ne s'avisent pas de penser que le siège de leur mal est ailleurs que dans leur organisation physique! qu'elles s'étiolent, passe! qu'elles tombent, mais qu'elles sourient! Les hommes encore, comme les rois, veulent des souffrances silencieuses.

O femmes! soyez heureuses, de par la loi et la morale des hommes, et non à votre manière; si vous voulez que vos pères, vos maris et même vos frères, dont vous êtes la propriété, vous *avouent* et vous protègent de leur *nom*.

O Béranger! demande de ta puissante voix notre affranchissement moral, intellectuel et matériel! appelle comme nous le règne de la Vérité dans toutes les relations: elle est digne de toi, cette œuvre; car c'est aussi le règne de l'Amour, de la paix et du travail que nous voulons réaliser; c'est au bonheur de ce peuple, dont nous sommes les filles, les femmes, les mères, que nous travaillons, lorsque nous réclamons l'égalité sociale entre les deux sexes. Essaie pour nous de nouveaux chants; ta muse est femme, elle est notre amie, elle ne te sera point rébelle.

Suzanne.

LA BOHÉMIENNE.

Écoutez-moi, messieurs, mesdames :
Je dis le passé, l'avenir,
Et viens, pour le bien de vos ames,
Aujourd'hui vous en avertir.
Approchez, ma jolie brunette,
Sans crainte donnez votre main ;
Depuis long-temps l'amour vous guette,
Mais vous lui fermez le chemin.
Vendue selon l'antique usage,
Par des parens bien fous, ma foi,
Vous goûtez dans le mariage
Les douceurs voulues par la loi :
Faites cela, monsieur l'ordonne,
Obéissez, le code est là ;
Il veut ceci : allons, ma bonne,
Donnez vite et même au-delà.
Par ce moyen si doux, ma chère,
Vous aurez la félicité;
Vous riez, et n'y comptez guère ;
Et bien, non : la tranquillité :
Tout bas, vous ajoutez, peut-être,
Je crois que vous avez raison ;
Mais patience..... Ah ! plus de maître ;
Votre sauveur est en prison !
A votre tour, ma douce blonde ;
Vos grands yeux bleus sont languissans,
Votre teint pâle, et de ce monde
Vous fuyez les plaisirs bruyans ;
Tel qu'un beau lys de la prairie
Dont un ver a rongé le cœur ;
Pauvre enfant, vous quittez la vie,
Sans en connaître le bonheur !

L'amour eût été votre essence ;
Qui mieux que vous saurait aimer ?
Chacun a besoin d'indulgence ;
On ne pourra vous condamner.
Mais non : la société bizarre
D'un seul mot saura vous flétrir,
Et vous crie d'une voix barbare :
« L'honneur l'exige, il faut mourir. »
Je frémis. Mais pourquoi vous plaindre ?
L'avenir à mes yeux paraît.....
Vivez et n'ayez rien à craindre,
Du destin voici le secret :
Un mortel dont l'ame est sensible,
Des humains veut briser les fers,
Et, ce qui semble moins possible,
Il veut corriger leurs travers.
Embrassant un nouveau système,
L'univers charmé se dira :
« Le bonheur n'est plus un problême. »
Et le crime enfin cessera.

ISABELLE.

S'adresser au Bureau de l'Apostolat tous les jours, excepté les dimanches et fêtes, chez madame VOILQUIN, rue Cadet, n. 26 et 28.

(*Affranchir les lettres et envois*).

SUZANNE,
MARIE REINE, } *Directrices.*

PARIS. — IMPRIMERIE DE AUGUSTE AUFFRAY,
PASSAGE DU CAIRE, n° 54.

AFFRANCHISSEMENT
DES FEMMES.

VÉRITÉ.   **UNION.**

Votre bannière étant à la peine, il est juste
qu'elle soit à l'honneur. (Jeanne d'Arc.)

Égalité entre tous de droits et de devoirs.

DE L'AFFRANCHISSEMENT DE LA FEMME.

(PREMIER ARTICLE.)

Quand la loi qui a affranchi le monde, quand la loi qui
est venue proclamer l'immortalité de l'ame, la beauté
pure, la charité, quand la loi chrétienne a été annoncée,

on y a successivement répondu d'un bout de l'Europe à l'autre, et chaque homme a senti un saint frémissement à l'aspect des vérités où sa nature l'appelait.

Quand, plus de mille ans après, on a proclamé de même l'affranchissement de la femme, d'où vient que peu de gens se sont émus? C'est que le christianisme était sage, qu'il ne dépassait pas d'éternelles lois, qu'il rendait la morale des Hébreux plus indulgente et plus douce, sans la renverser de fond en comble, et que Jésus-Christ disait: « Ne croyez pas que je sois venu anéantir la loi ou les prophètes; je ne suis pas venu les anéantir, mais les accomplir. »

Qu'a fait le saint-simonisme? Il est venu proclamer l'affranchissement de la femme au milieu d'idées si immorales et si absurdes, que le premier devoir d'une femme qui veut écrire dans ce journal est de protester pour l affranchissement, séparé de toutes les théories d'essai que *le Globe* y avait associées.

Les femmes faibles et tranquilles, qui se complaisent dans l'obscurité, ont pu, à l'appel des saint-simoniens, ne pas sortir de leur repos; mais celles que leur sexe seul retient dans l'oisiveté, qui ont l'esprit, le courage et l'audace, qui voient avec envie, dans la jeunesse, leurs frères se rendre aux écoles publiques; qui pleurent de ce que l'émulation, les cours, les sciences, les grandes lumières leur sont ravies; celles qui voudraient les périls, les combats, l'éloquence; qui suivent d'un œil attristé la longue carrière des hommes, voyant parvenir et briller, sans les suivre, leurs amis et leurs amans; celles-là ont accueilli le saint-simonisme avec le respect qui a suivi toutes les lois d'affranchissement. Ces femmes n'avaient dès lors qu'à proclamer leur sympathie pour la foi nouvelle, lui donnant tout l'appui qui était en leur pouvoir; mais cette religion les a intimidées, non, comme on l'a cru, parce qu'elle était sortie de la loi chrétienne, mais parce qu'elle était sortie de la loi naturelle même.

Les femmes, qui jusqu'ici ont souffert par la loi morale n'ont jamais voulu la détruire. Elles ont souhaité plus d'indulgence, une loi de divorce réclamée par les lumières; l'égalité; mais elles n'ont jamais voulu détruire la loi du mariage, loi chère à la passion encore plus qu'à la moralité, ni l'honneur de l'amour fidèle consacré par toute la terre : femmes faibles, femmes fortes, penseurs, législateurs, poètes, amans, tous ont été d'accord, tous ont travaillé sur les mêmes bases; car si des traits divers les séparaient, ils étaient encore plus unis par leur commune espèce.

Les saint-simoniens ont appelé loi chrétienne tout ce qui était loi éternelle : ainsi ils ont reporté à Jésus-Christ la fidélité des époux, oubliant l'antiquité chaste des Romains, qui prolongèrent si loin, dans leur corruption, l'estime de la fidélité conjugale, que Tacite, comparant Germanicus après sa mort à Alexandre-le-Grand, donne l'avantage au premier, parce qu'il n'avait eu qu'une femme et des enfans avoués. Tacite était-il chrétien? Quelques pages plus loin, il parle avec mépris d'un homme mis en croix en Judée pour ses impostures.

Croire que le genre humain s'est trompé depuis la création du monde est une de ces erreurs où jamais aucun législateur n'est tombé. On a marché dans une seule et même voie, en perfectionnant, en déviant quelquefois, mais en suivant des instincts à jamais donnés et transmis.

S'il est vrai qu'on doive regarder la Bible comme un extrait de ce que l'homme avait fait de beau et de sublime dans les climats divers de l'orient, avec le progrès de plusieurs siècles de civilisation et de changemens politiques, dirons-nous que les races modernes ont trouvé des enseignemens plus sûrs? C'était la loi rude et fière; elle

est devenue plus éclairé dans les mains des successeurs ;
mais nier l'antiquité, c'est nier notre nature et notre planète: on méprise le passé quand on a ses erreurs à combattre les armes à la main ; mais quand la victoire est
obtenue et qu'il faut reconstruire, c'est au passé qu'il
faut s'adresser et demander des leçons. Si les masses furent
opprimées et les femmes abaissées, il faut s'en prendre à
l'ignorance plus qu'à l'injustice, et élargir l'édifice sur
les saintes bases où il fut toujours posé. C'est la passion et
la loyauté qu'il faut mettre en honneur : que les femmes
soient affranchies, c'est-à-dire, franches, sentant leur
force et comprenant la morale, au lieu de la recevoir sans
examen, comme on reçoit les préjugés.

Pour moi, en écrivant dans ce journal, je voudrais lui
voir accueillir les réclamations des femmes, sans se hâter
d'établir des doctrines qui recevront beaucoup du temps.
Il ne s'agit pas seulement des femmes ; le monde entier
est agité : il s'agit de la liberté politique, de la religion,
de l'enthousiasme, de la vertu publique. On accuse le
gouvernement et les hommes : le mal n'est pas là ; il est
dans un développement moral auquel les travaux, les
émotions et les idées ne répondent pas encore. Le passé
avait la foi ; il croyait en ses saints, en ses rois. Les miracles, les cérémonies religieuses et royales enchantaient
les peuples. La raison a détruit les erreurs sans avoir encore remis l'enthousiasme à sa place. En tuant la lettre !
on a fait disparaître pour un moment aussi l'esprit. Il le
faut rappeler et ranimer. Que les femmes commencent :
quand elles auront le sentiment du beau, de la vraie gloire,
de la religion, les hommes le prendront d'elles. Que le
monde s'anime d'une vertu nouvelle !

La vertu, l'union, la bonté ont fait en général la base de
toutes les religions ; mais il semble, autant par les progrès
que par le caractère de l'homme, que ces qualités doivent

être présentées à certaines époques sous des formes nouvelles qui les ravivent et les perfectionnent. Il faut mettre la morale plus en rapport avec nos temps, nos lumières, tout en respectant la loi de nos pères. Les révélations ont protégé les femmes : Jésus-Christ fut indulgent pour elles; Mahomet adoucit leur sort dans l'orient; mais nulle morale encore n'avait reconnu l'égalité de la femme. Égalité ne veut pas dire parité; les différences de sexe entraîneront des différences de sort; mais l'égalité seule donnera à la femme l'existence qui lui convient aujourd'hui. Sortie par le fait de la minorité sans en être sortie par le droit, depuis long-temps elle joue son maître. Elle avait trop d'avantages pour être opprimée victorieusement. Il est temps que l'homme et la femme retrouvent l'un pour l'autre le respect qui suit toujours une domination légitime ou une égalité irrécusable.

GERTRUDE.

RÉPONSE A G***.

MADAME,

Voulant prouver notre impartialité et notre tolérance en face de toute opinion, nous avons décidé d'insérer votre article avec la plus scrupuleuse attention, après lecture faite. Cependant tout en rendant justice à la force des pensées, surtout à la manière dont elles sont exprimées, nous avons éprouvé le regret que notre religion ne soit pas plus connue de vous; le jugement que vous en avez porté s'en est ressenti. Etant intimement convaincues de votre sincérité, nous avons désiré vous expliquer notre pensée, espé-

rant être assez heureuses pour que la foi qui est en notre
ame puisse passer dans la vôtre.

Et d'abord attaquant le saint-simonisme , vous dites:
*qu'il est venu proclamer l'affranchissement de la femme au
milieu d'idées immorales et si absurdes, que le premier devoir
d'une femme qui veut écrire dans notre journal, est de protester pour l'affranchissement séparé de toutes les théories
d'essai, que le Globe y avait associées.*

Il faudrait je crois, avant d'aller plus loin, nous entendre
sur ce qui pour nous est moral ou immoral...

L'immoralité pour nous existe là, où la société est organisée de telle sorte que la femme la plus pure, la vierge
chrétienne si vous le voulez, est obligée de vivre sous une
loi perpétuelle de mensonge, devant cacher aux yeux de
tous ses plus secrètes pensées, se renfermant dans son for
intérieur, où nul mortel n'a le droit de pénétrer, si j'en
excepte son confesseur, dont souvent la moralité est plus
que problématique. La femme chrétienne doit voiler sa
face de grace et de beauté: vainement Dieu dans sa sagesse infinie fera battre son cœur pour l'homme que son
cœur a choisi, elle devra en dérober à tous les pulsations
précipitées. Que sera-ce si des convenances dites sociales
viennent s'opposer à son amour? Il lui faudra mentir encore , et cacher à tous les regards la douleur qu'elle en
ressentira... Aujourd'hui que le monde est disposé à nous
faire si bon marché du mysticisme chrétien, croyez-vous,
en lui montrant la macération chrétienne, en lui com-
mandant l'abnégation, être véritablement morale?... Pen-
sez-vous enfin que Dieu ait voulu faire du monde une
vaste Thébaïde, en le livrant à la douleur qui déchire im-
pitoyablement, sans lui montrer le bonheur auquel Dieu
nous convie en nous unissant tous par l'amour? Je ne le
pense pas : ce serait nier le progrès non-seulement de dix-
huit siècles, mais des six mille ans que la femme ainsi

que le peuple ont passés dans l'esclavage, et que Jésus a
voulu faire disparaître quand il a dit : les hommes sont frères et enfants du même père, DIEU... Que serait-ce donc si
nous considérions ensemble la position de la femme dans
la société, si nous la considérions vendue , marchandée,
livrée à un débauché pour obtenir un nom dont la loi ne
lui laisse que l'usufruit car elle n'est rien par elle-même, ne
pouvant ni tester ni gérer ses propres biens, ni diriger
ses enfans qui sont sous la tutèle du père, bien qu'elle
seule ait souvent touché aux portes du tombeau pour leur
donner le jour? Que serait-ce donc si arrachant de vos
yeux le bandeau chrétien dont vous voulez vous couvrir,
je vous montrais une à une toutes ces douleurs. Vous recu-
leriez épouvantée... Puisque ce spectacle répugne à votre
cœur de femme, et que vous ne pourriez le nier, vous, dont
la sincérité ne peut être révoquée en doute , croyez-vous
qu'une société qui non-seulement tolère, mais encourage
de tels actes n'est pas immorale?.. Et est-il donc si absurde
de chercher à la modifier d'abord pour la moraliser ensuite ?

La moralité pour nous est dans l'acte , qui a pour but
non-seulement d'élever l'individu social , la femme et
l'homme égaux aux yeux de *Dieu* mais de donner du
bonheur au plus grand nombre, sans nuire à personne.
Pesez bien la valeur de ce peu de mots, et sans justifier ici
les théories morales, vous comprendrez tout ce qui a été
avancé par le Globe. Pour nous l'esprit est saint et la chair
aussi ; pour nous l'ascétisme chrétien est complètement
ridicule, s'il n'est impie, car nous ne pouvons penser que
DIEU ait voulu la destruction de son propre ouvrage, pour
nous le mensonge, est irréligieux, et c'est parce que nous
avons foi en DIEU, que nous voulons que la femme ne soit
pas contrainte au mensonge , ce qui n'aura plus lieu quand
elle sera considérée comme l'égale de l'homme. L'esclave

ruse, *trompe*, et cesse de le faire quand le mensonge est
inutile. « *Dire que les femmes qui jusqu'ici ont souffert par la
loi morale n'ont jamais voulu la détruire*. c'est avancer un fait
inexact, c'est rayer d'un seul trait de plume, la protestation de toutes ces femmes dont l'histoire nous a légué les
noms, c'est oublier qu'il exista des Frédégonde, des Catherine, des Elisabeth, des Ninon et tant d'autres, dont
il serait facile d'établir jusqu'à nos contemporains, une longue série que je crois devoir vous indiquer seulement, et
qui n'échapperont ni à votre sagacité, ni à votre mémoire;
mais il faut, dites-vous, *rappeler aux femmes qu'elles pourront
commencer quand elles auront le sentiment du beau de la vraie
gloire.* Qui le leur donnera? Sera-ce encore les hommes?...
Non, car vous ajoutez que les hommes le prendront d'elles,
donc elles doivent commencer : qu'attendent-elles aujour-
d'hui?... Vienne la femme aux émotions douces et poéti-
ques, à la chaleureuse imagination, au cœur de feu, elle
trouvera dans les misères du peuple, dans les douleurs de
ses compagnes, un véhicule assez puissant, pour guider de
sa voix harmonieuse, ses sœurs dans la voie nouvelle.
Brillante étoile du matin, messagère des dieux, elle annon-
cera à tous en les inondant de flots de lumière et de poé-
sies, le règne de la paix et de l'amour. Jetant un regard
religieux vers le passé dont elle respectera les traditions,
son œil audacieux s'élèvera vers les régions célestes, pour
y chercher la vérité qu'elle saura découvrir et donner à
tous, harmonisant sans cesse l'esprit et la matière, embrassant l'humanité dans son saint amour, tous auront à
recevoir d'elle, elle appellera tous au bonheur et sera
morale, car elle aura pour but d'éviter à tous la douleur
principe du mal qui doit disparaître un jour. C'est ainsi
qu'elle écrasera la tête du serpent, personnification du mal,
et de son flambeau brillant éclairera le monde, honneur à
qui de nous aura su la pressentir! Nos cœurs la salueront

avec des transports d'allégresse , et c'est parce que nous
espérons qu'un jour bientôt peut-être vous serez l'une des
précurseurs de cette mère chérie, que nous avons décidé de faire suivre immédiatement notre pensée sur votre article, dont nous ne pouvons accepter les principaux
passages, persuadées que notre amour de sœurs, laissera assez de force et de conviction dans votre ame, pour suivre
la route que Dieu nous a tracée.

LES FEMMES NOUVELLES.

AUX FEMMES.

Les femmes veulent de la puissance, de la domination,
et depuis la grande dame jusqu'à la fille du plus chétif
prolétaire toutes s'agitent, se tourmeutent pour en obtenir à tel prix que ce soit : la grande dame établit sa domination sur celles qui la servent, et celles-ci s'en vengent
en se livrant aux désirs corrupteurs des fils ou des maris
de celles qui au lieu de devenir leurs mères en lumières,
en bons exemples, les vouent au mépris, à l'anathème du
monde, en même temps qu'elles deviennent elles-mêmes
des objets de dégoût et de mépris pour leurs fils ou leurs
maris. Femmes! femmes! jusqu'à quand méconnaîtrez-vous
les dons heureux que Dieu a mis en vous ? jusqu'à quelle
époque de votre vie laisserez-vous échapper par votre
irréflexion tout ce que vous pouvez de grand, de noble,
de généreux, en sens inverse à tout ce que vous avez fait
jusqu'à présent? Vous avez voulu jouir de vos droits sans
conscience de vos devoirs, vous avez basé votre règne

sur l'empire de la jeunesse, de la beauté ; et cet instrument
si puissant parmi les hommes est devenu par eux et pour
vous l'écueil funeste qui vous opprime, vous fait souffrir
et mourir sous le joug orgueilleux que vous avez vous-
même édifié. *Périclès* disait : Mon fils qui n'est qu'un
enfant commande sa mère, ma femme me commande, et
je commande les *Athéniens* : il est enfin arrivé ce temps
que *Périclès* annonçait au monde en parlant de la puissance de la femme. Mais ce ne doit et ne devra être qu'à
la condition que les femmes étant par les liens maternels
les premiers éducateurs de leurs fils, elles devront s'occuper de fixer leur jeune intelligence sur des choses justes,
grandes, raisonnables, et quand viendra l'âge des passions, c'est encore à leur amour que devra être confié le soin
de diriger, d'obtenir des sacrifices, d'inspirer des sentimens généreux, le désir d'acquérir de la gloire par tous
les moyens d'émulation qui seront en elles et se rendre
dignes de l'affranchissement auquel la loi nouvelle les
appelle : ce sont elles qui prouveront que Dieu a donné
pouvoir aux femmes de devenir non les maîtres mais les
égales des hommes en association de force morale, en
harmonisation d'intelligence, dans les arts, la science et
l'industrie, en inspiration d'amour, de pacification ; ce
sont elles qui, bien pénétrées de la force religieuse
de leurs droits, apprendront aux hommes à les comprendre dans la pratique de leurs devoirs, et de là devront
naître dans le cœur des hommes ces sentimens de moralisation qui leur apprendront comment ils devront se
conduire envers elles, les délivrer du joug oppresseur
sous lequel elles gémissent encore, et les rendre un jour
les libératrices de l'humanité : mais d'ici là par quelle
voie prétendez-vous marcher, femmes, qui jusqu'ici ne
vous êtes occupées que de petites individualités ? ah ! Je
vous en conjure au nom de vos intérêts les plus chers,

faites voir, entendre au monde que vous êtes dignes d'être
les mères, les épouses, les amantes de ce sexe jusqu'alors si orgueilleux et dont le machiavélique pouvoir
a suscité dans vos cœurs des rivalités, des désirs de vous
nuire, et enfin tous les maux qui vous accablent, vous
femmes privilégiées, malgré les fleurs ou les dorures dont
vos chaînes sont ornées; et vous femmes du peuple, si
grandes, si fortes dans votre *patience* à supporter des
douleurs que les femmes du grand monde n'ont pas
eu la force, le courage d'adoucir. Relevez votre front jusqu'alors baissé dans la poussière, apprenez-leur que là
où gisent les grandes souffrances doivent naître les grandes vertus, apprenez-leur par votre exemple, vos pré-
ceptes toujours sages, toujours grands, à abandonner
les hochets de la frivolité, à venir s'unir à vous pour
relever un sceptre si long-temps inutile entre leurs
faibles mains : dites-leur que vous, leurs mères en pratique religieuse de vos devoirs, elles viennent s'unir à
vous pour conquérir leurs droits en même temps que les
vôtres, et alors plus de soumission asservissante envers les
hommes, mais association d'intelligence, inspiration d'a-
mour, de dévouement à la cause sociale; dites-leur que
les graces, la beauté, l'esprit, l'éducation qu'elles ont ac-
quises par la richesse, sont les instrumens régénérateurs
qui doivent les conduire dans le progrès de leur liberté,
leur indépendance; apprenez-leur par votre pratique,
qu'elles n'obtiendront rien que par l'union, l'affection
qu'elles s'inspireront entre elles et dans leurs plus chers
intérêts; et moi, fille, mère, sœur et femme du peuple,
je glorifierai Dieu en vous, mes chères sœurs, lorsque
toutes ces grandes choses s'accompliront.

Juliette B***.

VARIÉTÉS.

Que prouve M. *Ch. Nodier* de plus clair dans son article *sur la Femme libre*, inséré dans le second n° de *l'Europe littéraire?* Il prouve seulement qu'il ne veut pas qu'elles le soient quant à présent, sauf à y revenir plus tard. Il n'ose pas, comme *la Gazette*, soutenir que la femme n'est pas l'égale de l'homme, parce qu'elle est moins grande, parce qu'elle est moins forte, parce qu'elle est........, enfin vous vous rappelez ;..... toutes raisons de cette force-là! Oh! non. M. *Ch. Nodier* a des titres moins prononcés à la vénération. Je juge à la chaleur de son style (l'article en question mis à part) qu'il doit être jeune encore: aussi s'y prend-il plus galamment pour nous convaincre; il craint vraiment, l'excellent homme! que nous ne perdions trop , si l'on était assez fou pour faire droit à nos réclamations. « *Eh quoi!* dit-il, *pour quelques misérables droits sociaux dont l'institu... on universelle vous a privées*, vous vous exposeriez, Mesdames, à perdre *notre protection* et *notre amour!* Pesez bien la menace; examinez-en bien les conséquences; ne vous avisez pas surtout d'échanger *votre longue et délicieuse enfance, votre minorité légale*, contre ce que l'on appelle la raison, une éducation solide, une position sociale propre à l'aptitude de chacune. Oh! non, dans cette circonstance , je ne puis faire autrement que de laisser paraître le petit bout de l'oreille.

En souffrant cela nous y perdrions trop vraiment. D'ailleurs, pour être nos jouets, n'êtes-vous pas charmantes
ainsi faites?.... Après nos disputes politiques, nos tracas-
series littéraires, nos inquiétudes commerciales, et même
nos fatigues journalières, ne nous faut-il pas à *tous* un
délassement?.... Eh bien! jolis oiseaux, puisque vous êtes
propres à cette fonction, continuez; *nous*, nous ne sommes
pas encore fatigués de vous la voir remplir; et puis, sans
parler tout-à-fait pour moi, ayez pitié, Mesdames, de ces
riches et nobles dandys; examinez bien les résultats avant
que de vous obstiner à réclamer, pour à peu près quinze
millions de femmes, une éducation forte, convenable, qui
pût leur faire comprendre leur dignité, leur valeur; avant
que d'obtenir pour elles une rétribution plus élevée que
soixante-quinze centimes, terme moyen de leur gain
journalier : vous concevez, Mesdames les réclamantes,
que les femmes et les filles du peuple, n'étant plus pour
vivre obligées de se vendre, aimeront en toute vérité qui
les aimera; car, malgré mon honneur, je suis obligé de
convenir que l'amour, les passions, ce qui fait la *vie*,
peuvent être mieux dirigés, mais ne peuvent pas disparaître de dessus la terre : alors, pour être aimés, les riches
ne pouvant plus acheter de l'amour, seront obligés de
faire preuve de cœur et d'âme. C'est en connaissance de
cause que je vous répéterai *pitié* sur eux! car, à cette
mesure, il en est beaucoup qui seraient forcés de prendre
retraite.

« Tout ce que je vous dis n'est certes pas pour faire
de l'opposition; au contraire, *je plaide pour l'idéal des
femmes*. Qu'on leur *propose de sacrifier une sotte et grossière
réalité*, et puis voyez *ce que deviendrait le roman*, cette
*fable délicieuse qui console les ames tendres et passionnées
de l'ignoble vérité de l'histoire. Que les femmes ne s'y trom-
pent pas, leur histoire à elles, c'est le roman.* »

Si vous entendez par roman l'histoire intime des sensations de l'ame, *le sentiment*, oui, sans doute, Messieurs,
je vous l'accorde, ce sera toujours notre histoire; mais,
pour vous inspirer de l'intérêt, faudra-t-il toujours que
le drame en soit larmoyant; qu'il exprime toujours des
douleurs *atroces* (comme on dit); que l'adultère, la jalousie le salissent et de fange et de sang; enfin, que chaque
épisode prouve, dans l'avenir comme à présent, l'exploitation qui pèse sur la femme? car le nœud et l'intérêt de
la plupart des romans reposent sur cette exploitation exercée par les maris et les pères. Oh! moi, je ne le pense
pas: dans l'organisation de la société telle que nous la
concevons, j'assigne au roman une place belle et grande.
Croit-on qu'il n'y a pas de poésie dans le bonheur, et que
l'amour, pour être vrai, gracieux, tendre, passionné, dé-
lirant même, ne fournirait pas des épisodes aussi intéres-
sans que l'horrible vérité que notre triste siècle force à
retracer? J'avouerais même, au risque de passer pour
bien positive, et de perdre un peu de ce gracieux *idéal* du
roman, ces charmantes fictions perdre de leur charme
en ne peignant plus l'*agonie;* je crois que, de compte fait,
le monde gagnerait autant en réalité, et n'aurait pas lieu
de se plaindre, si l'imagination, cette brillante magicienne,
pouvait ne plus s'entourer de voiles funèbres.

Il faut que nous soyons donc bien puissantes, pour vous
causer une telle frayeur: en vérité, j'en suis toute fière.
Quoi! nous ne demandons que l'égalité, et vous craignez
de voir la société tomber tout d'une pièce en quenouille.
J'imagine en effet qu'une femme qui voterait les lois, qui
discuterait le budget, qui administrerait les deniers publics,
et qui jugerait les procès, serait tout au plus un homme.
Parmi nos profonds politiques du jour, citez-m'en, je
vous prie, beaucoup dont la capacité gouvernementale
fût mieux constatée que celle des célèbres *Roland, de*

Staël, et tant d'autres, auxquelles il n'a manqué que d'être dans un milieu favorable pour se développer et se montrer grandes et sociales. L'aveu qui vous échappe est précieux : vous dites que, *grace à notre charmante organisation, il n'y a point de femme qui n'exerce autour d'elle plus d'influence qu'un pair de France.* Mais, toutes en particulier, nous en sommes convaincues. Aussi la très-modeste requête que nous adressons à nos tuteurs est pour les inviter à proclamer hautement notre concours dans tous les actes de la vie, enfin de *régulariser* et de *légaliser* ce qui existe.

Le christianisme et la chevalerie, qui les trouvèrent esclaves, les ont faites souveraines. On se contenterait à moins. — Souveraines !..... dérision ! ou bien, comme dans l'antiquité les fétiches étaient rois.

Du reste, l'auteur de l'article plaisante très-agréablement ; mais la plaisanterie qui tombe à faux est comme la *force ;* elle échoue devant le *droit.*

Les prolétaires, dit-il ailleurs, *en sont tous en France au même point que les vieilles femmes ; ils n'ont point de sexe : et je m'avise là-dessus que le projet d'émanciper les femmes est prématuré tant soit peu, dans cet excellent pays de sapience et de civilisation progressive, où les hommes ne sont pas encore émancipés.* — Avec un homme de bonne foi il est possible de s'entendre. Tous ces graves débats se réduisent donc à une question de temps et d'opportunité. Eh bien ! affranchissez les prolétaires : est-il dit quelque part qu'ils ne doivent pas un jour avoir un sexe et des droits reconnus ? Et pourquoi ne nous serait-il pas permis de croire que le moment est proche où les femmes et le peuple, se donnant la main, doivent ensemble franchir cette dernière barrière qui les sépare de la sainte égalité ?

Mais, pour cesser de croire à l'urgente nécessité d'une rénovation sociale, il faudrait que l'on vînt à me prouver que l'humanité n'a pas une marche ascendante, et doit s'arrêter à la *charte-vérité.* Oh! alors, ne poursuivant plus une chimère, je pourrais, comme M. *Ch. Nodier,* pour me distraire du présent, sourire de pitié aux efforts infructueux et à la chute de ces quelques *femmes libres* citées par lui, qui dans tous les temps ont pressenti l'avenir, et devancé leur siècle.

SUZANNE.

Nota. Dans le prochain numéro, nous donnerons les noms des *compagnons* de la ██████, nouvelle et sublime chevalerie que notre dix-neuvième siècle, si froid, si sceptique ne comprendra pas, mais qui, nous l'espérons, aura des résultats immenses.

S'adresser au Bureau de l'Apostolat tous les jours, excepté les dimanches et fêtes, chez madame VOILQUIN, rue Cadet, n. 26 et 28.

(*Affranchir les lettres et envois.*)

SUZANNE,
MARIE REINE, } Directrices.

PARIS. — IMPRIMERIE DE AUGUSTE AUFFRAY,
PASSAGE DU CAIRE, n° 54.

ERRATA.

—

Page 157, Réponse à G***. *Rectifiez ainsi la phrase :* Nous avons décidé, après lecture faite avec la plus scrupuleuse attention , d'insérer, etc.

Page 165, ligne 19. *Lisez* humeur, *au lieu de* honneur.

Ibid. ligne 31. *Lisez* de sacrifier pour une sotte et grossière réalité.

Page 166, ligne 2. *Lisez* Monsieur, *au lieu de* Messieurs.

Ibid. ligne 19. *Rectifiez ainsi la phrase :* Dû le roman.

TRIBUNE
DES FEMMES.

VÉRITÉ.   UNION.

Notre bannière ... à la peine, il est juste
qu'... ...ur. (Jeanne-d'Arc.

Egalité entre ... ...de devoirs.

APPEL AUX FEMMES.

Plusieurs dames ayant refusé d'écrire dans ce journal,
parce que ce titre d'*Apostolat*, qu'il portait, était une
solidarité qu'elles ne pouvaient accepter; et ne voulant en

rien gêner le développement des idées sociales, nous avons décidé qu'à l'avenir cette petite feuille s'intitulerait : *Tribune des Femmes.*

Une place *libre* sera accordée à chaque opinion, à chaque pensée de femme. Chez nous, point de censure, c'est sous cette nouvelle forme que nous faisons un appel aux femmes capables de comprendre leur siècle. En vérité, que se passe-t-il donc de si grand, de si élevé, qui puisse nous intimider, et dont nous ne puissions parler ? Serait-ce de cette ténébreuse politique de protocoles et de déceptions, dont nous ne devrions point nous mêler ? Je crois qu'il y a motif pour les femmes de parler sur *tout*, car *tout* influe sur leur bonheur. Elles sont liées à *tout*.

Et sur la morale, les femmes n'ont-elles rien à dire ? Se contenteront-elles toujours de protester secrètement, et pour tranquilliser leur conscience, d'ajouter tout haut : « La morale est divine ; depuis des siècles on s'en contente : c'est l'arche du Seigneur ; gardons-nous d'y porter une main sacrilége. » Mais vraiment il ne faut pas être une profonde logicienne pour se tenir ce simple raisonnement : DIEU a donné à tous ses enfans une loi générale pour les guider, pour les conduire au progrès. Si elle est complète, si les hommes l'ont bien traduite, bien expliquée, elle doit convenir à *tous*, *tous* doivent la suivre également avec amour.

Que les *faits* seuls répondent. D'où vient donc qu'une protestation violente, énergique, désordonnée, a traversé les siècles, à côté de cette même loi morale trop étroite, trop absolue pour satisfaire à toutes les individualités ? protestation faite, non-seulement par les hommes qui, tous les jours, violent eux-mêmes la loi qu'ils ont faite, mais aussi par une immense quantité de femmes. C'est donc au nom d'un *seul* DIEU dont nous sommes tous les enfans, que je supplie les femmes de s'occuper de ces

graves questions. Que les bases de la morale, les relations
des sexes fixent principalement notre attention; ne nous
contentons pas, comme les gens superficiels, de constater les effets; remontons aux causes pour guérir le mal à
sa source. Notre esprit est trop éclairé pour songer encore aux catégories; il ne doit plus y avoir parmi nous
de parias.

SUZANNE.

DE L'AFFRANCHISSEMENT DE LA FEMME.

(SECOND ARTICLE.)

Pour répliquer ici à une réponse que les femmes nouvelles ont faite à notre premier article, nous répéterons
seulement qu'il ne faut pas confondre le christianisme et la
loi de la nature, erreur qui d'ailleurs donne assez le secret
de la force chrétienne, car cette force consiste à avoir si
bien compris la nature humaine en plusieurs points qu'elle
en semble inséparable. On a beaucoup parlé dernièrement
contre les désordres de nos temps; il semblait que la société fut livrée à l'immoralité. Repoussons ces erreurs.
Sans doute il reste à améliorer, sans doute il est encore
des victimes innocentes, mais ces peintures exagérées, loin
d'encourager la hardiesse des vrais réformateurs l'ont glacée,
car ils voulaient s'appuyer sur la vérité. Les femmes qui
dans leur conduite ou leurs écrits avaient montré le plus
de courage, ont été arrêtées par les égaremens des sectes

naissantes ; et elles en ont mieux compris la beauté des religions qu'on attaquait. C'était une disposition favorable
pour rechercher les principes, car ces femmes étaient
désormais calmes et impartiales.

Il est sans doute plus profitable pour les personnes qui
veulent changer l'ordre actuel de l'attribuer au christianisme qu'à la nature même, car on a vu périr les religions,
et la nature est éternelle.

Les religions se sont occupées de deux choses, du ciel et
de la terre, du devoir religieux et du devoir social, elles
ont appris à l'homme ce qu'il avait à apprendre : à vivre
et à mourir. Or, bien que la morale chrétienne, rapportant tout au ciel, commandât une humilité et un détache-
ment des choses de la terre qui ne conviennent plus en tout
à nos temps, cependant, elle consacrait le mariage et
la famille. En cherchant à affranchir la femme et à améliorer la morale, il faut donc bien distinguer ce qui vient du
christianisme et ce qui tient à la nature même, que le
christianisme respecta. Si nous contemplons l'homme jeté
ici-bas, nous verrons qu'il a des besoins, des qualités, des
souffrances, une destinée, et par conséquent une morale
indestructible que les religions ont forcément admise dans
tout l'univers. Toujours l'homme naîtra de l'union de
l'homme et de la femme, toujours son enfance sera débile,
toujours la femme qui le nourrit de son lait aura besoin
que l'homme l'aide et travaille pour elle. Si la civilisation
allège par des moyens factices la condition de l'homme,
cette condition s'améliore sans changer. L'enfant s'atta-
chera à sa mère, à ses frères, il aimera sa famille, c'est son
devoir, mais c'est son penchant, admirable accord que la
nature met toujours entre nos devoirs et nos penchans, et
dont la société n'a pas assez suivi l'indication. Le jeune
homme grandit; sa curiosité s'éveille; il veut apprendre;
c'est le moment aussi où c'est son devoir d'étudier. Il a

dix-huit ans, il est agité, il veut aimer, ici que lui dit la nature? La langue des hommes n'a point d'expressions assez charmantes, assez pures, assez fraîches, pour rendre ces premières émotions à leur éveil. Quand le jeune homme aime de toute son âme, il engage son avenir, son éternelle foi, il veut des jours et une vie remplis d'un même objet; c'est le mariage qu'il rêve, en un mot. La femme rêvera bientôt la maternité, la famille; elle pleurera de tendresse en voyant son faible enfant dans les bras de son jeune époux: ici point de contrainte; les devoirs vont avec l'exaltation même: c'est ainsi qu'a travaillé la nature, travail qui indique un sublime auteur. La morale consiste à consacrer ces instincts sacrés. Elle les a forcés souvent, souvent elle les a méconnus. Le ciel nous donnant les instincts et nous laissant l'honneur de les régler, a mis la sûreté du côté de la nature, laissant la morale sujette aux erreurs comme au perfectionnement des hommes.

Dans l'enfance des sociétés, comme dans les classes grossières, la morale n'a qu'à consacrer les instincts de la jeunesse; les sentimens de l'homme peu développés permettent à ses premières années de décider pour sa maturité: les anciens législateurs ont ordonné avec justice la sévérité du mariage; les Romains ne connurent le divorce qu'en perdant leur simplicité primitive, et si vous consultez le genre humain à sa source, dans les classes villageoises, vous le trouverez en général, chaste, pieux et calme, au nord comme au midi de l'Europe.

Mais quand les sentimens de l'homme se développent, quand il connaît la délicatesse, le goût, la passion, alors les instincts de sa jeunesse ne sont que l'éveil du développement qui va suivre: il vit désormais, et sa richesse témoigne sa vie. Ici la morale doit s'élever, se compliquer avec lui. Et si du sein de cette société qui s'éveille sortent de êtres supérieurs, doués doublement, agités par le talen séduits par l'intelligence, qui ont besoin du beau dans leur existence, dont les illusions sont faciles parce que l'imagination est grande, les difficultés seront encore plus nombreuses. Chose singulière ! La nature indiquait la fidélité par le caractère même, par l'exaltation des passions ; les chrétiens ont consacré le principe avec tant de force qu'ils ont flétri les femmes qui y manquaient, proscrivant le divorce. La société romaine, avec un aussi grand respect du principe, avait admis toutes les exceptions : ainsi Pompée divorce d'avec sa femme Mutia, parce qu'elle s'était donnée à César durant sa guerre de Mithridate, et Mutia bientôt trouve un mari d'une maison meilleure que celle de Pompée. César ôte sa fille Julie à Quintus Servilius Cœpio, pour la donner au même Pompée dont il voulait l'alliance. Cicéron après de longues années quitte Térentia, qui est épousée par l'historien Salluste, et qui s'allie encore deux fois après à des familles illustres. Tullia enfin, fille de Térentia et de Cicéron, épouse successivement trois maris. Ces femmes n'en restaient pas moins les premières dames de Rome, les grands hommes ne faisaient pas difficulté de les épouser, et si César renvoie Pompéïa seulement pour un soupçon, c'est que le soupçon tombe sur sa femme, car plus tard il songe à épouser Cléopâtre. Sans doute, les Romains allèrent trop loin, mais ne doutons pas que des lois plus tolérantes ne retinssent les nations du midi. Les hommes passionnés, comme les nations du soleil, gardent peu de mesure, parce qu'on leur a donné des règles trop sévères. On appareille moins facilement les belles perles que les pierres communes ; si les hommes et les peuples passionnés aiment plus, s'enchantent et se désenchantent plus facilement, leurs affections dignement fixées sont immuables et fortes ; c'est chez les hommes comme Alfiéri, et chez les peuples comme l'Italie, qu'on trouve les plus beaux attachemens.

Quand la nature, éveillée par la culture, par le talent, prend l'essor, pourquoi la morale ne le prendrait-elle pas? Quoi! la nature m'élève au beau; la morale me tient à terre. Que la morale me suive et consacre des devoirs plus beaux, des liens plus saints. — Pourquoi choisissiez-vous? dit-on. — Demandez : — Pourquoi viviez-vous? — La vie nous presse, les circonstances ne nous secondent pas: nous, femmes surtout, nous, renfermées, assujéties; nous aimons ce qui nous entoure; au temps de choisir nous sommes engagées. Et si mes paroles causent de l'épouvante, qu'on se rassure : car, en parlant pour quelques exceptions, nous avons admis le type et le culte d'une fidélité éternelle. Dans l'unité des affections consiste la beauté de la vie: qui peut avoir aimé et l'ignorer? Qui n'a versé sur le changement du cœur des larmes amères et sans consolation? Qui n'a trouvé la lumière du jour trop payée à ce prix? Nul législateur ne serait plus saint, ni plus austère que l'amour même : il est la source des délices et des douleurs, il respire la vertu. N'est-ce pas l'amour que Platon nommait une entremise des Dieux avec la jeunesse? Pourquoi rejeter cette leçon que la nature nous a donnée partout, d'appuyer le devoir sur le penchant? La vertu doit être facile, si notre morale atteint jusqu'à l'ordre suprême. Efforçons-nous de l'atteindre, sans l'espérer, bien sûres qu'en développant la sensibilité, la délicatesse, la passion, nous travaillons pour le devoir. Les passions, dans leur innocence, sont lentes à naître, lentes à grandir, lentes à changer, et quand elles sont belles et bien dirigées leur nature est immortelle. Notre vieux monde a appelé ces vérités des illusions; grâce au ciel il y revient aujourd'hui. Que s'il restera à jamais des combats, des chagrins sur la terre, réduisons-en le nombre à sa valeur, sans l'augmenter par nos chimères.

Au lieu d'effrayer le genre humain, le réformateur des temps modernes devra le rassurer, comme faisait Jésus-Christ. Il donnait foi en eux-mêmes aux pécheurs; il ne leur disait pas : Vous êtes perdus; il leur disait : Croyez. Sa parole habituelle, celle qui sortait à tout moment de ses lèvres bienfaisantes, qu'il adressait au malade, à la femme, au coupable, c'était : — Va, ta foi t'a sauvé. — Oui, la foi seule nous sauve, cette foi dans Dieu, dans nous-mêmes, dans la durée des affections, dans la bonté des hommes, foi d'autant plus sûre qu'on la réalise en la prêchant; nous ne doutons pas de nous-mêmes dans la solitude, au fond de la conscience; nous en doutons parmi les hommes que l'ennui ou l'oisiveté ont gâtés. Que ces salons futiles et d'une immoralité, osons le dire, si bête, entendent tout-à-coup la voix d'un grand homme : qu'il soit Luther prêchant l'austérité; qu'il soit Bonaparte appelant au mépris de la mort, à l'honneur des combats : vous verrez ces hommes oubliant leurs légers sacriléges, vivre en saints ou mourir en héros. Pour les relever il ne faut qu'une voix puissante, qu'une âme plus forte que la leur. Sachons-le, et au lieu d'aller poser les règles d'après les déchus, posons-les d'après les maîtres.

D'après ceux qui unirent la hardiesse et la modération, car dès que l'homme éprouve l'émotion de la vertu il devient intolérant; il n'en veut pas savoir plus; il a trouvé une vérité; il ne comprend que son propre cœur. Ce n'est point ainsi que nous voudrions travailler. En adorant l'Évangile comme un livre éternel, nous repousserons le mariage absolu et l'assujétissement de la femme, que ce livre semble consacrer : c'était sans doute ce qu'il fallait dire au temps de Jésus-Christ. Respectant les longs et savans travaux de l'Église, nous détesterons la rigueur, nous verserons des larmes de sang sur ces vierges immolées dans les tortures du couvent; sacrifice.

impie qui se renouvelle encore au-delà des Pyrénées et des Alpes.

Nos émotions religieuses nous porteront vers les philosophes du dix-huitième siècle comme les bienfaiteurs du monde et les serviteurs de Dieu. Nous ne rejetterons pour maître aucun homme qui aura travaillé au bonheur et à la gloire du genre humain. Nous appuyant pour relever la femme et l'homme de tous les travaux du passé, nous confondrons saint Jean et Voltaire, deux précurseurs de la lumière. Nous tiendrons pour nos protectrices sainte Thérèse et madame de Staël, car à toutes deux Jésus-Christ eût dit que la foi les avait sauvées; toutes deux furent calomniées et supérieures, dignes des hommages du monde, et victimes d'un rang inférieur par le sexe, quand leur génie les plaçait au premier.

GERTRUDE.

EXTRAIT DE LA CORRESPONDANCE.

MESDAMES,

Je dois à une de mes amies la précieuse connaissance de votre journal *la Femme nouvelle*. J'avoue avec franchise que j'ai éprouvé une joie vive en voyant votre parole indépendante et fière s'élever grave et majestueuse au milieu du silence de toutes les femmes, au milieu de

l'étonnement général. Depuis assez long-temps j'avais
rêvé l'émancipation de la femme ; mais j'avais toujours
pensé que sa voix seule aurait assez de puissance , assez
de force et de chaleur pour convaincre, entraîner les
esprits et faire aimer la foi nouvelle.

L'égalité de l'homme et de la femme, voilà le principe
que posèrent naguère des hommes éminemment religieux. A vous, Mesdames, la gloire de la faire triompher ;
bien des hommes vous comprennent, bien des femmes
vous écoutent, elles vous suivront bientôt, elles voudront
aussi s'asseoir au banquet de l'association et de l'égalité ;
car l'isolement les étiole et les accable ; car elles comprennent que leur dignité est froissée et avilie. Il faut
donc une sainte résurrection, digne de tant d'efforts,
digne de tant de vertus et de si hautes qualités.....

Liberté aussi pour la femme comme pour l'homme !

Liberté ! que ce mot magique a de charme ! qu'il est
doux ! qu'il est enivrant ! Comme il doit faire battre déli-
cieusement vos cœurs de jeunes femmes, comme il doit
exalter votre esprit et exciter votre enthousiasme ! Peuple
si beau , si aimant, si sensible , si délicat, laisse tomber
tes chaines , brise les liens qui te meurtrissent et para-
lysent tes plus nobles facultés ; vois apparaitre dans *la
Femme nouvelle* le drapeau de ton émancipation ; regarde
aussi vers le ciel, tu verras une étoile rayonnante qui
annonce le nouveau Messie apportant d'une main l'égalité,
et de l'autre la liberté ; plus de maîtres , plus d'esclaves,
plus d'exploitation ; union, amour, liberté , voilà l'avenir
qui se montre à l'horison si beau , si frais, si riant....

Femmes privilégiées , vous ne mourrez plus accablées
sous le poids de l'ennui , de la satiété , de la monotonie et
de la prison ; de nouvelles émotions vous attendent, de
nouvelles amours rendront la vie à vos cœurs blasés , de
nouvelles voluptés titilleront vos fibres engourdies ; bien

de jeunes hommes soupirent à l'écart, qui vous tendront
la main quand, libres enfin, vous aurez échappé à la
geôle des hommes égoïstes et jaloux. Oh! quelles seront
douces et embaumées ces unions libres! Quelle félicité
dans ces sympathies mutuelles.

Et toi, fille du peuple, relève la tête avec fierté, secoue la poudre qui recouvre ton front, sois resplendis-
sante de joie, tu ne seras plus trompée par les amans, tu
ne seras plus vendue à la débauche au teint pâle et cada-
véreux; on ne te verra plus le soir passer comme une
ombre le long des murailles impures, offrir ta couchette
aux passans. Il y aura des joies enivrantes pour toi, de
l'amour pour toi, de vrais amans pour toi, et non des
maîtres brutaux, des maris jaloux et despotes; on ne te
jettera plus de la boue au visage, car tu seras belle et
l'égale des autres; tu n'auras plus de remords, car tes
plaisirs seront sanctifiés par la religion et l'amour; tu ne
tendras plus la main, car tu seras rétribuée selon ton travail; tu ne frauderas plus la nature, car tu seras fière
d'être mère, et la société, glorieuse de tes enfans, les adop-
tera. Oh! oui, jeune fille, espère un avenir meilleur; désormais tu seras comprise, car celui qui te dira : Je t'aime,
n'aura pas intérêt à te trahir; tu seras libre d'étudier son
caractère, ses goûts, son esprit, son cœur et son amour!
Si tes sympathies s'éteignent, si, gracieusement mobile
et changeante, tu rencontres dans la vie un cœur qui
réponde mieux aux désirs de ton cœur, une âme qui
comprenne mieux ton âme, un esprit qui saisisse mieux
ton esprit, une organisation qui s'harmonise mieux avec
ton organisation, tu iras à sa rencontre, tu presseras sa
poitrine contre ton sein et tu l'aimeras d'un amour toujours pur, toujours chaste, car cet amour sera vrai et
profondément senti. Il n'y a crime que la servile obéissance que le cœur désapprouve. La mobilité n'est pas un

vice ; c'est une passion naturelle qui naît de l'âme et qui tient aux plus fortes organisations, comme aux organisations plus faibles, plus débiles.

Je vous demande pardon, Mesdames, si j'ai été entraînée par un mouvement d'exaltation ; j'espère cependant que vous ne m'en voudrez pas, si, comme toutes les âmes généreuses, j'ai cédé au désir de faire retentir ma faible voix pour l'affranchissement de mon sexe. Déjà trop long-temps le fort a exploité le faible ; c'est l'heure de sonner le tocsin pour l'affranchissement du peuple et de la femme. A peine âgée de 22 ans, je vous ai dit naïvement toute ma pensée : si j'ai mal compris, si j'ai mal dit, c'est ma faute, je me soumets à votre critique; si, au contraire, j'ai dit vrai, s'il y a quelque mérite dans ce que je viens d'écrire, c'est à vous, Mesdames, que je le dois, car ce sont vos paroles qui ont fait vibrer mon cœur et qui ont échauffé mon imagination.

Vous ferez de ces lignes l'usage qui vous semblera convenable.

Recevez, Mesdames, etc.

L. B.

PLAIDOYER DE M. DESJARDINS.

Certes, bien des écrits ont été publiés pour la défense des amis du peuple, mais de tous ces plaidoyers le plus éloquent et celui qui a été le mieux compris par le peuple.

parce qu'il est aussi le plus exact, est celui de M. Desjardins, prononcé à la cour d'assises. Nul mieux que lui n'a
su faire ressortir les souffrances plébéiennes, chargé par
ses co-sociétaires de défendre la brochure qu'ils avaient
publiées sur le *choléra*; il a su justifier aux yeux de tous
l'immoralité de nos codes qui ne savent que frapper les
délits ou les crimes, sans pouvoir les prévenir, parce
qu'ils ne sont point fondés sur un sentiment religieux;
c'est-à-dire satisfaisant les besoins de tous.

D'une exactitude désespérante pour ceux dont l'opti-
misme prend sa source dans une position exceptionnelle
pour les oisifs; enfin (puisqu'il faut les nommer par leur
nom) que sa voix était belle alors, que s'inspirant des
souffrances dont son cœur était déchiré, il a montré aux
juges une à une les angoisses, les tortures et les privations
de la vie du pauvre, quand il s'est écrié : « Le peuple
« meurt! parce qu'il est nu!

« Le peuple meurt, parce qu'il a faim !

« Il passe par les charges et le fléau de la guerre étran-
« gère, qu'il supporte presque à lui seul; c'est son *coup*
« *de lance dans le flanc*. (Allusion à J.-C.) Je pourrais pous-
« ser plus loin la ressemblance et vous frapper de la com-
« paraison, *le prolétaire est véritablement l'homme d'agonies*.

« Jurés ! est-il besoin, pour vous le prouver, de marcher
« devant vous dans les sabots crottés, dans les sabots en-
« sanglantés du prolétaire? dans ces sabots où son pied,
« desséché par la maladie et la misère, se raidit enfin par
« la mort?..... Dites-le moi, je vais le faire. »

Homme de conviction, sa brillante-défense a été cou-
ronnée du succès; les prévenus ont été acquittés;.... 'mais
si M. Desjardins a si bien dépeint les souffrances du peuple,
le Saint-Simonisme ne peut-il pas en revendiquer aussi sa
part, sans prétendre rien retrancher de la gloire et du dévouement de M. Desjardins pour la classe pauvre; on peut

dire qu'il règne dans tout son discours une teinte de Saint-Simonisme telle que les passages les plus brillans pourraient se placer à côté des pages éloquentes des Barrault, Laurent, et autres qui aussi ont travaillé de toute leur force à l'émancipation du prolétaire.

Eux aussi (le monde, j'aime à le croire, commence à le reconnaître), eux aussi ont su toucher les plaies du peuple pour en obtenir la guérison; ils ont de plus que M. Desjardins soulevé le voile de plomb qui refoule les deux classes les plus intéressantes de l'espèce humaine, le peuple et la femme.

Et pourtant on ne peut révoquer en doute aujourd'hui qu'après les Saints-Simoniens, il est de ces hommes dont le cœur bat largement dans une poitrine de feu, des RÉPUBLICAINS enfin, qui comprennent que l'heure de l'affranchissement des femmes et du peuple va bientôt sonner; qui les retient encore? d'où vient qu'ils ne se prononcent pas ouvertement comme les Saints-Simoniens pour l'émancipation de ces deux classes; d'où vient qu'ils laissent dans leur saint enthousiasme de liberté la femme se débattre seule sous le lien si pesant des préjugés, que l'homme dans son fol orgueil a depuis tant de siècles fait peser sur elle, eh quoi! la liberté est femme, elle préside à toute idée noble et généreuse et ceux qui se déclarent ses défenseurs; croyaient avoir assez fait pour elle en brûlant sur son autel quelques grains d'encens!.. Arrière, ceux qui pensent ainsi, mon cœur de femme ne peut leur donner le doux nom de frère, car je sais quelle est pour une républicaine la valeur de ce mot. C'est parce que nous voulons substituer une loi d'amour forte, puissante, énergique; même que nous sentons que le temps est venu d'y coopérer activement, non comme la vassale de l'homme, mais comme son égal.

MARIE G.

Après quatre mois de détention, le père Enfantin a de nouveau reparu devant des juges, comme prévenu d'avoir réuni plus de vingt personnes dans son jardin de Ménilmontant; de nouveau il a fait entendre à l'auditoire étonné ce langage si élevée, si religieux, *encore une fois il a enseigné les juges*. Je n'essaierai point de le traduire, je craindrais de défigurer sa pensée, il semblait par sa grande conception sur Dieu planer sur les destinées du monde. Peut-être n'a t-il pas été mieux compris que lors du premier procès, mais il a été mieux écouté, son caractère religieux s'est fait sentir à *tous*. Aucun sourire, aucune interruption ne sont venus arrêter le développement de sa pensée.

Comme depuis quatre mois aucun de ses enfans n'avait pu pénétrer jusqu'à lui, tous se sont empressés, et même quelques dissidens, de le précéder à la cour royale pour le voir et l'entendre.

C'est un fait très-remarquable, dans ce siècle glacé de septicisme, que le dévouement et la confiance que cet homme a su inspirer à tous ceux et celles qui se disent ses enfans.

Michel Chevalier également en cause et maître Baud, son avocat, ont tous deux battu en ruine l'article 291 avec talent et bonheur, ils ont prouvé l'impossibilité et l'absurdité de vouloir s'opposer aux associations, que c'était là le progrès, la marche des choses; que vouloir s'y opposer c'était aller contre la volonté de Dieu même.

Le jury, espèce de loi vivante, s'est élevé deux fois contre la lettre morte de cette loi, en prononçant deux verdicts d'acquittement dans cette journée : le premier en faveur de M. *Desjardins*, jeune républicain plein de force et d'énergie, le second en faveur du père Enfantin et de *Michel Chevalier*. Suzanne.

Voici les noms des *compagnons* de la *femme*, qui se sont embarqués avec *Barrault* le 22 mars, pour porter en Orient une parole d'affranchissement.

Barrault, chef de la mission :

Rigaud, Urbain, Toché, Tourneux, David, Alric, Granal, Decharme, Depray, Carolus, Jour, Cognat. S'il nous parvient d'autres noms, nous les donnerons successivement.

❄

Le 15 avril, le bureau de la *Tribune des Femmes* sera transporté rue de Bussy, n° 37.

S'adresser à madame VOILQUIN.

(*Affranch'r les lettres et envois.*)

SUZANNE, }
ANGÉLIQUE, } *Directrices.*

PARIS. — IMPRIMERIE DE AUGUSTE AUFFRAY,
PASSAGE DU CAIRE, n° 54.

La Femme Nouvelle.

TRIBUNE
DES FEMMES.

VÉRITÉ.   **UNION.**

Notre bannière étant à la peine, il est juste
qu'elle soit à l'honneur. (Jeanne-d'Arc.)

Égalité entre tous de droits et de devoirs.

CONSIDÉRATIONS
SUR LES IDÉES RELIGIEUSES DU SIÈCLE.

(Marche! Sa voix le dit à la nature entière.)

Pour nous, qui cherchons et trouvons la *vie* dans la *foi*
en DIEU,

Notre espoir et notre confiance dans la nouvelle ère religieuse que nous annonçons, ne serait pas aussi vive qu'il serait encore très-consolant pour nous de voir combien la tendance du siècle porte chacun à s'occuper du sentiment religieux ; la société tout entière cherche dans cette grande pensée Dieu une nouvelle poésie, sous l'inspiration de laquelle elle puisse de nouveau traverser les siècles.

Mais avant de parvenir à l'association universelle et d'atteindre à l'*unité* religieuse, quel chaos il faut débrouiller et reclasser ! quelle anarchie les trois siècles de critique qui viennent de s'écouler n'ont-ils pas laissée dans les idées !

Cette diversité de croyances sur les attributs à donner à Dieu se fait mieux sentir partout où les hommes s'assemblent et se font enseignant, par exemple, dans la société progressive de civilisation. On peut y juger (le samedi, jour consacré aux séances religieuses) de la divergence des opinions, et, chez tous les professeurs, de leur faible conviction dans la foi qu'ils enseignent. Ce sera M. *Châtel*, continuant et popularisant l'œuvre de démolition de *Luther*, mais ne réédifiant rien, ne prouvant rien, sinon que l'édifice catholique tombe de vétusté ; que cette grande hiérarchie est dissoute pour avoir failli à son divin mandat, qui était de protéger la classe la plus nombreuse et la plus pauvre.

Ensuite, quelques docteurs protestans, méthodistes, etc., qui, sans doute pour justifier de titres progressifs qu'ils se donnent, s'en tiennent à l'aumône pour soulager et élever les peuples ; et pour répondre dignement aux besoins du siècle, admettent, comme chose reconnue nécessaire, la subalternité de la femme et la résignation dans le mariage chrétien.

Un cours de judaïsme, tenu par M. *Michel Berr*, semble le plus en harmonie avec le titre de la société, puisque le professeur fait *un pas* et veut entraîner ses co-religionnaires jusqu'au christianisme.

Mais des femmes, en est-il question dans cette grave as-

semblée? Point; ces Messieurs, forts savans sans doute, *là*
comme partout, continuent à se donner *mission* d'interpréter
seuls la parole du Christ. Depuis que notre égalité avec
l'homme est proclamée par une nouvelle religion, et que
d'une voix faible nous osons en réclamer les conséquences,
il est curieux de voir tous les hommes retourner au christianisme, non par conviction que c'est la loi définitive de
Dieu, mais par la frayeur qu'ils ont de voir ces idées de liberté germer dans nos cœurs, et d'être forcés, par suite de
cette révolution morale, de venir, comme firent autrefois
les seigneurs, dans cette mémorable nuit du quatre août,
déposer sur l'autel de l'égalité leurs titres de propriété
extorqués par la force sur la faiblesse.

C'est sans doute sous la préoccupation de ces pensées,
qu'un jeune légitimiste disait dernièrement devant moi :
« Nous, hommes de *la Gazette*, nous croyons à l'infaillibi-
« lité du pape, en tant qu'il s'appuie sur les conciles, et
« que les décisions des conciles sont formulées d'après l'é-
« vangile ; nous croyons aussi que la liberté de la femme,
« que vous réclamez avec tant d'instance, ne se conciliera
« avec sa dignité, et ne se trouvera que dans les unions
« indissolubles. » Aussi en sommes-nous à récuser l'autorité
et les décisions de vos papes et de vos conciles ! Ils ont toujours interprété l'évangile d'une manière si absolue, que
ce niveau, qu'il fallait subir, rappelait au plus grand nombre les tortures du lit de Procuste. Qu'ont-ils prêché aux
femmes dotées par Dieu d'une imagination brillante, en-
thousiaste, d'un caractère léger, changeant? La résignation,
l'abnégation, la patience en vue d'un ciel mystique. Mais, en
vérité, un ruisseau dont on interrompt le cours formera
plutôt torrent ailleurs que d'obéir à une main inhabile.
Ainsi advint, Messieurs, de votre règle, depuis que l'église
chrétienne déclara que la *chair* c'était le *péché*, prêcha
la mortification ; depuis, dis-je, que cette loi fut donnée

pour règle morale, toujours à côté il y eut protestation énergique, protestation qui s'exprimait par la douleur, par le désordre, par ces mille divorces cachés et frauduleux, l'adultère! Les catholiques romains, ayant assis leur dogme sur *l'absolu*, ne peuvent que nous indiquer la combinaison du mariage chrétien comme ce qu'il y a de mieux pour notre bonheur, pour notre dignité; mais pour un grand nombre d'hommes et de femmes, le mariage sans le divorce n'est qu'une chaîne pesante et insupportable:..... et l'église a horreur du divorce;...... ils ne veulent pas faire un pas vers l'avenir, *tout marche cependant.* Aussi les absolutistes sont-ils dépassés depuis long-temps, non-seulement par la loi légale, qui est cependant elle-même très-circonscrite, mais par cette foule innombrable d'individus prompts à laisser de côté des institutions qui leur semblent oppressives, et croyant suivre la loi de nature en ne gardant ni règle ni limite; c'est ce qui produit dans la société cet affligeant spectacle de dissolution morale, qui n'est, après tout, qu'une indication pressante de changer l'ordre actuel, une prière aux gouvernans de transformer des institutions vieillies et incomplètes. Écoutez cette voix prophétique du poète, ne nous crie-t-elle pas :

> Marchez! l'humanité ne vit pas d'une idée!
> Elle éteint chaque soir celle qui l'a guidée,
> Elle en allume une autre à l'immortel flambeau.
>
> (LAM.)

Courage! donc, le temps marche pour les femmes comme pour le peuple, dont la cause est *une.* Laissons les hommes de *la Gazette* accomplir lentement leurs progrès; pour le moment ils sont trop absolus pour tenir compte des nouveaux besoins que chaque période amène.

Ne nous arrêtons pas davantage auprès des manteaux reblanchis des chevaliers du temple; leur formule de mariage

est toujours celle-ci : « Jeunes filles, méritez par votre in-
« dulgente bonté, par votre douceur, par votre soumission,
« l'amour et la protection de votre époux, et l'honneur d'ê-
« tre admises au rang des servantes du Seigneur. » Fuyez,
femmes, ici vous n'aurez jamais de place; le dieu *Terme*
s'est posé sur le seuil du temple; l'Evangile saint Jean,
dans toute la pureté du texte, doit servir de code religieux
aux hommes jusqu'à la fin des siècles. Laissons les aveugles
nier la lumière, plaignons-les et passons.

Dans cette nomenclature d'hommes *se disant religieux*,
expliquant, commentant l'Evangile de Jésus, n'oublions
pas de mentionner les *néochrétiens*, hommes du mouvement,
mais restant cependant spiritualistes purs, et croyant,
comme tous les hommes dont nous avons précédemment
parlé, aux deux principes du *bien* et du *mal;* du reste, leurs
principes, leur dogme ne sont pas encore bien formulés. Au
moins ces hommes peuvent arriver, car ils marchent. La
lettre tue et l'esprit vivifie, disent-ils; cette maxime des pères
de l'église, dans les mains de ces nouveaux réformateurs,
coule à fond les textes qui sembleraient le plus s'opposer
aux progrès du siècle. Ils disent encore que Jésus n'ayant
rien dit contre l'égalité de l'homme et de la femme, il n'y
a pas de raison pour qu'à notre époque, où l'intelligence s'est
développée aussi rapidement dans l'un comme dans l'autre
sexe, cette égalité ne soit pas hautement reconnue. Certes,
à notre point de vue, ce sont des hommes très-remarqua-
bles, et nous reviendrons sur ces nouveaux théologiens.

Il y a encore par le monde un homme qui interprète
aussi le christianisme, mais d'une manière plus favorable
pour notre sexe : c'est M. *Jamme de Laurance*, l'auteur
d'une brochure intitulée : *les Enfans de Dieu* ou *la Religion
de Jésus*. L'énorme différence qu'il y a entre lui et la cour
de Rome consiste dans la *liberté morale* qu'il veut nous donner sans règle ni limite, ce qui, avec le mystère qu'il ad-

met, et ne devant rendre compte de nos actes qu'à un Dieu tout mystique, nous conduirait droit à un grossier et dégoûtant pêle-mêle; d'ailleurs ce n'est point là faire de l'association, ce n'est point reconstituer une société qui croule de toute part.

Avec M. de Laurance nous n'avons pas une importance sociale bien déterminée, mais cette liberté complète en amour amènerait cependant de grands résultats. Selon lui, la famille doit reposer sur la *maternité*; il dit, pour justifier son système, que la *paternité* est une *croyance*, que la *maternité seule* est une *certitude*.

Comme l'auteur n'est pas saint-simonien, mais paraît au contraire tant soit peu féodal, n'admettant pas le règne de la capacité ni l'abolition des droits héréditaires de la naissance, il fait, pour être conséquent, descendre les héritages par les mères; assurément ce système, quoique incomplet, est fort avantageux pour nous; j'ai foi qu'une partie entrera avec une morale nouvelle et reconnue hautement dans la religion de l'avenir, et que le principe de la maternité deviendra une des lois fondamentales de l'Etat. La société de l'avenir reposera, non pas sur le mystère, mais sur la confiance; car le mystère prolongerait encore l'exploitation de notre sexe; la publicité, la confiance devront former les bases de la nouvelle morale.

En disant ma pensée aussi librement sur une question de cette gravité, je ne suis pas inconséquente aux restrictions que j'ai faites antérieurement; depuis, un grand nombre de femmes ont compris comme moi ce qu'il y a d'avenir dans ce système (modifié par nous); forte de leur adhésion, j'ai pu dire hautement ce que moi-même j'en espérais.

Quoique la plupart des hommes avancés restent à côté de la question, tous sentent cependant que pour asseoir la société sur des bases solides, il faut harmoniser le *sentiment* et le *raisonnement*; mais comment s'y prendre? Malheureusement presque tous cherchent à reconstruire le nouveau temple avec les matériaux usés du passé ; ils ne voient pas, les aveugles, que trois siècles de critique et de démolition de toute sorte ont trop bien prouvé que le système du passé est insuffisant pour régir l'avenir.

> L'humanité n'est pas le bœuf à courte haleine,
> Qui creuse à pas égaux son sillon dans la plaine.
> Et revient ruminer sur un sillon pareil ;
> C'est l'aigle rajeuni qui change son plumage,
> Et qui monte affronter, de nuage en nuage,
> De plus hauts rayons du soleil.
>
> (LAM.)

Mais au milieu de cette anarchie religieuse, de ce besoin d'une foi nouvelle, de cette société si pauvre de conviction, un fou sublime (comme l'appelle notre Béranger), SAINT-SIMON, vint donner au monde ce grand principe comme base de la loi d'avenir :

« La femme et l'homme forment l'individu social. » Une simple formule ! aussi le monde ne s'en émeut point ; le comte de *Saint-Simon* est galant, dit-il légèrement, et l'on passa outre. Mais comme depuis, au prophète, au philosophe *méconnu*, succéda des disciples dévoués, une hiérarchie d'hommes *capables*, se reconnaissant un chef religieux ; et que cet homme, le *premier* de *tous*, attachant sa vie au développement de ce germe fécond en résultats, déclara que la plus haute manifestation de DIEU sur terre *est* la femme et l'homme, que *sa* volonté réside en *eux*, que tout doit donc se résoudre par *eux* ; oh ! alors, une ligue masculine se forme de tous les possesseurs de femmes ; chaque petit despote trembla dans sa petite forteresse ; alors aussi les mots d'*immoralité*, de *communauté* sortirent de toutes les bouches intéressées à conserver l'ordre actuel ; les théories d'*appel* du père furent anathématisées sans examen ; la société se punit de ne nous avoir pas fait notre part de li-

berté, d'avoir hautement dit aux hommes : « La femme est
« votre égale; vous n'avez pas le droit de la juger; à elle seule
« de me dire si j'ai bien sondé les plaies de l'humanité, et
« si l'indication du remède propre à faire disparaître toutes
« ses misères est convenable et salutaire. »

C'est pour les femmes, pour leur émancipation, leur bonheur à venir, que le père Enfantin supporte les injures, la pauvreté, la prison; il appartient aux femmes qui le comprennent de le réhabiliter, de le glorifier. Pour le moment, la meilleure manière pour agir sur ce monde, trop prévenu pour être juste, est de le lui faire connaître, de répéter, de vulgariser ses pensées.

C'est donc autant par ce motif, que pour compléter ces considérations religieuses, en mettant en regard des croyances du passé le dogme saint-simonien ou la nouvelle conception religieuse, consignée entièrement dans les paroles que le père a prononcées le 8 avril dernier à la cour d'assises, que j'en vais rapporter quelques fragmens.

« J'ai dit : DIEU père et mère de *tous* et de *toutes*, parce
« que cette simple parole renferme notre *foi religieuse*.

« Pour vous la faire comprendre, j'en appelle à vous-
« mêmes; et je ne parle pas seulement à ceux d'entre vous
« qui portent en eux une pensée *religieuse*, je m'adresse à
« ceux mêmes qui seraient plongés dans le *scepticisme* le plus
« raisonneur, ou dans l'*athéisme* le plus aveugle; je parle à
« *tous*.

« Je vous le demande donc, lorsque le nom sacré de
« DIEU est prononcé devant vous, quels *attributs* rappelle-
« t-il à vos esprits? quelles *vertus* réveille-t-il en vos âmes?
« Ne sont-ce pas les *attributs* de *l'homme*, les *vertus mâles*
« seulement, que toujours et partout vos cœurs d'*hommes*
« divinisent?

« Or, réfléchissez, je vous prie, car je voudrais ici me
« faire bien comprendre.

« A la différence immense qui existe entre l'*homme* qui
« ne voit en son DIEU que les *attributs* et les *vertus* de
« l'*homme* DIVINISÉS, et celui qui y sent encore, poéti-
« quement élevées à une puissance INFINIE, les grâces et
« les *vertus* de la *femme*.

« Oh ! c'est bien par une *conception* miraculeuse de l'es-
« *prit*, mais de l'*esprit* de l'*homme*, que la FEMME occupe
« déjà en MARIE une aussi belle place dans la *foi* chré-
« tienne, dans cette *foi* qui adore DIEU le PÈRE, DIEU le
« FILS et DIEU le SAINT-ESPRIT.

« Mais ne voyez-vous pas que tout cela est toujours *mâle*
« et sombre comme la *solitude;* que tout cela est pesant et
« froid comme le marbre du tombeau ; que tout cela est
« sévère comme une croix ?

« Or, nous disons, nous, DIEU PÈRE et MÈRE, et je
« vous affirme que celui d'entre vous qui communiera d'es-
« poir et d'amour avec notre DIEU, qui n'est pas seule-
« ment *bon* comme un PÈRE, mais qui est aussi *tendre*
« comme une MÈRE ; j'affirme que celui d'entre vous qui
« communiera avec LUI et avec ELLE, aura revêtu, par
« cela seul, une *vie nouvelle.*

« Car l'*humanité* et le *monde*, TOUT lui apparaîtra sous
« un aspect nouveau ; car ses *sentimens*, ses *pensées* et ses
« *actes* ne seront plus les mêmes ; car son *amour*, son *esprit*
« et sa *chair* même seront transfigurés.

« Et voilà pourquoi nous vous paraissons si extraordinai-
« res ; voilà pourquoi la *passion* qui nous anime, les *idées*
« que nous semons par le monde, les *actes* que vous nous
« voyez faire, tout jusqu'à notre *parole*, et notre *cos-*
« *tume*, et nos *figures* mêmes, tout en *nous* est marqué pour
« *vous* d'un caractère étrange.

« C'est que nous ne vivons pas de la même VIE que vous ;
« c'est que notre DIEU n'est pas le *vôtre* ; c'est, je vous le
« répète encore, et je veux que l'étrangeté de ma parole

194

« grave mieux en vous ma pensée ; c'est que notre DIEU ,
« IL n'est pas seulement *bon* comme un PÈRE, ELLE est
« aussi *tendre* comme une MÈRE ; car IL *est* et ELLE *est* le
« PÈRE et la MÈRE de *tous* et de *toutes*.

« . . . . . Oui , certes, nous avons un but *politique*,
« car nous avons une *foi religieuse* qui nous dit ce que DIEU
« veut des *sociétés* humaines ; nous formons donc une asso-
« ciation POLITIQUE et RELIGIEUSE. . . .

« Eh quoi ! ne serait-il donc plus permis d'espérer un
« *avenir* autre que le *présent ;* un *avenir* de paix , d'union,
« de travail et d'amour, au lieu de ce *présent* de partis et
« d'émeutes, de haînes et de sang ! Mais d'ailleurs, quelle
« est donc cette *foi politique* dont la propagation paraît si
« effrayante ? Messieurs , la voici :

« Nous avons *foi* que DIEU ne fera cesser les *haînes* po-
« litiques qui vous déchirent tous, la *misère* et l'*ignorance*
« qui irritent les *travailleurs* et les poussent à l'émeute, l'oi-
« *siveté* qui ronge les classes *riches* et *éclairées*, et leur ap-
« porte l'ennui, le dégoût et la peur ; enfin l'*athéisme* et
« l'égoïsme, cette double lèpre qui couvre le monde de dou-
« leurs sans espoir, et d'immoralité sans remords ; nous
« avons *foi* que DIEU ne fera cesser toutes ces choses que
« par les FEMMES.

« Oui, je vous le dis encore, DIEU ne vous enverra la
« PAIX , l'*ordre* et la *liberté* que vous cherchez en vain parmi
« vous, HOMMES, que par les FEMMES.

« Telle est la *foi politique* qu'au nom de mon DIEU, PÈRE
« et MÈRE de *tous* et de *toutes*, j'ai donnée à des *hommes* qui,
« pour cela, m'ont nommé le PÈRE, et qui appellent et at-
« tendent la MÈRE. Telle est la *croyance* qui a donné espoir
« à ces cœurs généreux, souffrant des maux de la grande
« *patrie,* des douleurs de la *famille* humaine ; qui leur a
« donné espoir, parce qu'ils ont senti que le bonheur de
« tous pourrait et devrait s'obtenir *pacifiquement* et *progres-*

« *sivement*, sans *violence* et sans *ruse*, en invoquant le se-
« cours de DIEU, dans sa manifestation vivante de douceur,
« de paix et de beauté, en invoquant les FEMMES. »

> Enfans de six mille ans qu'un peu de bruit étonne,
> Ne vous troublez donc pas d'un mot nouveau qui tonne ;
> D'un empire ébranlé, d'un siècle qui s'en va :
> Que vous font les débris qui jonchent la carrière ?
> Regardez en avant et non point en arrière :
> Le courant roule à *Jéhova*.
>
> (LAM.)

SUZANNE.

DEUXIÈME RÉPONSE A MADAME GERTRUDE.

C'est au nom des FEMMES NOUVELLES que j'entreprends à mon tour une discussion pour répéter avec elles : Affranchissement, femmes, affranchissement !

Le ralliement à notre religion nouvelle est tout-à-fait dans ce cri : si l'on commence à entendre quelques échos parmi le monde, nous devons les recueillir les premières, et nous approcher des femmes courageuses qui nous tendent la main. Aussi, sera-ce avec le plus grand plaisir que, pour commencer, je m'adresserai à madame Gertrude, en la priant de vouloir bien relire avec moi le second article qu'elle nous a envoyé. J'ai besoin de lui montrer que toutes les objections qu'elle nous a faites jusqu'à présent, elle les a résolues elle-même, à mesure qu'elle réfléchissait sans doute en écrivant.

Ainsi, madame Gertrude a soin de noter dès ses premières paroles, *qu'il ne faut pas confondre le christianisme et la loi de nature* ; que c'est là une ERREUR QUI DONNE ASSEZ *le secret de la force chrétienne :* mais elle s'en va plus loin nous reprocher de ne l'avoir pas partagée, cette erreur, et elle nous dit qu'*il est sans doute plus profitable, pour les personnes qui veulent changer l'ordre actuel, de l'attribuer au christianisme qu'à la nature même ; car on a vu périr les religions, et la nature est éternelle.*

Beaucoup de religions sont passées, parce qu'en effet la nature était plus forte, et elles n'ont pu exister cependant qu'à la condition d'en représenter une ou plusieurs faces. Quand même nous penserions que notre religion nouvelle dût un jour périr, nous l'embrasserions également avec ardeur, à défaut d'autre encore plus grande, sûres que nous sommes alors de rendre service à l'humanité. Mais, puisque nous voyons notre religion basée sur l'actualité et le progrès, pourrait-elle jamais contrarier la nature ? Oh ! nous avons l'avenir pour nous, *car la nature est éternelle.*

Madame Gertrude nous a si bien comprises d'ailleurs, qu'elle nous donne le meilleur conseil en ajoutant : *En cherchant à affranchir la femme et à améliorer la morale, il faut donc bien distinguer ce qui vient du christianisme et ce qui tient à la nature même, que le christianisme respecta.* C'est parce que nous en avons profité, que nous trouverons ici l'occasion de lui répondre relativement à ce partage régulier que nous faisons entre les caractères, sous les noms de mobilité et de constance. Les jeunes gens se prennent à dix-huit ans d'un amour capable d'être satisfait : on en convient de part et d'autre. Les voilà qui s'épousent, et je demande maintenant s'il n'arrive pas tous les jours que l'on voit tels individus se développer plus que tels autres, soit par le corps, soit par l'intelligence. Les voilà qui s'épousent encore une fois : l'amour restera fidèle, si les développemens physiques ou moraux sont les mêmes dans les couples ; l'amour s'en ira vite, si ces développemens sont irréguliers. Le mariage absolu peut donc conduire à deux fins, au bonheur ou au malheur, tout en partant d'un même point, c'est-à-dire de l'inclination. Il y a des remèdes pour le corps ; n'y en aura-t-il pas pour l'esprit ! Le christianisme n'en ayant pas donné, ne nous étonnons pas si Mahomet s'est élancé de la Mecque à Constantinople, et que le croissant se soit placé à côté de la croix ; que Luther l'ait ébranlé par son protestantisme ; que Voltaire l'ait tué par son scepticisme ; et que la révolution française ait produit l'anarchie ; et que Saint-Simon soit venu nous appeler à la réforme. Pour nous aussi, *la morale consiste à consacrer les instincts humains :* mais madame Gertrude ne s'aperçoit pas que ces instincts conduisent aussi bien à la mobilité qu'à la constance, car elle s'écrie : *Dans l'unité des affections consiste la beauté de la vie.* Je la prie instamment de méditer sur l'expérience, et d'examiner autour d'elle s'il n'y a pas des personnes qui ont été heureuses en amour, non-seulement une fois, mais deux fois ou même trois fois. Je lui recommande en même temps de ne plus nous renvoyer à Platon, car j'ai ouï-dire que le grand philosophe, tombant dans un excès opposé, était le professeur exclusif de la mobilité amoureuse, à tel point qu'il demandait la communauté des femmes pour sa nouvelle république. Du reste, il faut bien rendre justice à notre aimable critique, quand elle devient encore inconséquente avec elle-même, pour nous avouer la nécessité parfois remarquable du divorce ; elle va jusqu'à chercher des preuves dans l'ancienne Rome, en faveur d'hommes tels que Cicéron, César, Pompée, qui, certes, savaient bien ce qu'ils faisaient ; et elle les cherche, nonobstant les tristes regards qu'elle jette en passant sur les coutumes primitives des Romains, sur cette simplicité tant vantée par beaucoup, et si peu désirable pour bien d'autres. En tout cas, que l'on ad-

mette la mobilité et la constance à la fois , ou que l'on ad-
mette seulement la constance , je ne crois pas que le fami-
lisme soit moins fort sous un rapport que sous l'autre. Au
contraire , par cela même qu'il n'y aura plus de déshonneur
pour les sexes d'avouer tous leurs penchans , on ne se tour-
mentera pas pour un titre douteux de paternité ; partant, les
liens du cœur , de l'habitude et de la reconnaissance seront
tissus inviolablement. On a parlé beaucoup, en effet , sur
les désordres de nos temps : ne soutenant pas qu'ils n'ont
point été *exagérés* , je dirai que quelque peu qu'on en sup-
pose, ce sera beaucoup si l'on parvient à quelque chose de
mieux encore. Mais c'est *aux véritables réformateurs* de parler, à la condition *de ne jamais sentir leur hardiesse glacée*,
parce qu'ils sont *les véritables*. Comme on le voit , nous serons les premières à *nous poser des règles* , surtout *d'après les
maîtres*, et non-seulement *d'après les déchus*. Toute expérience est bonne.

Alors , si nous répétons avec madame Gertrude : *Honneur
aux philosophes du dix-huitième siècle !* nous lui deman-
derons *à confondre nos émotions religieuses* dans l'appel
nouveau pour l'affranchissement de la femme ; et si *nous
plaçons saint Jean à côté de* Condorcet, nous *prendrons de
concert, pour protectrices, sainte Thérèse et madame de Staël*,
l'esprit et la chair, la constance et la mobilité.

A. I.

DE L'ESPRIT D'ASSOCIATION.

Pour les personnes qui examinent aujourd'hui l'état de
la société, un fait doit leur paraître remarquable, c'est la
tendance de tous les esprits à se porter vers l'association : ce

fait est d'autant plus remarquable que nous sommes dans une époque de dissolution où tout s'en va , mais où tout va se reconstruire ; car, comme on l'a dit bien souvent, *rien ne meurt*, mais *tout se transforme ;* cela est une preuve que *l'ordre de l'avenir devra se reposer sur l'association*. En ce moment les hommes de tous les partis s'associent pour faire prévaloir leurs opinions ; nous, femmes, nous avons aussi à répandre nos idées, à faire comprendre que *notre* ÉGALITÉ *avec l'homme*, loin de les abaisser, comme quelques-uns paraissent le croire , sera au contraire le gage du bonheur pour tous ; car lorsque partout nous serons admises en égales à côté des hommes, nous apporterons tout ce qu'il y a en nous de puissance, et nous la ferons servir au bien de l'humanité. Mais pour que les hommes en viennent à reconnaître cela, nous avons à nous *créer puissance morale et politique.* Des hommes généreux ont senti que, pour être justes, il fallait que partout les femmes fussent placées comme leurs égales : là-dessus ils se sont mis à prêcher notre égalité avec un zèle et un dévouement qui leur méritent la *reconnaissance* des femmes. Mais tous les hommes ne sont pas aussi avancés qu'eux ; il en est beaucoup qui nient que jamais nous puissions devenir leurs égales ; nous ne pourrons les faire changer d'idées qu'alors que nous pourrons nous présenter à eux avec des actes accomplis , qu'alors que nous formerons un corps bien uni, ayant *toutes* le *même désir*, le *même but.* Femmes , sentez-le bien, c'est par l'*association* que nous pourrons parvenir à ce but ; réunissons-nous donc, laissons de côté toutes ces petites rivalités qui trop souvent nous divisent, ne formons qu'un seul corps dont chaque membre agira suivant les idées qui lui sont propres, en rapportant tout à un *centre unitaire.* Sans doute nous n'en sommes pas encore arrivées au moment si désiré de tous où nous formerons un *corps harmonique,* agissant sous l'impulsion de *chefs* à qui nous obéirons avec *bonheur,* car leur *autorité sera toute d'amour.* Mais nous pouvous hâter ce moment en nous unissant ; élevons aussi notre *bannière*, qu'on voie inscrit dessus : *Amour, paix, bonheur, égalité de l'homme et de la femme*, car c'est par elle seule que l'amour, la paix et le bonheur règneront sur la terre.

MARIE REINE.

❄

Paroles du *Père* à la Cour d'assises, 8 avril 1833 ; se trouve chez Johanneau, libraire, rue du Coq-Saint-Honoré, n. 8 *bis*.

Le 15 avril, le bureau de la *Tribune des Femmes* a été transporté rue de Bussy, n° 3-.

S'adresser à madame VOILQUIN.

(*Affranchir les lettres et envois.*)

SUZANNE,
 ANGÉLIQUE, } Directrices.

PARIS. — IMPRIMERIE DE AUGUSTE AUFFRAY, PASSAGE DU CAIRE, n° 54.

La Femme Nouvelle.

TRIBUNE
DES FEMMES.

VÉRITÉ.   UNION.

Notre bannière étant à la peine, il est juste
qu'elle soit à l'honneur. (Jeanne-d'Arc.)

Egalité entre tous de droits et de devoirs.

AUX FEMMES.

Dans un de mes articles, répondant à ceux qui nous accusent de ne savoir ce que nous voulons lorsque nous parlons
de *liberté*, *d'égalité*, j'ai formulé, quoiqu'en termes très-courts

ce que, pour moi, j'entendais lorsque je parlais de liberté ;
je dis pour moi , car chacune, venant exposer ici ses idées, ne
peut accepter la responsabilité de celles des autres, et ne
peut par conséquent parler que pour elle ; mais je n'ai pas
dit par quels moyens je croyais pouvoir l'acquérir. C'est ici surtout pour les femmes que se trouve le plus grand arrêt, car
toutes veulent la liberté, mais peu comprennent par quels
moyens elles pourront l'obtenir ; et ce n'est qu'en le disant
bien que nous répondrons à ceux qui nous accusent de prè-
cher le désordre , et de venir troubler la société en parlant
de changer ses relations morales. D'abord ici se présente un
fait que je veux constater, c'est que cette mobilité que vous
prétendez bannir existe partout, car elle est flagrante dans
vos rues et sur vos places ; et ce n'est pas vouloir l'augmenter
que manifester le désir qu'elle s'exerce religieusement,
évitant autant que possible les douleurs dont elle est accompagnée aujourd'hui, au lieu de la manière désordonnée dont
nous la voyons s'accomplir. Mais auparavant je veux vous
présenter quelques considérations sur la position des femmes
vis-à-vis de la morale chrétienne. Avant qu'une femme ne
nous appelât à la liberté, il s'est trouvé des femmes qui ont
senti tout ce que la loi chrétienne avait d'oppressif pour
elles. Les unes se sont révoltées ouvertement et, foulant à
leurs pieds tous les liens dont on prétendait les enserrer, se
sont laissées aller à tout le délire d'un caractère qui, par cela
même qu'il avait été comprimé, avait acquis plus de force.
Les malheureuses ne réfléchirent pas à tout ce qui pouvait
les entraîner sur la route qu'elles suivaient ; elles étaient
heureuses, elles se croyaient aimées parce que des hommes
venaient tous les jours les flatter de leur *encens trompeur* ;
elles ne pensaient pas que ceux-là qui les avaient le plus
flattées, alors qu'ils croyaient pouvoir les *faire servir à
leur plaisir*, seraient ceux-là qui les accableraient le plus de
mépris, alors qu'elles auraient *passé l'âge de plaire*, et la

plupart vinrent mourir sur la *paille* ou dans un *hôpital*, victimes d'une loi qui ne *sait* que *comprimer* et nullement *diriger*. D'autres, sentant aussi tout ce qu'avait d'oppressif la loi sous laquelle elles vivaient, mais sentant aussi tout ce qu'elles pouvaient éprouver de douleur en se mettant en dehors d'elle, s'y soumirent; et pour celles-là la vie tout entière fut une *lutte continuelle* et *une perpétuelle abnégation*, et elles forcèrent ceux-là qui accusaient toutes les femmes à venir reconnaître qu'il en est qui savent comprendre tout ce qu'elles se doivent à elles-mêmes, et savent se faire respecter. Et c'est en présence de toutes ces douleurs qu'on nous accuse d'immoralité, alors que nous parlons de la nécessité de changer cette loi oppressive qui *rejette* la plupart des membres de la société, qu'elle est appelée à régir, en *dehors d'elle*, parce qu'elle n'est pas assez *forte* pour les *diriger*. Oh! c'est parce que j'ai bien compris tout ce qu'il doit y avoir de douleur pour ces femmes, que j'élève la voix pour réclamer un changement complet dans notre position. Mais j'ai besoin d'expliquer la différence qui existe entre nous et les femmes qui déjà ont protesté. Lorsqu'après les premières, nous élevons la voix pour venir réclamer nos droits, on se figure que nous aussi nous allons venir augmenter le désordre qui déjà est si grand; mais rassurez vous, c'est en vue d'une réforme sociale que nous parlons de liberté: aussi ne venons-nous pas *pratiquer*, mais seulement *réclamer* une *nouvelle loi morale*. D'ailleurs, nous ne pourrions la pratiquer, puisqu'elle n'est pas encore formulée, et qu'elle ne peut l'être puisqu'il ne s'est pas encore élevé de *femme* assez *supérieure* pour la faire accepter aux autres. Si nous le faisions, nous mériterions le reproche d'agir dans notre intérêt personnel, car nous nous devons à nous-mêmes de rester dans les limites d'une loi, qui certes pour plusieurs d'entre nous est oppressive, mais que nous devons respecter jusqu'au moment où la loi nouvelle sera formulée; celles qui en sortiront devront bien comprendre qu'elles s'exposent au reproche d'apporter le désordre, puisqu'au lieu d'agir en vue d'une idée sociale, elles ne feront que se satisfaire elles-mêmes, sans *servir en rien la cause des femmes et du peuple*, puisqu'elles ne feraient que continuer une protestation qui a été faite depuis long-temps. J'écris ces lignes pour ceux qui disent que toutes celles qui ont parlé ou qui parleront de la liberté voudront le désordre : comme je suis loin de le vouloir, je veux dire comment je la comprends. Jusqu'ici je n'ai parlé que de liberté morale ; c'est parce que c'est elle qui, pour aujourd'hui, préoccupe le plus un grand nombre de femmes : pour moi je pense qu'elles sont dans l'erreur ; la meilleure manière pour les femmes d'acquérir la liberté morale, c'est de prêcher pour *hâter la réalisation* d'un nouvel ordre social dans lequel *l'association* devra remplacer l'isolement, et où tous les travaux seront organisés de manière à ce que, dans tous ceux que nous pourrons exécuter, il y ait place pour nous ; qu'enfin nous puissions posséder, car tant que nous ne le pourrons, nous serons toujours esclaves des hommes. Celui qui nous donne notre vie matérielle peut toujours exiger qu'en échange nous nous soumettions à ce qu'il désire, et il est bien difficile de parler librement lorsqu'on n'a pas les moyens de vivre indépendante. Ceci nous amène à la réforme complète de la société. Nouveau système d'éducation pour les enfans : c'est une partie de nous-mêmes, et nous devons songer à améliorer leur position aussi bien que la nôtre ; et le nouvel ordre social devra être organisé pour que la mobilité des affections puisse s'exercer sans nuire en rien à leurs intérêts et aux soins qu'ils exigent, c'est-à-dire qu'il y ait *providence sociale pour eux*. Nouvelle organisation du ménage, reposant sur l'association au lieu du morcellement : aujourd'hui la plus grande partie des femmes est absorbée par les soins du ménage, ce qui est pour elles un esclavage, car cela les empêche de se livrer à toutes les carrières auxquelles elles peuvent être aptes ; lorque l'organisation aura pour *base l'association* , elle n'emploiera plus qu'une faible partie des femmes, celles seulement que leur goût y portera ; alors les autres pourront se livrer à toutes les directions qui leur conviendront, ce qu'elles ne pourraient faire aujourd'hui sans occasioner de désordre dans leur ménage, car elles ne pourraient plus se livrer à tous les travaux qui reposent exclusivement sur elles. Ensuite, ne l'oublions pas, notre sort est lié à celui du peuple, et notre émancipation ne peut avoir lieu que conjointement à la sienne; réclamer notre liberté morale, sans nous occuper d'un nouvel ordre social, ne serait-ce pas agir dans notre intérêt seulement, encore mal entendu , car elle ne changerait rien à son sort. Répondre aux femmes qui implorent un remède à leurs souffrances et à celles de leurs enfans, car les femmes souffrent pour leurs enfans souvent plus que pour elles-mêmes, en leur disant : réclamez votre liberté morale ; n'est-ce pas ressembler à ceux qui, lorsque le peuple a faim, lui disent : réclamez des droits politiques ; comme si ces droits pouvaient le rassasier et organiser autrement le travail. Certainement je suis loin de croire que *l'émancipation matérielle* soit *tout* ce qu'il *faille au peuple et aux femmes*, je sais qu'il leur faut aussi *l'émancipation sociale*; mais, je le répète, l'une ne peut s'établir sans l'autre , car elles sont liées essentiellement et ne peuvent être séparées.

MARIE REINE.

AU GÉNIE L'EMPIRE DU MONDE.

L'intelligence a d'abord disposé de tout ; le monde qu'elle a organisé est devenu si fort qu'il s'est soutenu pour ainsi dire tout seul ; les choses organisées ont eu leur force, et

les intelligences individuelles ont perdu leur première
place. Ainsi, les rois étaient des héros, chefs par le génie ;
la société a inventé la légitimité pour abréger les travaux.
Le [vrai chef s'est trouvé étouffé par la foule, obligé à se
débattre entre mille entraves pour parvenir. Nul doute que
dans les derniers déserts du Nouveau-Monde, là où les
Sauvages reculent pour respirer encore l'air primitif et la
solitude, le caractère et le courage n'obtiennent mieux leur
place qu'à Paris : le plus actif est le maître, et si quelque honneur entoure le fils du dernier chef, c'est par un souvenir
pieux, mais pas plus.

La supériorité n'a pas seulement été détrônée, mais mo-
difiée : dans un temps d'ignorance c'est une volonté forte
qui la prouvait ; aujourd'hui l'esprit y est pour beaucoup
plus. Pourtant la différence n'est pas si grande qu'on croit, et
tout homme capable porte dans sa vie, dans ses conseils,
le mérite d'un homme d'action, comme un homme d'action
a toujours l'intelligence, car comprendre c'est voir ; pour
dominer, comprendre, agir, il faut avoir vu ; la volonté
peut manquer au penseur, mais non le jugement à l'homme
d'action.

La société a donc, pour ainsi dire, échappé aux mains de
l'homme ; elle a marché seule, elle a eu ses secrets, ses
mouvemens qu'il fallait étudier ; ça est devenu une grande
machine avec des lois inévitables.

Mais puisque c'était la domination du talent qui l'avait
portée à cette puissance, c'était l'intérêt de la société de
préserver le talent dans son sein, de lui rendre par un accord ce qu'il ne pouvait plus atteindre sans difficulté. La
société n'a pas tout laissé naître naturellement ; elle a trouvé,
inventé, copié : ainsi des évènemens, des traditions, les
efforts des hommes, ces mille causes qui se partagent toujours l'influence, avaient donné à l'Angleterre une représentation nationale : qu'a fait la France qui avait détérioré

la sienne ? elle a improvisé une représentation nationale, elle a posé les droits, le mode ; tout s'est fait comme si les droits tombaient du ciel.

Or, la supériorité jadis garantissait les siens par la valeur de son bras ; la société qui a hérité d'elle doit lui donner quelque représentation, quelques moyens de se soutenir haut. Ces institutions que l'Angleterre nous a données, non-seulement nous ne les avons pas reçues complètes, puisque l'aristocratie ne nous convenait pas et fut supprimée dans notre irritation, mais ces institutions ne pouvaient nous suffire. Il pourrait se faire que des nations, admirant les institutions des nations voisines, les adoptassent pour s'apercevoir ensuite que ces institutions n'étaient pas assez complètes, assez relevées pour elles. La France, contemplant l'industrie de l'Angleterre, sa richesse, ses débats parlementaires, ses lois communales, voulut essayer de tout cela. On ne parla plus que de l'Angleterre, on eut des députés, une vie parlementaire, on s'occupa d'industrie, on fit des lois communales. Qu'arriva-t-il ? que la France ne porta que la moitié de son caractère dans ces choses ; qu'il lui resta des goûts, des impressions, des qualités que les Anglais n'ont pas, dont elle ne sut que faire : sa sociabilité, son amour du théâtre, des lettres, des sciences, son enthousiasme, son esprit de guerre et d'aventure renaquirent bientôt de toute part ; elle comprit que c'était un autre modèle que l'Angleterre qu'il lui fallait, et qu'elle ne pouvait oublier long-temps Louis XIV et Napoléon. Il fallait donc allier la nouvelle liberté à cet ensemble de forces qui compose le caractère français. De même, si l'Italie nous suivait, on la verrait, bientôt attristée, revenir sur elle-même en soupirant, et demander encore à la musique ces impressions vagues et passionnées dont s'animent les populations du Midi. Les seigneurs, dans leur indolence magnifique, le peuple, dans ses rians plaisirs, verraient bientôt que c'est autre chose encore qu'il faut pour développer leur génie. L'Angleterre ayant le mieux su sa route, pratiquée qu'elle était sans doute par la nature de ces qualités qui comportent peu d'illusions, peu d'enchantement, peu d'entraînement, a paru devoir servir de modèle, et sans doute, elle doit en servir sous beaucoup de rapports ; mais les qualités qui ont assuré sa marche la séparent des autres peuples. C'est vers un développement plus animé, plus brillant, plus rempli d'âme et de sympathie que nous fûmes appelés. La France aurait tort de chercher un autre modèle qu'elle-même.

Sa liberté, autant que son bonheur, est intéressée à sa gloire; car si nous jetons les yeux sur le directoire, par exemple, sur une république sans éclat et sans illustration, nous verrons que ce qui livra la France à l'empereur fut ce réveil de gloire où il appela la France. Elle ne sut pas résister, parce que rien ne la retint.

L'empereur réveilla l'âme par la guerre ; on connut le péril, les hasards ; la nation suivit un chef qui la rappelait à elle-même. Mais elle avait encore d'autres besoins qu'il ne satisfit pas. Qu'elle se connaisse donc bien : il lui faut la liberté, l'égalité, la guerre, la science, la philosophie, l'éclat, une destinée digne de sa puissance. Le talent seul, le choix des hommes lui peut donner ces choses ; elle n'acceptera pas plus la grossièreté des masses que la platitude des centres; si vous lui refusez le culte du génie, elle aura un tyran dans l'avenir qu'elle prendra comme un libérateur.

En appelant l'attention publique sur le sort des peuples, en donnant à tout homme le bien-être où il a droit, en portant secours à l'ouvrier vieux et isolé, en accomplissant les devoirs saints de l'humanité, comme en respectant la prudence des propriétaires et le poids dont ils sont dans l'État, n'oublions pas que la suprématie est au génie, que

lui seul a organisé la société, trouvé les devoirs et ravi
les nations.

Du sein de ces masses il faut faire sortir les chefs et les
protéger, les affermir ensuite contre le caprice des
masses, les inégalités de la fortune. Il faut établir l'autorité du talent comme était établie l'autorité de la royauté
et de l'aristocratie. Il ne lui faut ni moins de prestige, ni
moins de luxe, ni moins de respect; car de ce que le peuple
est plus éclairé, il n'en aime pas moins la pompe, les fêtes,
les délices de la vie. La France, parée tour-à-tour par ses
rois, ses révolutionnaires, son empereur, ne peut pas désormais subir le sort terne et glacé des Etats-Unis. Les
peuples gardent la mémoire de leurs jours de triomphe, et
appartiennent bientôt à l'homme qui les leur rappelle.

En rendant au talent ce qu'il mérite, on élevera l'éducation
de la jeunesse, formée à l'amour et au respect du beau. Il
manque à la jeunesse française une morale publique qui
annoblisse la pauvreté : le peuple est appelé aux affaires, sans
principes, sans maximes généreuses; il pense à l'argent où
il a toujours pensé. Il faudrait retremper dans des forges
d'or et d'acier ces âmes sans discipline. En obtenant ce qui
leur est dû, nos hommes supérieurs deviendront plus
simples et plus désintéressés : émus par leur triomphe, ils
déposeront sur l'autel de la patrie les petites passions et les
petits calculs. Quoi de plus moral que l'esprit? il comprend
d'abord la vérité; il n'y a rien à craindre de son empire,
surtout s'il ne le dispute pas, s'il peut établir clairement
ses découvertes.

D'ailleurs l'élévation des institutions perfectionne le pauvre comme le riche, l'homme capable comme l'homme mé-
diocre. Tous s'améliorent, mais n'oublions pas que la nature
donna d'abord l'autorité au talent, et que la société doit
la lui rendre avec la protection soutenue qui peut seule la
lui faire garder. GERTRUDE.

VARIETÉS.

NATALIE, PAR MADAME DE ***,
Publiée par M. de Salvandy.

La mère de *Natalie* fut mariée fort jeune à un homme qu'elle n'aimait pas, et auquel ses parens la forcèrent de s'unir. La naissance de sa fille l'aida à supporter *l'ennui incessant* d'une union mal assortie, et la sauva du désespoir.

Dans la tourmente révolutionnaire, le baron *de Rhedel*, son époux, s'exila de la France. Seule avec son nom et sa fortune, madame *de Rhedel* n'échappa aux proscriptions de cette époque qu'en acceptant la main d'un homme autant influant qu'estimable. M. *d'Anglare*, par son active amitié, sut la préserver de tout danger. Elle profita avec joie de la promulgation d'une loi moins sévère, moins absolue, le divorce, qui seul pouvait d'une manière morale la soustraire au supplice de se sentir le jour, la nuit, dans tous les instans de sa vie, la propriété d'un homme qu'elle n'aimait pas ; elle crut rentrer dans les droits imprescriptibles de la nature, en disposant de sa *volonté*, *d'elle* enfin, pour se donner à l'amour.

Cette seconde union fut heureuse jusqu'au moment où le calme, succédant à la tempête politique, rouvrit aux émigrés les portes de notre belle France. Ce fut alors que, pour madame *d'Anglare*, commença une vie de déception et d'angoisses : l'opinion ne lui fut pas favorable. La société, influencée par son premier mari, ses parens même, et qui, d'ailleurs, tendait constamment à reconquérir un passé qui était tout pour elle, rejeta de son sein cette femme dont la conduite justifiait une loi révolutionnaire. Madame *d'An-*

glace ne se trouva plus à la hauteur de sa position ; la faiblesse de son caractère lui fit croire à des remords : elle s'accusa ! *elle victime !* Son enfant seul lui fit supporter la vie. C'est dans ces circonstances, et avec ce faible appui, que l'auteur fait entrer en scène la jeune *Natalie....* Elle aussi vient de divorcer ; sa mère croyant mourir, pour ne pas laisser son enfant sans guide, lui fit contracter à quinze ans un mariage de convenance ; maintenant elle a dix-huit ans, elle est libre ! Ecoutez comme sa voix est fraîche et pure pour moduler les rêves brillans de son imagination ; car jusqu'à présent elle s'ignore, elle ne sait rien de la vie ; elle n'a point encore aimé ! « Les voilà donc brisés ces nœuds « que je détestais ! Elle est rompue cette chaîne pesante qui « glaçait ma jeunesse, je suis libre, ma chère Aglaé ; la loi « compatissante me rend à la société, au bonheur, à moi- « même. Quel oiseau échappé de sa cage m'apprendra l'air « dont on chante la liberté ! Salut, jour fortuné qui éclaire « ma nouvelle existence ; ton soleil est brûlant comme mon « cœur, et ton ciel aussi pur que ma joie ! »

Avec le libre exercice de *sa* volonté, son âme s'éveille, avec *sa* liberté ; pour elle tout va devenir réalité. Elle demande de la vie, de l'amour aux objets inanimés. Son âme jeune sourit à *tout*, à la parure, aux joies bruyantes du bal, aux charmes d'une société intime. Pauvre enfant ! avec son cœur aimant et son imagination délirante, elle croit à la possibilité d'un bonheur tranquille et durable ; elle a cru le consolider en disant à sa mère : Place-toi toujours, mère chérie, entre l'amour et moi ; je ne veux jamais le connaître, jamais je ne me remarierai ; et le monde, qui t'a blâmée pour cet acte, me laissera jouir en paix auprès de toi de mon heureuse indépendance. Erreur ! elle ignore, cette jeune *Natalie*, que la raison d'existence pour la femme est dans notre cœur. Il faut qu'il soit rempli par *un sentiment religieux*, qui nous exalte au-dessus de l'humanité, ou par *la gloire*, qui nous

fait placer notre vie dans les autres, ou bien par l'amour....
Sentiment délicieux, mais qui, s'il n'est tempéré par les
deux autres, devient égoïste en rapportant tout à lui, se
dévore lui-même, et perd par cela seul sa condition de durée. *Natalie* a dix-huit ans ; elle demande à l'amour le complément de son existence ; ce n'est que lorsque ce sentiment
s'est emparé de toutes les facultés de son âme, qu'elle se
rappelle que, pour son bonheur, elle doit l'ignorer à
jamais. Oh ! c'est alors qu'elle sent que la vie n'est pas une
fête perpétuelle, et combien notre bonheur dépend du milieu qui nous environne. Elle peut alors juger combien les
lois de ce monde sont despotiques et inconséquentes : il
établit le divorce, il reconnaît la séparation des époux nécessaire, et flétrit une seconde union. Que fera cependant
Natalie de ses dix-huit ans, de sa beauté, de ses talens,
de son cœur si passionné ? Tout cela doit-il se détériorer
dans l'isolement ? *Elle est seule*, sa vie n'est point nécessaire
à l'existence de personne ; elle souffre ! « Depuis quelques
« jours, écrit-elle à son amie, un regret amer s'est emparé
« de mon âme ; j'envie la destinée de toutes les femmes qui
« ont un mari, des enfans. Comme un anneau isolé au mi-
« lieu de la chaîne générale, je ne suis liée au sort de per-
« sonne, et cependant je ne suis pas libre ; j'ai cru l'être,
« mon apparente liberté n'était qu'un piége trompeur ; j'ai
« cru m'élancer vers le bonheur, mais, au moment de le
« saisir, je me suis sentie douloureusement enchaînée. »

De la position de ces deux femmes, toutes deux s'étant
mises en dehors de la loi commune, l'auteur fait ressortir
d'une manière frappante les douleurs qui attendent toute
femme qui ne voudra pas courber sa tête sous un joug *imposé ;* pour celle surtout qui, de même que *Natalie* et sa
mère, n'aurait en vue que de se débarrasser d'un fardeau
trop pesant, et n'y joindrait pas *une pensée sociale, religieuse,*
enfin n'aurait pas large conscience de l'acte qu'elle accom-

plit ; mais il n'en serait pas ainsi pour celle qui , acceptant une semblable position, aurait pour mobile d'améliorer religieusement le sort de son sexe, en préparant le monde à reconnaître *sa liberté morale.* Oh ! alors , sans dédaigner la considération, elle se contenterait *de la mériter* et *de l'attendre.* Celle qui constamment envisagerait ce but, se plaçant au-dessus des opinions du jour, et les dominant par sa volonté et la force de sa conviction , une telle femme pourrait à son tour tenir le flambeau de vérité qui doit éclairer tout nouveau progrès, *le progrès ! livre divin* ouvert depuis le commencement des siècles , où les humains sont appelés à en comprendre mieux, de jour en jour, les caractères sacrés.

Je ne suivrai pas l'analyse de ce roman dans tous ses développemens. La pensée de toute femme de talent est ce qui m'intéresse le plus ; je la recherche, je l'évoque, je voudrais qu'elle m'apparût toujours grande et progressive.

Est-ce dans ces lignes qu'il faut chercher le résumé de cet ouvrage ? Est-ce encore l'*abnégation* , la *résignation* que l'on nous présente comme type des vertus de la femme ?

L'âme de *Natalie* souffre ; sa mère n'a pas elle-même puissance pour la consoler ; elle donne cette mission à un vénérable prêtre, qui lui adresse ces mots : « Étiez-vous « libre , ma fille, pour qu'il vous aimât ? pouvait-il vous « prendre par la main , et déclarer à la face de Dieu et des « hommes : Je m'unis à cette femme et lui voue un amour « éternel ? Loin de là , votre tendresse mutuelle devait être « cachée, parce qu'elle était coupable, et si elle eût éclatée, « le blâme s'attachait à vous. Ma fille , vous vous débattez « en vain contre votre destinée ; elle est pénible, j'en conviens ; il vous faut parcourir votre carrière seule, sans appui , sans consolation , dans l'âge du bonheur : cela ne « peut être autrement. Ce mot, *il le faut*, paraît dur ; mais « à quoi sert une lutte impuissante pour déranger l'inflexibilité du sort. »

Il serait absurde de penser que *la volonté* qui est sortie des conciles chargés d'expliquer , de commenter le code de *Jésus* , et qui alors était l'expression du besoin de cette époque, *composât encore* pour nous, après tant de siècles, *l'inflexibilité du sort.* En vérité , les premiers chrétiens seraient donc pour nous le *destin* des païens , *un* Dieu plus grand que Dieu. Oh , non ! nous ne devons voir son *immuabilité* que dans *sa volonté toute puissante du progrès.* S'il n'eût rien fallu changer à l'ordre établi , chaque progrès accompli serait donc un outrage à cette volonté divine. Qui pourrait blasphémer Dieu en soutenant cette pensée impie? Lorsque l'on veut détruire un abus, une loi oppressive, par cela seul que l'on se trouve dans les conditions du progrès , il n'y a pas de *lutte impuissante.* Un prêtre chrétien ne pouvait parler autrement; ainsi le veut *l'église ;* mais il est impossible que ce soit *là* la pensée de l'auteur, comme son éditeur, M. *de Salvandy*, paraît lui-même le croire, lorsqu'il dit dans la préface de ce roman : « Production légère , il traite une des hautes « questions sociales de l'époque où nous sommes ; mais *une* « *opinion austère* disparaît sous le charme des détails ; et « l'intérêt de l'action, la grâce élégante et pittoresque du « style, couvrent les principes de l'auteur sans cacher la mo- « ralité qu'elle a voulu attacher à son livre. » Sans doute il est permis à M. *de Salvandy* de chercher la pensée morale de ce livre dans ces lignes. Mais, comme femme, je préfère croire que l'auteur , femme elle-même, a fortement senti les douleurs qui assiégent notre sexe, qu'elle a voulu fixer notre attention sur le malheur d'avoir un caractère autre que le type adopté, hors des proportions mesquines que le monde nous a tracées. Pour toute femme comme *Natalie* , c'est une vie d'amour, de gloire , d'enthousiasme qu'il faut comme complément du bonheur ; ces conditions , la société, telle qu'elle est constituée, n'est pas appelée à les remplir avec son organisation actuelle , le niveau de plomb qu'elle passe sur toutes les existences de femmes. Pour toutes ces natures, point de milieu; c'est le désordre ou la mort. Jusqu'à ce qu'enfin cette société ait pitié d'elle-même; qu'elle ne se suicide plus dans ce qu'elle a de plus gracieux ; que les secondes unions , que l'amour successif enfin vienne comme un soleil bienfaisant *ranimer* , *raviver* toutes ces existences *etiollées , décolorées ;* que ces plaintes touchantes exprimées par *Natalie* ne soient plus , pour tant de femmes comme pour elle, le *chant du cygne :* « Ce n'est pas moi qui me suis « placée sur une route aride et déserte ; c'est le sort qui m'a « condamnée à la suivre , en me donnant un époux que je « ne pouvais aimer; mon voyage eût été également solitaire « si je l'eusse fait avec lui ; nous ne parlions pas la même « langue; loin de nous aider, nous nous heurtions , et nous « nous rendions malheureux. » Vienne, vienne la religion de l'avenir, belle et vaste comme l'amour infini, recevant dans son sein toutes les individualités , toutes les natures. Oh ! alors, les lois qui auront cette base pour appui ne seront plus répressives, mais préviendront le mal, adouciront les séparations, calmeront les douleurs , empêcheront les haines de naître ou de se propager. Comment cette grande réédification se fera-t-elle? C'est l'œuvre de Dieu ! Que l'homme laisse pénétrer dans son cœur le sentiment de l'égalité des sexes, et les résultats ne tarderont pas à se faire sentir à tous. Sans doute le code prendra une toute autre forme, et moi, femme, je ne verrai plus un non-sens ou une dérision dans ce symbole : *Thémis tenant les balances de la justice ;* les lois seront véritablement l'expression de *l'égalité* et des besoins de tous. Avant tout, le divorce sera rétabli; car qui ne comprend maintenant, pour peu que l'on soit avancé dans la science de la vie, qu'il est absurde de contracter mariage sans ce correctif? Qui peut assurer que quelques années n'opéreront pas une transformation complète dans nos goûts, dans nos désirs, dans nos pensées ? Il est inouï que , dans ce siècle de *garantie*, l'on ne cherche pas à *assurer* ce qu'il y a de plus noble en nous, *l'indépendance de notre volonté*. Pourquoi nous garotter nous-mêmes par des chaînes *éternelles*, nous créatures finies? Il n'y a que Dieu qui ait droit et *puissance* de se poser des lois *éternelles*.

Dans un prochain article je dirai comment je voudrais que le divorce fût envisagé, comment je le conçois dans l'avenir, pour qu'il soit moral et salutaire.

Suzanne.

❊

Paroles du *Père* à la Cour d'assises, 8 avril 1833; se trouve chez Johanneau, libraire, rue du Coq-Saint-Honoré, n. 8 *bis*.

Le 15 avril, le bureau de la *Tribune des Femmes* a été transporté rue de Bussy, n° 37.

S'adresser à madame Voilquin.

(*Affranchir les lettres et envois.*)

Suzanne,
Angélique, } Directrices.

PARIS. — IMPRIMERIE DE AUGUSTE AUFFRAY,
PASSAGE DU CAIRE, n° 54.

TRIBUNE
DES FEMMES.

VÉRITÉ. **UNION.**

Notre bannière étant à la peine, il est juste
qu'elle soit à l'honneur. (Jeanne-d'Arc.)
Égalité entre tous de droits et de devoirs.

MORALE.

(PREMIER ARTICLE.)

Dans le dernier Numéro de la *Femme nouvelle* (à propos
d'un roman, production charmante d'une imagination de
femme), j'ai touché légèrement à une question *très-grave*,

le *divorc* J'ai ajouté, en finissant : « Dans un prochain article je dirai comment je voudrais que le *divorce* fût envisagé, comment je le conçois dans l'avenir, pour qu'il soit
moral et salutaire. » Certes, je tiendrai parole ; malgré les
difficultés de cette route, je la suivrai, dussé-je passer pour
une femme immodeste en osant exprimer *une pensée libre* sur
la morale individuelle ou les rapports des sexes. La cause
des *femmes*, de l'*humanité*, la cause de Dieu, enfin, ne me
verra point faillir. Si, pour me punir de la hardiesse de ma
pensée ou de ma parole, la considération due à la pureté de
mes actes m'était refusée, je répéterais ce que j'ai déjà dit
dans mon dernier Numéro, que, sans dédaigner l'estime du
monde, *ayant conscience de la mériter, je saurais l'attendre*.

Mais, avant de parler du *divorce*, second terme d'une
proposition capitale, puisqu'il n'est que la rupture d'un
lien mal formé, il y aurait anomalie dans ma pensée, si
d'abord je ne répondais pas à cette première question : Y
aura-t-il, dans la société de l'avenir, une sanction sociale
donnée à l'amour des individus? S'il y a affirmation : Quelles
seront les formes et la durée du nouveau mariage ?

Depuis plus d'un an, une grande voix, celle du *Père Enfantin*, a retenti par le monde, conjurant les femmes de
résoudre toutes ces importantes questions ; mais sa voix
puissante étant elle-même couverte par la clameur générale
(clameur qui ordinairement accueille toute vérité nouvelle),
les femmes sentirent instinctivement que, loin de lui prêter
ou d'en recevoir un appui, leur parole serait repoussée sans
aucun résultat pour leur cause. Elles se turent momentanément, et attendirent que la nouvelle religion dont *il* est reconnu chef suprême par l'élection libre du cœur de ses fils,
fût répandue et prêchée au loin, et assez distante de son
point de départ pour que cette grande vérité « *la femme est
l'égale de l'homme ; donc, égalité de droits et de devoirs pour
tous deux* » pût être envisagée comme chose *juste* et *néces-*

saire. Mais, depuis, toute terre a reçu le nouvel évangile ; la nouvelle parole de Dieu a été portée jusqu'aux lieux sanctifiés par le *fils* de *Marie* ; l'Égypte a retenti du cri d'émancipation pour les femmes. A leur tour, les femmes peuvent se lever : si leur parole n'est point encore *respectée* et *comprise,* elle sera écoutée. Qu'elles se hâtent donc, le monde les attend !

Sans doute, toute femme qui *sent l'avenir* doit une pensée de gratitude à tous les publicistes, hommes de lettres, romanciers, qui ont tenté par leurs écrits d'améliorer notre sort : *respect* à tous ces noms d'hommes. La reconnaissance devra nous faire conserver dans nos annales les noms de quelques autres, ceux de *Jomme de Laurence*, et surtout de *Charles Fourier,* si puissant par sa riche poésie et son bon vouloir pour notre amélioration matérielle ; *honneur à* ces deux hommes : ils font, pour affranchir la femme, des efforts qui ressembleraient à un apostolat, si Dieu en était. Mais, *tendresse* et *amour* de fille et de sœurs au Père Enfantin et à ses fils, *nos apôtres.* Ce sont là les véritables précurseurs du règne de la femme ; par eux seulement, nos droits sont prêchés par tout l'univers ; par eux et tous ceux qui s'uniront à cette œuvre divine, nous obtiendrons une liberté digne de nous, grande, sociale, religieuse. Alors seulement, la société pourra se rasseoir sur des bases solides et *pratiquer* le système jugé le plus salutaire au bonheur de *tous.*

Le Père, en donnant au monde ses théories morales ou plutôt ses pressentimens sur l'avenir, n'a point voulu, comme l'ont fait tous les précédens législateurs, encadrer notre *volonté* dans *une volonté d'homme.* Oh non ! par une délicatesse que le cœur de la femme appréciera, et dont je le remercie au nom des femmes qui me comprennent, la liberté qu'il nous offre est comme la confiance qu'il a en nous ; elle est sans limites. « Et maintenant, dit-il après avoir déve-
« loppé sa pensée, si l'on me demande quelle est la *limite*

« que je pose à l'influence que le prêtre et la prêtresse exer-
« ceront sur les fidèles, je réponds : moi HOMME, moi, SEUL,
« je n'en pose aucune ; la femme parlera. La *liberté* pleine et
« entière, que je lui offre avec toute la franchise de mon
« cœur d'homme, je veux qu'elle soit *libre* encore de me la
« refuser ou de ne l'accepter qu'en partie. » Mais depuis
long-temps il avait sondé, de toute la hauteur de son génie,
la véritable plaie morale de toute société humaine; il avait
vu la cause de cette grande discordance, principalement dans
l'oppression qui pèse partout, plus ou moins, sur la femme ;
il l'avait vue dans cet état de mensonge auquel elle est réduite pour rendre sa position tolérable, état négatif où elle
n'est jamais elle-même, où le génie peut bien pressentir ce
qu'elle *sera*, mais dont nul ne peut dire maintenant ce
qu'elle *est*. Malgré les répugnances que ses théories morales
soulevèrent lors de leur apparition, le PÈRE *dut* les donner
telles qu'elles sont premièrement, pour faciliter l'émission
de notre parole, l'expression libre de notre volonté dans le
concours de tous les actes de la vie, qui, je le sens, n'aurait
jamais pu être franche sans la sublime énergie qu'il a dé-
ployée en soutenant sa pensée en face des hommes. *Il a dû* les
donner encore, telles qu'elles sont, pour faire l'éducation
des hommes. Quel est celui d'entre tous les plus avancés qui,
sans elles, peut dire qu'il aurait conçu notre liberté d'une
manière aussi délicate, aussi complète qu'il la conçoit et la
veut maintenant?

Lorsque *ma* pensée parcourra les mêmes termes que *sa*
pensée, c'est-à-dire lorsqu'à mon tour je sonderai l'avenir,
j'examinerai avec ma conscience de femme libre, dégagée de
tous liens individuels, de toutes inspirations d'homme, si
ses théories d'appel ne sont pas une route vers l'avenir de
progrès auquel nous tendons.

A toutes les époques d'anarchie, lorsque les hommes à
courtes vues croyaient lire dans les signes des temps la disso-

lution de la famille humaine, toujours alors l'existence de
Dieu se dévoilait à la pensée de l'homme, plus grande, plus
puissante, plus réelle; toujours, par les hommes les plus
avancés, Dieu révélait au monde les nouveaux progrès qu'il
voulait voir s'accomplir. Ainsi, sans entrer dans l'examen
des religions païennes, examen qui, tout en justifiant cette
donnée, m'éloignerait du but d'actualité que ma pensée embrasse, je dirai seulement qu'à toutes ces époques, les fils
aînés de Dieu, instinctivement ou avec conscience de
l'œuvre à laquelle ils se dévouaient, rassemblant, pour
ainsi dire, les manifestations éparses de la volonté divine,
la voyant indiquée dans les besoins à satisfaire, dans les
douleurs et les misères à faire disparaître, prêchèrent à
tous le nouveau pacte d'alliance, indiquèrent la nouvelle route pour s'avancer vers le créateur, vers l'infini.
Alors, à ces époques de rénovation, la marche imprimée aux
choses ne put s'organiser et devenir possible qu'en vertu et
sous l'inspiration d'un sentiment religieux. Les sociétés s'im-
prégnèrent, dans leurs coutumes, dans leurs lois, dans leurs
mœurs, de la pensée divine qui animait les révélateurs suc-
cessifs. Ainsi *Socrate* pressentit l'unité; Jésus, sauveur des
hommes, prêcha leur égalité spirituelle aux yeux de Dieu, et
la société catholique s'organisa. De même, à notre époque,
où toute foi semble avoir disparu, où toute croyance semble
être anéantie, la *pensée humaine*, pour parvenir à Dieu, n'a-
percevant plus que quelques sentiers étroits, *fait une halte*,
attendant d'une nouvelle révélation une route plus large
pour parvenir à connaître et à accomplir les nouvelles destinées. Saint-Simon paraît, annonce l'égalité de l'homme et de
la femme. Enfantin, qui le suit immédiatement, fait descendre nos droits de plus haut que d'une nécessité politique;
il prêche un Dieu *père* et *mère* de *tous* et de *toutes*; et transformant une tribune d'accusé en chaire universelle, de là il
s'adresse à *tous*, et rend ainsi témoignage de sa foi religieuse:

« Notre DIEU, IL n'est pas seulement *bon* comme un PÈRE.
« ELLE est aussi *tendre* comme une MÈRE ; car IL est et
« ELLE est le PÈRE et la MÈRE de *tous* et de *toutes*. Or, réflé-
« chissez, je vous prie, car je voudrais ici me faire bien
« comprendre, à la différence immense qui existe entre
« l'homme qui ne voit en son DIEU que les *attributs* et les
« *vertus* de l'HOMME DIVINISÉS, et celui qui y sent encore,
« poétiquement élevées à une puissance INFINIE, les *grâces*
« et les *vertus* de la FEMME. Oh ! oui ; c'est bien par une
« CONCEPTION miraculeuse de l'ESPRIT, mais de l'ESPRIT de
« l'HOMME, que la FEMME occupe déjà, en MARIE, une aussi
« belle place dans la *foi* chrétienne, dans cette *foi* qui adore
« DIEU le PÈRE, DIEU le FILS et DIEU le SAINT-ESPRIT. »

Ainsi que le PÈRE ENFANTIN, je rends hommage du plus
profond de mon âme à la révélation divine que le FILS DE
MARIE est venu apporter aux hommes. Sans doute, cette
belle et grande religion a préparé le monde, par l'abolition
de l'esclavage, à comprendre la *nécessité* de notre affranchissement complet et définitif. Mais, en présence de la nouvelle conception religieuse, en présence de *nos vertus* DIVI-
NISÉES, je me sens grandir jusqu'à DIEU ; mon intelligence,
mon amour s'élèvent jusqu'à cette divinité BON et BONNE.
Rien n'est donc plus en dehors de DIEU ! La femme peut
donc attendre *un nom*, *une place* dignes d'elle, puisqu'elle
peut, comme l'homme, *se réclamer de son Dieu* pour l'obtenir. Elle n'est plus tirée d'une côte de l'homme, elle ne
doit donc plus se confondre dans sa gloire ; elle descend,
comme lui, directement de *son* DIEU, *père* et *mère* de tous
et de toutes. La femme ! ! quel beau *nom* elle aura dans l'a-
venir. Inspirée par *son* DIEU, elle indiquera elle-même sa
place ; elle aura sa vie propre, *sa vie de gloire* et d'*amour*,
qu'elle unira à une vie de gloire et de grandeur sociale, mais
qu'elle ne confondra plus, comme par le passé, dans une
autre existence.

Appuyée sur un sentiment si religieux, si élevé, pourquoi l'homme, dès à présent, craindrait-il de reconnaitre les droits sacrés de la femme, et de lui donner sa liberté? Il ne peut ni ne doit redouter sa faiblesse, à voir les vertus qui brillent en elle, malgré l'état d'esclavage et de subalternité où elle est retenue depuis tant de siècles. Que ne doit-on pas attendre de sa force morale, de son influence sur une société où elle sera reconnue comme *fille de Dieu*; lorsque surtout elle aura pu librement développer les germes du *beau*, du *grand*, signes divins de la perfectibilité, que Dieu a placés en elle à un degré aussi éminent que dans l'homme.

Oh! alors, la femme, cherchant son modèle et son guide dans *son Dieu*, aura à développer, pour le bonheur de la société, des vertus *actives*; elle ne sera plus, comme dans le christianisme, réduite à un rôle passif, idéal de la perfection chrétienne. Et voyez, en effet, dans cette religion : Marie, personnification élevée de la femme, est, il est vrai, nommée reine des anges, mère de Dieu; mais on pourrait dire que c'est évidemment une amplification de langage, une politesse des pères de l'église, si, dans une question de cette gravité, il était permis de s'exprimer aussi légèrement; car les attributs qui rappellent *Dieu* à leur esprit sont seulement mâles. *Marie* a de l'influence, mais pas de puissance, mais pas d'action dans le gouvernement des choses célestes; *sa* prière est toute puissante sur son divin fils, mais elle *prie*, elle *intercède* : par elle-même elle n'agit pas. Le Dieu *Père*, *Fils* et *Saint-Esprit* reste *son* Dieu; elle l'adore dans sa gloire comme sa créature; elle n'est point Dieu; elle est honorée, mais point adorée. Dans le christianisme, notre place est belle et grande, sans doute; mais ce n'est point là la sainte égalité réclamée par nous, et qui doit amener le règne de Dieu sur la terre, de Dieu qui, dans son unité, veut être adoré en esprit et en vérité.

Femmes! avant de pénétrer plus avant dans l'avenir,

avant de vous parler de théories morales, d'organisation de
famille, j'ai voulu vous faire connaître l'opinion *libre* d'une
femme sur l'homme qui s'est nommé à juste titre le nouveau saint Jean, le précurseur de la *femme Messie*. Cette
mission, que DIEU lui a confiée, a tellement lié sa vie
au sort de la femme, à son affranchissement moral,
intellectuel et matériel, que parler de lui, le faire connaître aux femmes, n'est pas seulement faire œuvre de justice et de reconnaissance, mais c'est rendre facile le développement de notre avenir.   SUZANNE.

(*La suite au Numéro prochain.*)

On nous envoie de province ce petit discours, prononcé
dans une maison d'éducation. Quand le titre de notre journal ne nous ferait pas un devoir de donner publicité à toute
œuvre de femme, nos sympathies pour toutes idées progressives nous en feraient une obligation.

DISCOURS

PRONONCÉ PAR LA DIRECTRICE D'UN PENSIONNAT,

A CASTELNAUDARY.

MESSIEURS,

Je viens vous présenter le résultat des travaux de l'année
que nous venons de parcourir. Vous jugerez, par l'examen
qui va avoir lieu, du zèle que nous avons déployé pour jus-

tifier la confiance dont m'honorent les pères de famille. Persuadée que de la direction seule du sentiment et de la raison, dépend notre sort à venir dans la société, j'ai dirigé tous mes soins vers le département de ces deux facultés. A l'une, nous avons donné pour point d'appui les principes de morale et de religion ; à l'autre, ceux relatifs aux diverses sciences. A ce mot de sciences, peut-être quelques-uns d'entre vous pourront penser que nous avons ouvert un cours uniquement consacré à l'étude des sciences naturelles. Une prétention aussi exagérée n'a jamais pu entrer dans notre esprit. Notre but a été seulement de faire connaître les généralités des sciences, généralités que je considère comme indispensables aux jeunes personnes destinées à occuper un rang élevé dans la société ; nous avons donc pensé que quelques notions légères de physique et de cosmographie suffiraient pour faire naître, à quelques-unes de nos élèves, un désir prononcé de cultiver un jour avec ardeur une des branches de l'histoire naturelle, en même temps qu'elles contribueraient à élever leur âme vers Dieu, par la contemplation des phénomènes qui se produisent sans cesse autour de nous. Loin de nous, de vouloir confondre les rôles qui forment les caractères distinctifs de chaque sexe. A l'homme, les brillantes conceptions scientifiques, et l'exécution de ces vastes entreprises industrielles qui, transformant le globe de mille manières, augmentent le nombre de nos jouissances ; à l'homme, les courses aventureuses, et à la femme, dont la complexion est plus délicate, de légers travaux de détail, des idées d'ordre et de paix ; l'administration intérieure du foyer domestique, les soins primitifs de l'enfance. Mais si nous ne prétendons pas que, rivale des Newton, son œil armé d'un télescope détermine l'orbite d'une planète, on cherche dans un laboratoire de chimie à surprendre les secrets de la nature dans la formation et la décomposition des corps ; au moins est-il permis de vouloir, de désirer ce qu'on reconnaît généralement en elle, cette puissance d'inspirer les plus grands travaux, de pousser aux actes de dévouement les plus sublimes. S'il ne fallait qu'invoquer le témoignage de l'histoire pour amener à notre opinion ceux qui doutent de la puissance inspiratrice de la femme dans les actes particuliers et généraux, les noms des Véturie, des Aspasie, des Agnès Sorel, Blanche, etc., viendrait à l'instant se placer dans ma bouche pour protester contre de telles inculpations. Mais il ne faut point se dissimuler que cette puissance d'inspiration sera d'autant plus grande et plus régulière, que l'on aura acquis une connaissance plus exacte des choses et des personnes. L'éducation des femmes ne doit donc pas consister uniquement aujourd'hui à manier l'aiguille et le fuseau, mais encore à acquérir des notions relatives au degré de civilisation où nous sommes parvenus. Aussi dans nos enseignemens avons-nous fait en sorte de tenir compte des idées naturelles qui envahissent de toutes parts la société. La première science, celle qui est en quelque sorte la base de l'édifice intellectuel; celle que l'enfant bégaie sur le sein de sa nourrice, et que plus tard il fait briller à la tribune ou au barreau; la science grammaticale, en un mot, a dû être l'objet de nos premiers soins, puisque c'est elle qui nous fournit le moyen de lier nos idées pour les présenter avec cet ordre et cette clarté qui constituent le bon écrivain. Sans avoir ce caractère de généralité qui caractérise la précédente, la science du calcul est nécessaire à tout le monde, mais indispensable à ceux qui se livrent aux affaires commerciales, ou qui sont placés à la tête d'un établissement quelconque; nous avons fait en sorte de mettre les principes de cette science à la portée des moindres intelligences. Jeter un coup d'œil sur le passé, pour connaître l'ensemble des faits qui forment la vie d'un peuple; assister à leurs diverses phases politiques, déterminer la nature de leur gouvernement, puiser dans l'ensemble de tous ces faits des règles de conduite pour l'avenir, tel est le point de vue sous lequel nous avons considéré l'histoire. Enfin, les sciences naturelles réclamaient une part de notre attention ; leur étude présente tant d'attraits, elle satisfait si complètement le cœur et la raison, qu'il n'est plus permis d'ignorer les propriétés des corps avec lesquels nous sommes sans cesse en relation , etc.

EXTRAIT DE LA CORRESPONDANCE.

MADAME,

L'union des femmes est à mes yeux d'une haute importance, débarrassées de la tutelle de l'homme, elles doivent elles-mêmes travailler à leur affranchissement. Pour être vraiment libre leur parole ne doit point être influencée.

Loin de moi la pensée qu'en faisant son appel à la femme, le *père Enfantin* ait eu au fond de l'âme le moindre désir de lui faire partager ses idées, non, j'ai la conviction profonde qu'il veut son entier affranchissement; à mes yeux, il est grand au-dessus de tous les hommes. Mais ce n'est que lorsque les femmes seront associées, lorsqu'elles seront animées d'un même esprit et liées par le besoin commun de sortir de leur abaissement que pourra surgir celle que nous appelons de tous nos vœux, n'est-ce pas nous qui devons reconnaître notre mère; avant qu'elle soit acceptée par les hommes, serions-nous vraiment libres sans cela?

D'après cela, vous devez juger, que tout ce qui tendra à

nous unir sera accueilli par moi avec empressement, et que je sais apprécier les efforts que vous faites pour y parvenir. Votre apostolat, votre journal me paraissent œuvres fort utiles, et qui doivent vous mériter la reconnaissance des femmes.

Ce que nous fesons ici est peu de chose, l'action est lente sur les hommes, et presque nulle sur les femmes, elles sont esclaves, et se croient au rang que la nature leur a assigné, les hommes redoutent l'effet que nos paroles pourraient faire sur les femmes. Ils ne sentent pas ce que l'amour inspiré par leur égale et éprouvé par leur égale, aurait de préférable, et leur donnerait de plus, de jouissance et de bonheur que celui dont ils *honorent* celles qu'ils croient créés pour eux.

C'est sur Paris que reposent mes espérances, là hommes et femmes sont plus avancés, dans nos petites villes de provinces la vie y est si uniforme, si monotone, il existe dans ce moment-ci si peu de liens, soit d'amitié, soit même de famille, que les sentimens s'endorment, l'indifférence s'empare de tous, on ne s'occupe que de riens, on est incapable d'éprouver l'enthousiasme nécessaire pour faire de grandes choses. Ne croyez pas en lisant ce que je vous écris que le découragement s'empare de moi, Oh! non, j'ai foi dans l'avenir, je compte beaucoup sur Paris, et je sais l'influence que la capitale exerce sur les provinces. D'un autre côté, je ne renonce pas à employer tous mes moyens à l'accomplissement de notre œuvre, je n'ai qu'un regret c'est d'en avoir si peu de toutes manières.

Recevez, madame, AUGUSTINE.

AUX DIRECTRICES DE LA TRIBUNE DES FEMMES.

Mesdames,

Sans être initiée à la vie de *femme*, sans avoir senti tout ce qu'elle peut renfermer d'ennui et de douleurs, je crois avoir compris le besoin qu'elles ont des idées que vous développez dans votre feuille, relativement à sa liberté.

Assoupie *seulement*, votre appel m'a réveillée et a détruit l'illusion qui m'aveuglait ; il m'a donné une *nouvelle vie*, il m'a débarrassé des langes du passé. J'ai interrogé le présent, et j'ai frémi pour l'avenir. Votre œuvre m'a semblé aussi grande que *nécessaire* ; vous sapez les bases du despotisme, qui, tout puissant qu'il est, doit crouler devant la justice des théories d'avenir que vous présentez.

Sans ces hommes dont le vaste génie a si bien su comprendre notre époque de transitions, quel eût été notre sort, à nous, jeunes filles. Hélas ! le temps nous aurait appris bien cruellement que notre imagination avait rêvé ce qui ne pouvait exister, c'est-à-dire un saint amour fondé sur la tendre amitié et la douce confiance. Non ! non! l'esprit social d'aujourd'hui ne le renferme pas. Pour moi, trompée dans mon attente, j'aurais reproché à la divinité mon erreur ; ô mon Dieu ! me serais-je écriée, n'est-ce donc pas pour mon bonheur que vous m'avez donné une âme aimante et sensible, ne lui avez-vous pas aussi donné l'espoir de compléter sa vie en l'associant à une autre qui sut la comprendre et lui rendre affection pour affection, pourquoi donc, au contraire, la livrer à l'isolement et à la souffrance? Mais il n'en sera pas ainsi, et loin d'accuser l'être suprême, je le remercie de vous avoir fait élever la voix assez haut pour que je l'entendisse; grâce lui soit rendue! il m'a privilégiée. Puisse cette préférence devenir rapidement générale, et, loin d'en être jalouse, je l'en glorifierai. Sans votre parole, que ma vie eût été triste et languissante, l'esclavage est pour moi une torture affreuse, il m'aurait assujettie, et comme le le roseau, j'aurais courbé la tête, essayant de la relever sans cesse pour la recourber encore, et finir ainsi.....

Quel bien vous me faites, lorsque vous me dites que les femmes ont une *volonté* et une intelligence égales à celles de l'homme, je sentais en moi toute l'injustice du préjugé qui nous déclare inférieures, et je me disais : comment *Dieu*, en nous donnant une *âme* a-t-il pu lui refuser ce qui constate sa force, l'éclaire; ne doit-elle donc servir d'asile qu'à la sensibilité, source de ses douleurs, et à la résignation? Mais pour nourrir cette dernière, ne faut-il pas la *volonté* du courage, n'est-ce pas une preuve que nous en avons *une*, qui jusqu'à présent, a été contraire à notre bonheur, se renfermant dans l'abnégation de toute idée d'affranchissement en opposition aux lois rigoureuses injustes même du christianisme.

Maintenant, votre foi, désormais la mienne veut que nous prouvions au monde que la femme *est moralement égale à l'homme* et le deviendra intellectuellement lorsqu'un système d'éducation moins étroit alors aura rendu raison de la fausseté de cet argument de faiblesse si puissant aujourd'hui : car la femme aussi aura son *Dieu* pour *mère inspiratrice des mouvemens de son âme.* La divinité ne doit plus être considérée maintenant comme *Dieu exclusivement père de tous,* mais bien renfermant *les deux natures réunies dans l'Être*

Créateur de tout ce qui est. Accomplissons donc la mission providentielle qui nous est donnée, l'avenir aura pour nous un chant d'action de grâces.

Continuez, mesdames, votre œuvre avec persévérance, et, quoique jeune, j'y travaillerai avec courage, parce que je sens en moi *toute la force et la dignité* d'un être vivant de la *vie* d'un *Dieu* dont l'immensité renferme la nature et l'humanité. Gloire à *elle* et à *lui*.

Agréez, etc.,

CÉLESTINE M.......

Voici les noms des jeunes Saint-Simoniens qui se disposent à partir pour l'Orient, sous le nom *de Compagnons de la femme ;* ils vont rejoindre la première mission qui déjà a jeté tant d'éclat sous la direction de M. BARAULT : *Tamisier, Machereau, Lamaillandrie, Maréchal, Réboul, Colin, Charpin, Combes.*

On nous annonce qu'il va paraître, sous peu de jours, une petite brochure qui se continuera deux fois par mois, et dont le titre seul est bien capable de piquer la curiosité. Elle s'intitulera *le Carnet du Théoginadémophile.*

Paroles du *Père* à la Cour d'assises, 8 avril 1833; se trouve chez Johanneau, libraire, rue du Coq-Saint-Honoré, n. 8 *bis*.

❊

Le 15 avril, le bureau de la *Tribune des Femmes* a été transporté rue de Bussy, n° 37.

S'adresser à madame Voilquin.

(Affranchir les lettres et envois.)

Suzanne,
Angélique, } *Directrices.*

PARIS. — IMPRIMERIE DE AUGUSTE AUFFRAY,
PASSAGE DU CAIRE, n° 54.

La Femme Nouvelle.

TRIBUNE
DES FEMMES.

VÉRITÉ.   **UNION.**

Notre bannière étant à la peine, il est juste
qu'elle soit à l'honneur. (Jeanne-d'Arc.)
Egalité entre tous de droits et de devoirs.

MORALE.

(DEUXIÈME ARTICLE.)

Dans la société de l'avenir y aura-t-il une sanction sociale
donnée à l'amour des individus?

Les femmes, en m'entendant répondre affirmativement à

cette question ne m'accuseront pas de penser encore à leur forger de nouvelles chaînes, certes j'ai prouvé combien la liberté m'est chère, combien elle est nécessaire à ma vie.

Je veux pour mon sexe le plus de liberté possible, toute la liberté qui se pourra concilier avec l'influence active moralisante qu'il est appelé à exercer dans la société future; enfin je veux son complet affranchissement. Mais, dans la vie, il n'y a pas que des droits à acquérir, il y a aussi des devoirs à observer; donc, pour être progressive, il faut harmoniser sans cesse les deux termes de l'épigraphe que j'ai placée en tête de cette feuille:

«Égalité entre tous de droits et de devoirs.»

Les femmes qui n'envisageront dans cette proposition que la face *devoirs*, feront de l'abnégation, resteront chrétienne; c'est ce qui existe, c'est la morale approuvée, tirée des religions du passé dans lesquelles il n'y avait pas de place pour nos droits; les femmes au contraire qui ne demanderaient à la société que des *droits*, ne seraient que de *l'indépendance*, du *républicanisme*, et non de la *religion*; c'est-là le protestantisme, la partie critique de la morale reçue.

Pour moi qui sens la femme liée à *tout* comme *fille*, *femme* et *mère* dans la famille, *citoyenne* dans l'état, *élue* de *Dieu* dans le temple, et parcelle de l'infini dans le *monde!* je veux pour *elle* place partout, une place *reconnue*, mais *réglée*, assez large, assez spacieuse pour qu'elle s'y trouve à l'aise, assez belle, assez honorée pour qu'elle s'y complaise.

Que le monde se rassure donc; avec le sentiment bien compris de nos droits et de nos devoirs, nous nous montrerons grandes et fortes, nous introduirons sans crainte dans la morale du passé le *génie de la destruction*, et nous saurons d'une main ferme lui tracer une limite. Oui, je le dis hautement, ce n'est pas dans les résultats du vice que je vois la plus grande immoralité, mais bien dans la cause qui le produit, dans l'inégalité maintenue entre les sexes, dans *l'im-mobilité* principe qui a fait traduire l'esprit de la morale chrétienne et des lois qui en dérivent d'une manière si absolue ; donc, la première chose importante a reconnaître, une fois notre égalité proclamée et ses conséquences admises, c'est la *nécessité* d'introduire dans tout ce qui *est,* dans l'industrie, dans la morale, et, par conséquent, dans les lois, *l'élément de mobilité* qui y manque ; alors on concevra la possibilité de voir se réaliser cette belle prière laissé par Jésus aux chrétiens : O mon Dieu, *que ton règne arrive sur la terre,* qu'il y ait ici bas harmonie comme il y a harmonie dans les mondes célestes. Il faut pour que cela arrive qu'il y ait pour tous les enfans de Dieu place au bonheur, et puisse qu'il en a doté un grand nombre d'un caractère mobile, changeant, il ne faut pas qu'une société religieuse les déshérite de leurs droits, mais au contraire qu'elle s'organise de manière à pouvoir donner satisfaction *légitime* à ces différentes natures, sans nuire à l'ensemble ; nos efforts doivent donc tendre à trouver les accords qui serviront à composer cette divine harmonie ! ! chacune de nous doit donc apporter à la masse d'observation ce que son cœur et son organisation peuvent lui inspirer de pensées d'avenir ; aucune ne doit craindre de dire à *tous sa volonté, son espoir;* car de ses diverses manifestations, de toutes ces expressions de sentimens intimes, LA FEMME ÉLUE de Dieu en fera sortir la pensée *générale,* elle en fera LA LOI, *tous croirons,* car Dieu aura mis en ELLE, à un degré très-supérieur, une partie de *sa beauté* et de *son amour,* et aussi une partie de *sa force* et de *sa puissance,* cette femme sera la MÈRE ! ! car elle nous donnera *entrée* dans la vie nouvelle. Notre cœur la *désire,* notre foi *l'espère et l'at-tend!*

Jusqu'à qu'une volonté puissante de femme ait modifié la mienne et m'ait initiée plus profondément dans la connaissance des différentes natures, je continuerai a croire que la réalisation de mes désirs d'avenir suffirait au bouheur de mon sexe; je vais donc, en sondant ma *conscience*, achever *ma pensé*; si je n'ai point *assez dit*, la MÈRE me complétera; puisse un grand nombre de femmes me suivre bientôt dans cette voie nouvelle que je leur trace, et, par de communs efforts, dévoiler hautement ce qu'il y a de sympathie dans nos âmes pour nos mutuelles douleurs, et de force pour les faire cesser.

J'ai dit que je sentais la femme, ainsi que l'homme, tellement liés à *tout* ce qui est, que je ne concevrais pas l'harmonie, que je croirais retourner à l'état sauvage, si tous les *actes* importans de la vie ne s'accomplissaient pas sous la protection de DIEU, en face de *l'humanité* et du *monde*; si TOUT ne saluait pas la naissance, comme on salue l'ami au retour d'un lointain voyage ou le réveil d'un objet aimé; si TOUT ne souriait pas à l'AMOUR *et à sa consécration*, comme un cœur joyeux sourit à l'aspect d'un soleil brillant; si TOUT enfin ne se recueillait par devant le mystère de la mort, comme lorsque la pensée se plonge dans l'avenir, dans l'INFINI!

Oui, je veux le mariage dans l'avenir plus social que l'église chrétienne, qui consacrait aussi le mariage, mais le maintenait comme état inférieur. La société de l'avenir le regardera comme l'état *supérieur*, l'état *saint* dans la vie; je veux que chaque couple conduit par l'amour au bonheur individuel, travaille alors avec plus d'ardeur à l'harmonie sociale, car pour moi *l'amour*, tout-à-la fois *stimulant* et *récompense*, ne réside pas *seulement* dans cet attrait matériel qu'une caresse excite et dissipe presqu'au même instant; mais, pour qu'il soit normal et saint, il faut qu'il saisisse l'être tout entier, et que cette double force, cette double existence unie l'une à l'autre, mais point identifiée, se nommant alors *individu social*, soit rappelé par ce titre au sentiment de la grande famille.

Sans mariage, *avec l'amour libre*, système que quelques femmes désirent faire prévaloir et qui n'a pu être conçu, comme j'ai été à même de m'en convaincre, que par des imaginations d'une pureté angélique ou par des imaginations salies, dégradées moralement; sans mariage, dis-je, je ne conçois pas de société possible non-seulement dans l'état transitoire, mais même dans l'avenir. Pour moi, je l'avoue naïvement, plus rien alors n'est distinct à ma vue; c'est le chaos, puisque la pensée de Dieu s'en trouve obscurcie. Il faudrait pour établir ce système, en suivant même la pensée la plus chaste, la plus sainte, il faudrait que la femme régnât *seule*, dominât *seule*, et je suis loin de prétendre pour mon sexe à la suprématie; je veux l'harmonie, la sainte *égalité*, l'égalité relative dans tous les degrés de la hiérarchie humaine.

Que les partisantes de l'indépendance absolue ne se laissent donc point préoccuper par ce qui existe maintenant, par la forme des unions que l'on consacre aujourd'hui; certes ma volonté n'est pas de les continuer ainsi; car, dans ma pensée, je compare celles que l'on désigne comme les plus heureuses, à ces longues routes bien droites, bien unies, sans aucun accident pour délasser la vue: et le bonheur en ligne droite m'a toujours semblé chose fatiguante et monotone; pour dieu! un peu d'imprévu dans la vie. Je ne dirai pas : *beaucoup varier*, mais *bien varier* : c'est la condition du bonheur et par conséquent du progrès. D'ailleurs, maintenir le mariage tel qu'il se pratique et réclamer pour que l'élément de mobilité prenne rang dans les choses humaines, serait un véritable contre-sens. Je dis donc, le plus *affirmativement* qu'il m'est possible, que les unions seront successives, ou, pour rendre mieux ma pensée, PROGRESSIVES *autant de fois* que le bonheur *bien compris* des individus rendra ce changement nécessaire.

J'ai besoin toutefois, avant d'aller plus loin, de rassurer

les femmes timides qui , dans *tout* , ne voyant d'abord que l'abus se préoccupent d'une crainte vague et rejettent sans examen toute idée d'amélioration. Oh ! sans doute on pourrait craindre l'abus si la société de l'avenir ne formait comme maintenant que des individualités éparses, isolées, sans aucun centre; lui donner seulement quelques principes généraux et ne pas lui donner de liens pour rattacher, pour unir entre elles toutes ses parties , serait encore faire œuvre *dissolvante* et non *religieuse*.

Que ne puis-je, ô ! femmes ! faire passer dans vos cœurs la foi qui m'anime ; toute crainte s'évanouirait de vos esprits comme une vapeur légère aux rayons vivifians du soleil. Si, plus digne interprète de la nouvelle et divine *révélation* , je pouvais rendre avec vérité dans mon expression cette confiance sur laquelle je m'appuie, cette confiance dans un Dieu *père* et *mère* placé en tête de la famille humaine; Dieu *bon* et *bonne*, *indulgent* pour *tous* et pour *toutes*, *élisant* et donnant à ses enfans pour guides et pour soutiens des couples formés par lui à son image , chargés d'annoncer à *tous* sa nouvelle parole de grâce et d'amour : « *que tous se-ront successivement appelés et tous successivement élus.* » Ces couples élus dans toutes les directions de la vie , ces nouveaux pères et ces nouvelles mères , prêtres gouvernans (dont je parlerai plus tard), seront chargés, d'après le nouveau pacte de la nouvelle alliance, de *régler*, de *diriger* et d'*élever* sans cesse , mais non plus de *comprimer* comme dans l'éducation du passé ; leurs paroles et leurs actes devront constamment faire comprendre et aimer Dieu dans l'*ensemble de son œuvre*, dans *son unité* comme dans *sa multiplicité*.

Suzanne.

20 Juillet. (*La suite au Numéro prochain.*)

MON PASSÉ ET MON PRÉSENT.

Il me souviendra toujours, avec la plus vive émotion, de toutes les transformations que mon âme a subies depuis que j'ai traversé le christianisme ancien, à travers les obstacles du catholicisme, pour arriver au Saint-Simonisme et jusqu'à la religion de la mère. O mon Dieu, père et mère de tous et de toutes, combien de remercîmens à vous faire dans mes prières! car, en vérité, ils étaient grands les obstacles qu'avait posés devant mon enfance la religion de mes pères, la religion catholique, que j'ai cru si long-temps la même que la religion du Christ. Et comment pouvais-je faire autrement, moi, pauvre enfant, qui n'avais point trouvé dans le sein de ma famille et dans cette société si peu vigilante pour tous ses membres, qui n'avais point trouvé le complément de toute éducation, n'avais point appris l'histoire du monde ni aucune des moindres sciences naturelles? Mais n'est-ce pas dans ce défaut d'éducation que tombe la plupart des filles du peuple? n'est-ce pas dans les mêmes idées fausses que tombent toutes les femmes, vieilles et jeunes, depuis si grand nombre d'années? Les hommes eux-mêmes, qui jusqu'à présent encore sont nos régulateurs et nos maîtres, avaient partagé pendant des siècles nos erreurs, et quand ils s'étaient trouvés désabusés les premiers, ils ne voulaient rien nous découvrir. Au milieu de toutes les ruines qu'ils se mirent à faire en attendant qu'ils eussent reconstruit quelque chose, quelque temple nouveau où nous allassions demander à Dieu le moyen de soutenir dans nos

cœurs nos espérances instinctives d'un bonheur à venir.
Environnée, comme toutes les femmes, de tant de dangers
dans la vie, de tant de douleurs sans consolation, de tant
de protecteurs cupides sans garantie morale ; ne sachant où
déposer les trésors de tendresse et d'attachement qui dor-
maient inconnus dans mon cœur, je remercie encore la
religion de mes pères de m'avoir fourni dans son ciel l'espérance de la fin de mes maux, et d'une récompense si je
savais les supporter. Voilà le bien qu'elle m'a fait : pendant
long-temps je fus si heureuse d'avoir trouvé cette issue à
mes peines, que lorsque j'entendis retentir un jour dans
le monde le nom de Saint-Simon, comme celui d'un
homme qui voulait refaire la religion, je criai d'abord
comme mes compagnes à l'impiété, au bouleversement. Il
fallait voir comme je bouchais mes oreilles, tout comme
les autres femmes qui ne veulent pas encore nous écouter :
mais je ne pus les fermer si bien, à cause des circonstances
où je me suis trouvée, qu'un jour il ne m'arrivât pas malgré
moi une parole chaleureuse qui m'apprit que ma religion
n'était pas profanée ou anéantie, mais qu'au contraire elle
était expliquée, étendue et répétée dans les expressions d'un
bonheur nouveau. Il ne s'agissait pas de détruire le paradis
du christianisme, mais de nous en assurer de plus en plus
la valeur et l'occupation ; puis il s'agissait en outre de le faire
commencer par nos efforts sur cette terre, suivant la parole
du Christ, qui veut que la volonté de Dieu soit faite en la
terre comme au ciel. Fidèle que j'étais à réciter matin et
soir *mon pater*, ce fut pour moi bien étonnant, car j'y trouvais des choses que je n'y avais jamais comprises. J'écoutai
encore d'autres paroles sortant de la bouche des disciples de
Saint-Simon, et je me sentis de plus en plus Chrétienne,
sans être Catholique, et je devins Saint-Simonienne. Jésus-
Christ avait dit d'aimer son prochain comme soi-même : je
commençai à aimer autant mon prochain femme que mon

prochain homme ; je respectai autant la valeur de l'une que celle de l'autre ; j'abandonnai à l'homme sa force physique et son genre d'intelligence, pour élever à côté de lui d'une *manière égale* la beauté corporelle de la femme et ses facultés particulières spirituelles. Je sentis le besoin que l'une avait de se développer comme l'autre. Je vis dans Dieu la grande image, que le Christ n'avait pas ôtée, de l'homme et de la femme. Ma religion ainsi entendue, le Saint-Simonisme ou le nouveau christianisme me procurait effectivement, et non-seulement par des paroles, le bonheur de tous et de toutes ; le bonheur universel. J'y resterai, car la religion la meilleure est la religion véritable.

ANGÉLIQUE.

FEMME AIDE-TOI, LE CIEL T'AIDERA !!!

Lorsque la *justice*, la *raison* eurent proclamé « *les droits de l'homme*, » tout ne fut pas terminé là, les hommes s'associèrent pour combattre et anéantir l'ancien droit et l'ancienne justice, qui n'étaient plus qu'une forme vieillie du passé ; ils prirent pour devise « aide-toi, le ciel t'aidera. » Ils avaient RAISON, les *novateurs*, ils se sentaient forts ; car ils s'appuyaient sur DIEU, sur *l'éternelle justice ;* aussi prouvèrent-ils, par les résultats des révolutions successives, qu'il y a dans *le temps* des DROITS *qui meurent* et *d'autres* DROITS *qui naissent ;* ou plutôt des formes qui changent, se rajeunissent ; et DIEU, qui de siècle en siècle, d'époque en époque se fait mieux comprendre aux humains.

F mmes à l'application, jusques à quant le jugement de l'homme aura-t-il force de loi pour vous comprimer? Jusques à quand, ô mon Dieu, ies filles feront-elles abnégation de leur *moi*, et vivront-elles comme une esclave de la vie de leurs maîtres, et non de leur vie propre. Pardonne, ô mon Dieu, pardonne à mon cœur, ardent et désireux de *gloire* et de liberté pour mon sexe, ces plaintes arrachées par de longs siècles d'abaissemens qui pèsent sur nous, et nous écrasent comme un manteau de plomb : *je sais qu'en regard du passé il te reste l'avenir pour répondre !* J'ai *foi mon Dieu*, et j'attends; ne dis-tu pas d'ailleurs à la femme comme à l'homme : aide-toi le Ciel t'aidera. Mais je le sens, l'homme dominera la femme de sa hautaine protection, tant que, par sa faiblesse, elle-même s'avouera mineure, il la dominera jusqu'à ce qu'elle se sente assez forte, assez grande, assez libre enfin, pour rendre elle-même *jugement* pour *jugement*, et prononcer sur tous les faits humains; jusqu'à ce que relevant la tête, haute et fière, elle dise à son tour comment elle veut que l'homme *soit* pour lui plaire ; à quelles conditions elle le *louera* à quelles conditions elle *l'aimera*. Enfin, lorsque ne laissant plus surtout usurper son plus beau droit par l'homme, elle rendra justice à son sexe, elle se glorifiera dans chacune de ses compagnes de tout ce qui se fera de bon, de progressif, d'avantageux à la généralité.

Femmes, relevez donc vos fronts abattus, approchez-vous de nous avec confiance, de nous qui ne réclamons, pour toute suprématie, que le bonheur de vous faire sentir et partager la foi qui nous anime, cette *foi* en Dieu, assez vive pour qu'avec joie nous appliquions à notre vie apostolique ce beau vers de *Southey* :

« Et ceux qui souffrent bravement sauvent l'espèce humaine. »

Dans tous les temps, lorsque les apôtres d'une *vérité nouvelle* firent appel au dévoûment humain, les *femmes* ne manquèrent jamais de répondre et de se montrer au premier rang ; femmes, venez donc parmi nous, notre Dieu nous promet de nouvelles et brillantes destinées. La *liberté*, ce droit sacré de disposer de nous-même, nous est rendu ; dans notre nouvelle *Genèse* nous avons retrouvé *nos titres à l'égalité*. *De par droit divin*, nous y sommes reconnues *moitié de l'humanité !* Venez ; nous vous convions à préparer avec nous l'association universelle ; plus la tâche semble immense, plus la gloire d'y avoir travaillé les premières sera grande et belle. La *liberté, muse chaste et sainte*, nous attend au bout de la carrière, disposée, d'après nos œuvres, à nous donner entrée dans la vie éternelle !

Pour se préparer à la vie active, toute femme doit donc étudier les élémens de progrès qui l'entourent, car toutes seront appelées à donner leur voix et à payer le tribut de leur méditation.

Lorsque nous aurons renvoyé au *passé* des *lois,* des *institutions* que depuis long-temps le *passé* réclame, nous formulerons ainsi en face de la vieille société les *droits de la femme :* liberté civile et morale, reconnaissance de nos droits à l'éducation et à la fonction de même que l'homme ; enfin, réhabilitation sociale ; voilà ce que nous voulons, ce que nous attendons de notre siècle. Nous avons pour nous l'inappréciable avantage d'avoir raison, et toujours ce qui a été trouvé juste et nécessaire, était la voie de Dieu et par cela même s'est réalisé.   Suzanne.

VARIÉTÉS.

Le hasard m'ayant procuré la lecture du *ci-devant progressif Constitutionnel*, j'ai été très-étonnée d'y voir une espèce de compte rendu d'un *bal Saint-Simonien* où j'assistais. Je crois devoir dire hautement que tout ce qu'il renferme est un tissu de calomnie et de mensonge ; à cet effet je ne puis mieux adresser le démenti formel donné par une femme à quelques hommes qu'en employant l'organe d'une feuille dont j'ai appris que notre sexe *seul* avait la rédaction.

Sans adopter les théories morales et religieuses du Saint-Simonisme, je n'ai pas cru devoir rester muette lorsque la vérité et la justice réclament leurs droits. Deux colonnes et demi, dont le titre était *bal Saint-Simonien à la guinguette*, renfermaient les détails supposés de cette fête. Avez-vous compris de quel poids ce mot de guinguette, qu'il nous répète avec tant de soin, pesait sur elle ? quelle injure ces *consciencieux* écrivains ont cru reverser sur ceux qui en étaient les patrons ? Car notre noble bourgeoisie d'argent appelle ainsi le lieu où se rassemble ce qu'elle nomme *canaille. Pauvre peuple*, as-tu donc mérité ce nom ? toi si riche en courage, dont les mâles vertus écrasent de leurs poids la leur si *minime*; toi dont la force puissante et *souveraine* a toujours su et saurait si bien faire rentrer dans le néant ces pigmés audacieux, *parle, agis encore* et demande raison du joug que l'on t'impose ; mais ne te laisse plus surtout éblouir par les belles promesses de ces nouveaux protés. Peuple ! peuple ! ô n'oublie donc pas ce que tu dois être, et *n'obéis* plus à qui tu *dois commander.*

Et vous, rédactrices de la *Tribune des Femmes*, vous qui semblez ne pas avoir de préjugés, ne trouverez-vous pas étonnant que moi, *femme*, j'aie une opinion politique ? pour moi elle est aussi religieuse. Dieu, voilà celui que j'invoque, et le peuple celui pour qui je prie ; l'un m'anime d'amour pour l'autre. Quelle folie poura-t-on dire, une femme être politique et surtout *républicaine;* c'est une indignité ; cependant, dans ce sentiment républicain, je trouve de quoi satisfaire mon cœur, il l'exalte et l'élève ; sans lui je ne serais rien, et les vertus civiques qu'il renferme lui donnent sans cesse *la vie.* Mais je reviens au fait, ces messieurs du *Constitutionnel* sont allés non comme moi à ce bal dans l'intention de mieux connaître, pour juger après, ceux qui se disent les *libérateurs* du *peuple* et de la *femme*, mais au contraire pour égayer à leurs dépens tout ce que l'égoïsme et l'ignorance routinière ont rangé sous leur terne bannière. « Tout en cheminant, nous disent-ils, pour charmer « les ennuis du long et poudreux pèlerinage, nous nous effor-« cions de deviner le but de cette fête, et, entre mille et mille « conjectures plus bizarres et plus grotesques les unes que les « autres, nous ne pouvions le trouver ». Oh! si ç'eut été celui d'argent il n'aurait pas fallu se mettre à la torture, il leur est trop connu ; le prix modique de 2 f. prouvait évidemment qu'il ne s'agissait pas de spéculation financière ; enfin, miracle, ils le trouvèrent : c'était celui d'appel *galant, ingénieux, désespéré* à la femme *libre qui, jusqu'à présent, n'avait absolument pas voulu se laisser prendre.* Quelle naïveté! moi, je crois qu'une femme telle que messieurs les Saints-Simoniens le désirent ne se trouvera pas aussi facilement que les abonnés au *Constitu- tionnel* s'en iront; mais ils n'y ont pas pensé : une femme pour eux c'est bien peu de chose ? Que vaut-elle, de quoi est-elle capable, mais laissons les douter de notre génie ; il nous fait toujours bien connaître ce qu'ils peuvent valoir.

Empressés qu'ils étaient de nous faire participer à leur joie, ils ont fait de si spirituels et drôles de contes que, vrai- ment bien niais l'épicier qui n'en aura pas ri. Le mensonge a d'abord fourni son contingent, en voulant nous assurer que celui qui recevait les chapeaux était en costume peu propre à cet effet ; mais ce qui est le plus odieux, c'est de nous dire que M. Enfantin est en prison pour dettes ; moi qui ai suivi le cours du procès, je n'ai pu concevoir l'intérêt qui les poussait à une pareille invention! Quelle calomnie! quelle impudence! au surplus, c'est une habitude. Vous, républi- cains, croiriez-vous être autorisés de jeter la pierre du dés- honneur à un homme, parce que ces idées ne sont pas iden- tiques aux vôtres! Oh! non, l'honneur pour vous est plus

que la vie , vaut mieux la sacrifier que de la ternir en le lui
ôtant. Ces braves gens du *Constitutionnel* n'ont pu pardonner
aux *Saints-Simoniens* la tenture rouge de la salle; l'étoffe de
calicot a blessé leur susceptibilité; en vérité, la soie eût
mieux valu, elle aurait au moins fait oublier un instant à
ces messieurs les panneaux dorés de leurs appartemens, et
même de leurs bureaux; surtout la couleur rouge est trop
vive; le blanc, joint à la couleur d'espérance est plus doux;
à elle se rattache de délicieux souvenirs. Que les temps ont
changés; oh! pour cela, c'est une vérité, et une bien grande ;
je le dis avec eux, non en m'en réjouissant pour le moment, car ils me font espérer qu'ils changeront bien encore.
Si les temps sont changés pour les Saints-Simoniens, ils le
sont bien aussi pour ce bon patriarche; quelques milles d'a-
bonnés de moins depuis trois ans le leur prouvent assez.
L'argent, las d'aller se séquestrer rue Montmartre, n° 121 ,
a préféré alonger sa route en montant en avant pour faire
connaissance avec les bureaux de la *Tribune* et du *National*,
où à la vérité, l'on n'en fait pas un si grand cas, mais où il est
employé plus utilement. Ce qui est très-singulier, c'est que
ces messieurs plaignent les apôtres Saints-Simoniens et disent:
« *Pauvres gens plus à plaindre qu'à blâmer*, car ils n'ont jamais été dangereux; » quelle sensibilité! Ils sont à plaindre,
ils n'ont jamais été à craindre, je n'en crois rien; car là où le
pouvoir exerce son humeur arbitraire, là il y a quelque
chose de bon; ainsi le *Constitutionnel* s'est toujours vu
exempté, depuis 1830, d'encourir ses tant si douces répri-
mandes.

Sans vouloir donner avis aux propogateurs des idées Saint-
Simoniennes, je crois qu'il feront bien une autre fois de ne pas
engager dans leur compagnie la mauvaise foi et l'égoïsme ;
d'attendre pour cela que les temps en changeant les dépouillent de leur armes. En finissant, le juridique auteur du
feuilleton nous dit que ce bal était « une spéculation mes-

quine et une plate parodie.» Entendez-vous, une spéculation mesquine! ces messieurs ne les approuvent jamais ; l'air de leurs bureaux les a trop habitués aux grandes; quant à la plate parodie, je crois qu'ils se sont trompés; car il ne serait pas raisonnable de penser que les Saints-Simoniens ont voulu retracer une des brillantes réunions de la rue Monsigny : leur but était autre; mais ce qui est vrai, c'est que la parodie n'aura jamais été si bien jouée que par *le Constitutionnel : les quinze années sont là en présence des trois dernières.*

ARMANTINE M...

La parole que j'écrivis à Barault au moment de son départ pour accomplir la sublime mission qu'il s'est donnée , cette parole s'est réalisée, elle reste une prophétie : « Partez, « lui disais-je, partez accompagné de nos vœux ; les femmes « vous tresseront des couronnes. » *La voix da dévoûment le plus désintéressé* vient de nouveau de se faire entendre ; c'est sous ce patronnage que la première feuille de la nouvelle histoire sainte vient de paraître, sous le titre de *Foi nouvelle, ou Livre des actes.*

Cette histoire est consacrée à relater fidèlement et à faire connaître à *tous* les actes *des apôtres*, de la femme et du peuple.

Cette voie que les femme se sont ouvertes, servira à constater aux yeux du monde la puissance inspiratrice de leur âme pour récompenser ou faire accomplir de grandes choses; quel est celui qui ne se sentira pas stimuler profondément par le désir de faire inscrire dans ce livre, par une main de femme, *ses titres* à la reconnaissance des générations futures.

SUZANNE.

Foi nouvelle ou Livre des actes, publié par les femmes, se trouve chez *Johameau*, libraire, rue du Coq-St-Honoré, n° 8 bis ;

Chez madame *Cécile Fournel*, rue Chanoinesse, n° 2.

On s'abonne aussi au cabinet de lecture, rue Neuve-du-Luxembourg, n° 28.

❀

Le 15 avril, le bureau de la *Tribune des Femmes* a été transporté rue de Bussy, n° 37.

S'adresser à madame VOILQUIN.

(*Affranchir les lettres et envois.*)

SUZANNE, }
ANGÉLIQUE, } *Directrices.*

PARIS. — IMPRIMERIE DE AUGUSTE AUFFRAY, PASSAGE DU CAIRE, n° 54.

TRIBUNE
DES FEMMES.

VÉRITÉ.   **UNION.**

Notre bannière étant à la peine, il est juste
qu'elle soit à l'honneur. (Jeanne-d'Arc.)
Egalité entre tous de droits et de devoirs.

SUICIDE

DE CLAIRE DÉMAR ET DE PERRET DESESSARTS.

L'âme douloureusement saisie par le lugubre drame qui
vient de s'accomplir sous nos yeux, je ne puis, aujourd'hui,
que déplorer la perte de ces deux victimes de l'anarchie

sociale et religieuse du siècle, et dire les réflexions que ce triste événement a fait naître en moi. Mais, avant tout, je dois chercher à détruire une calomnie que tous les journaux se sont plu à répéter. Tous ont fait entendre, en citant froidement cet évènement, que des rapports intimes existaient entre Claire et Desessarts. Pour qui a sondé le cœur humain, ce fait reste invraisemblable ; s'ils eussent aimé, si l'amour, ce feu créateur, eût animé leursâmes, ils auraient eu foi en eux, ils seraient encore parmi nous; car l'amour, pris dans son expression la plus noble, la plusélevée, la plus étendue : n'est-ce pas une croyance, n'est-ce pas une religion, n'est-ce pas la vie ! Et c'est, au contraire, parce qu'ils n'aimaient plus, parce que les sentimens doux et vivifians ne circulaient plus dans leurs cœurs, qui étaient comme pétrifiés par la lutte et le doute, qu'ils se découragèrent de cette existence froide et décolorée, et employèrent le reste de leur énergie à conclure l'association du tombeau... Cefutdans la nuit du 3 au 4 août qu'ils exécutèrent cette funeste résolution ; ce double suicide présente un ensemble de dispositions qui annoncent un sang-froid et une force d'énergie extraordinaires. *Perret Désessarts*, âgé de 25 ans, avait depuis peu quitté Grenoble, sa ville natale. Déjà poursuivi par une idée fixe de suicide, il vint à Paris vers le commencement de cette année ; ce fut aussi à cette époque qu'il vit, pour la première fois, *Claire Démar*. Cette femme, jeune encore, d'un extérieur agréable, d'une âme fortement trempée, avait eu le courage d'accepter la pauvreté, et de rejeter au loin une position aisée, mais équivoque et sans considération; *gloire à elle !* Par cet acte, elle avait remonté au rang de la *femme*, puisque cette détermination fut libre et spontanée. C'est alors qu'elle vit Désessarts. Tous deux aimaient et recherchaient la gloire; ils se comprirent. L'analogie qui existait entre leurs caractères les rendit amis. Depuis, sous ce titre, ils se vi.cnt souvent et associèrent leurs efforts de propagation. Des lettres fort intéressantes qu'ils ont écrites, comme dernier adieu (lesquelles seront probablement livrées à la publicité), n'affirment que cette simple liaison. Que le doute ne s'élève donc pas devant l'assertion du cercueil !

Ces malheureuses victimes du septicisme avaient besoin, pour accepter la vie telle qu'elle est, et pour ne pas l'envisager comme une grande inconséquence sans aucune solution, ils avaient besoin, dis-je, que la poésie, la religion vinssent raviver leurs âmes. Ils regardèrent autour d'eux ; *tout*, dans ces grands débris de la chrétienté, *morale, culte, dogme*, tout leur sembla *terne, mort*. Cette société du dix-neuvième siècle, si froide, si égoïste, ne jeta sur leur enthousiasme que la glace de la raillerie et du dédain.

L'intelligence obscurcie par le doute, ils vinrent alors demander à la nouvelle religion le fil conducteur de la vie, *la vérité*. Mais, froissés et fatigués de la lutte qu'ils avaient eue à soutenir avec le monde, ils ne virent pas sans effroi les obstacles sans nombre que l'égoïsme, ce mal profond qui ronge au cœur toute la société, allait apporter à leurs efforts. Désespérant de soulager tant de douleurs, ils tombèrent dans le découragement le plus absolu, doutèrent d'eux-mêmes et renièrent leur mission. Ce fut alors qu'ils renouvelèrent le drame du jeune Escousse et de son ami ; ils demandèrent, comme ceux-ci, à la mort, la poésie d'un beau départ ; se donnant la main, ils tombèrent ensemble, trouvant une espèce de volupté horrible dans cette fraternité de la tombe. Le jeune homme écrivit à un de ses amis, quelques instans avant sa mort : « Je te souhaite, mon « ami, pour mourir avec calme et bonheur, de trouver, « comme moi, une *amie* qui t'accompagne jusqu'au lieu « où le doute n'est plus possible. »

Mourir faute de trouver *sa place* dans la vie !... Quelle

énergique protestation contre ce qui *est*. Mourir épuisé par la lutte!... Quel désespoir profond que celui qui se prouve par la mort! Malheureuse *Claire!* Pauvre *Desessarts!* puissiez-vous renaître dans des temps plus harmonieux! Lorsque la belle-et grande religion que nous annonçons, et qui, maintenant, n'est encore qu'un faible point à l'horison, aura grandi assez pour resplendir aux yeux de tous et servir de flambeau à l'humanité toute entière, oh! alors, le froid poison du scepticisme ne glacera plus vos jeunes cœurs dès votre enfance. Vous croirez à *Dieu,* car vous sentirez l'harmonie; *votre place,* que vous n'avez pu trouver maintenant, vous sera réservée; car alors il y aura une providence *sociale* et *maternelle* qui veillera à votre développement individuel.

Journalistes, gens du monde, une femme et un homme qui, dans la force de l'âge, meurent faute de croyances, ne sont pas des individualités si pâles desquelles il soit permis de parler légèrement; respect, donc, à ces deux cercueils!

Pour nous, qui ne devons pas seulement nous borner à constater ce fatal événement, mais qui devons y voir l'indication d'un grand progrès à accomplir, ce malheur nous rapprochera; nous sentirons le besoin de nous soutenir mutuellement, de nous unir de plus en plus par le lien d'une religieuse fraternité, et de faire que les femmes, qui, pour adopter plus complètement la *foi nouvelle,* rompraient avec le monde ancien, ne soient pas conduites, par l'isolement et le peu d'appui qu'elles trouveraient parmi nous, au découragement et à la mort.

Croyez-le bien, il ne suffit pas pour que cela soit, d'appeler les femmes à la *liberté,* et de les laisser ensuite se débattre *seules* avec ce monde *égoïste,* qui n'a pour tout régulateur et unique Dieu que *l'argent;* ce monde froid et railleur qui sourit de pitié à tout enthousiasme, car en dehors du sentiment religieux que la *foi nouvelle* cherche à établir dans les esprits, à quelle ancre de salut les femmes qui sentent l'avenir pourraient-elles se rattacher ? est-ce à la *liberté*, si incomprise par tous ceux qui la désirent? mais encore ce mot magique qui fait vibrer tant de cœurs, nous n'avons droit de le prononcer dans cette société française, la plus avancée de toutes les sociétés, que sous le patronage des hommes et pour leur propre compte ; le plus intelligent des républicains n'en est pas encore à comprendre la *femme*, et à sentir que la *justice*, que le *droit*, que *Dieu* est également dans notre cause.

Si, reportant nos regards sur nous-mêmes, je me demande : Est-il dans notre belle France une femme capable, par sa position, de prêter un appui à toutes les autres ? quelle est celle qui peut représenter *l'unité* de nos droits ? La plus élevée en dignité, comme celle placée sur le dernier échelon, que peuvent-elles? que sont-elles? *légalement* parlant *rien;* toutes sont abritées derrière un *nom*, une *place,* une position sociale qu'elles reçoivent passivement du bon plaisir d'un autre. Hélas! les Français ont une reine, mais les femmes n'ont point de mère!

La pensée oppressée par des idées d'avenir, idées aussi vastes que le monde, puisqu'elles tendent à l'enserrer, quels sont les moyens de propagation laissés aux femmes pour tenter de développer ou de rapprocher cet avenir ? quelle que soit leur force morale, que peuvent-elles faire seules ? S'user dans des essais impuissans et ensuite..., pensez à la pauvre *Claire Démar...*

Notre espoir d'émancipation repose donc tout entier sur cette famille d'hommes dispersés presqu'entièrement par toute la terre, prêchant *nos droits, notre égalité.* Mais c'est surtout lorsque la propagation de ces idées pourra se combiner et se faire par *groupe,* par *famille complète,* qu'elles prendront force et activité ; ce n'est point un conseil que je hasarde, je crois même qu'il serait encore trop tôt pour tenter cet essai : cette pensée, ce désir qui me domine depuis long-temps et que j'exprime naïvement aujourd'hui pourraient aussi avoir agité d'autres cœurs; il est bon que l'on y réfléchisse..... Mais avant que ce lien puisse se former, *nouveaux croyans*, songez à quels devoirs votre foi vous engage, vous tous qui vous dites *les apôtres*, *les compagnons* de la *femme* ; par les priviléges attachés à votre sexe, vous êtes encore en possession de l'immense pouvoir de diriger *l'opinion;* que cet appui moral qui en ressort soit prodigué à *toutes*, et principalement à celles qui ont le courage de descendre dans la lice et de prendre une part active à l'action. *Homme fort, dévoué jusqu'au sublime!* dites bien à tous ceux qui vous écoutent et qui vous aiment, que la *conception capitale,* dont l'accomplissement a été confiée aux hommes religieux de notre époque, c'est *l'élévation de la femme,* c'est sa *place* à lui *reconnaître,* enfin son complet affranchissement et ses droits à lui assurer par toute la terre.

Oh! sans doute il est *utile* et juste que le dévouement des hommes soit mis en lumière, et j'applaudis de grand cœur à toute œuvre qui aurait pour but ce résultat; mais avant que le monde adore et reconnaisse dans la divinité les attributs d'un Dieu *bon* et *bonne, père* et *mère* de la famille humaine, et ne *se* reclasse d'après cette pensée divine, il est encore *plus juste* et encore *plus utile,* que transitoirement l'action de l'homme soit regardée comme secondaire à celle de la femme. Ainsi concourir avec ardeur à faciliter toute œuvre qui exalterait l'homme seulement, serait prendre, selon moi, le détail pour l'ensemble, mettre en relief l'accessoire, et dans l'ombre le principal. Courage donc! la plus belle couronne est pour qui atteint le but!

11 août 1833.   Suzanne.

DE L'INFUENCE DES FEMMES

EN POLITIQUE.

Par instinct de liberté, les femmes ne peuvent se défendre d'une opinion politique que toujours elles propagent en influençant celles des hommes, selon les conditions voulues des partis divisés d'opinions.

Les unes en out une formulée en arrière des idées nouvelles du siècle ; les autres, beaucoup plus avancées et plus nombreuses, se classent parmi le parti républicain, espérant que ce parti ne peut se dispenser de réaliser au nom de ces principes toutes les pensées d'émancipation sociale ou politique.

Toutes les femmes ainsi posées peuvent donc être utiles aux vues politiques des hommes qui, par un principe d'égoïsme et de mauvaise foi, ne font ouvertement aucun cas des services que les femmes peuvent leur rendre, en liberté ou en despotisme.

Eh bien! malgré le silence qu'ils s'efforcent de garder, il naît pour eux des circonstances, où ils se trouvent dans la nécessité de donner aux femmes des instructions en forme de leçons par l'intermédiaire des journaux, les caressant ou les blessant par des agaceries ou boutades politiques qui les offensent ou les stimulent, moins dans l'intérêt des peuples qu'ils font valoir, que dans leur ambition de dominer les femmes.

C'est après avoir senti les opinions méconnues de celles, comme moi, qui espèrent en la liberté pour le triomphe de

leurs pensées, par de semblables remarques faites dans
deux journaux de l'une et l'autre opposition, dont l'un ne
tenant aucun compte de nos efforts au profit de son parti ;
et l'autre (après ces diatribes), cherchant à nous y attirer,
que je suis amenée à écrire ces lignes pour les poursuivre
plus loin, en m'arrêtant ici pour noter l'article du journal
légitimiste qui , à l'occasion de lettres écrites sur l'Angleterre, s'y est occupé de l'influence des femmes françaises
et anglaises, non dans la politique, mais dans la civilisation, me paraissant assez remarquable pour en consigner
le fragment qui nous concerne, en poursuivant ainsi :

« Il faut être de bonne foi, la vieille société anglaise a
peu d'attraits pour quiconque vient de France ; cette joie,
cette tristesse tirées à quatre épingles , ce parfum de barbarie qui est resté dans les mœurs, cette insolence du luxe
jointe à l'ignorance des arts, tout cela est peu propre à
toucher notre admiration, et à provoquer notre sympathie ; c'est une société à angles aigus : qui s'y frotte s'y pique.
Mais d'où vient cette rudesse et cette aspérité de forme?
Oh! cela vient d'un vide qu'on travaille à établir en
France, cela vient de ce que l'influence sociale des femmes
n'existe pas en Angleterre ; cette douce autorité de la faiblesse sur la force, qui empreint les mœurs de tant d'élégance , donne à la civilisation des couleurs si brillantes,
m'a paru prévaloir dans ce rude pays ; il y a des femmes
dans la vie domestique, dans la vie sociale il n'y en a pas ;
l'Angleterre vit en garçon, et c'est la plus sotte des existences. M. d'Haussez est tout étonné de voir la bonne compagnie ameuter coq contre coq, boxeur contre boxeur, et
s'étourdir avec des jockeys à demi-barbares. Tout cela est
dans l'ordre, pourtant. Sans aller précisément, comme les
disciples de Saint-Simon, baiser la première bouche jaune
qu'on rencontre dans les rues de Constantinople , on peut
bien dire que la civilisation entre toujours chez les peuples

par les femmes; or, comme les Anglais laissent les femmes
à la porte de leur société, la civilisation y reste avec elles.
Si Dieu prête vie au régime actuel, nous en viendrons
là..... (1) ».

Certes, ce sont bien là les hommes, quels ques soient les
principes et les opinions qu'ils proclament; ne pouvant se
dissimuler notre empire moral sur leurs actions, et notre
influence en politique, ils y veulent donner un cours selon
leur bon plaisir par des lignes artificieusement reléguées
dans ceux de leurs journaux consacrés au sarcasme, ou
dans des articles de variétés amusantes, telles où se trouvait celui-ci; tactique d'ailleurs qui leur est assez ordinaire,
pour ne pas nous faire sentir notre puissance occulte sur
eux. Ils veulent bien s'en étourdir de cette manière dans la
presse, en nous y faisant tenir comme partout une place
nulle; nous ne devons donc pas nous en étonner, et n'en
pas moins continuer nos attaques sérieuses contre eux, et,
malgré leur article détourné, nous éclairer de leur faux
jugement en revendiquant nos droits.

Mais avant de passer à d'autres réflexions que m'ont inspirées la lecture de toutes ces prosodies politiques, je dois
déclarer que je n'ai pu m'autoriser à blesser nos lectrices
en leur mettant sous les yeux un article contre les femmes,
d'un autre journal de l'autre opinion ; j'ai donc dû me borner à celui déjà rapporté, et quelqu'avantageux qu'il soit
aux femmes, nulle de nous, au cœur libre et généreux,
ne pourra se laisser séduire aux insinuations qu'il renferme,
ne cherchant par cette comparaison anglaise qu'à corrompre notre influence politique, en nous faisant craindre de
perdre celle civilisée, pour raviver les opinions que ce
journal soutient. *Non*, nos idées avancées ne peuvent se
targuer du tort de ceux dont nous partageons les principes

(1) *Quotidienne* du 9 juillet 1833.

républicains , qui par le silence et les provocations de quelques-uns permettent de nous livrer aux piéges que nous tendent leurs adversaires, si nous ne savions pas , nous, que notre influence ne peut que s'étendre en France, et non se perdre, et ne pas avoir le droit, nous-mêmes de détourner les opinions libérales du peuple vers celles de la *Quotidienne;* car il n'est pas plus en sa puissance de nous faire rétrograder , qu'il n'est en la puissance d'un autre organe contraire d'empêcher que nous devenions libres.

Mais au surplus comment les hommes de tous les partis ne se sont-ils pas rendu raison , que malgré la contrainte et la contenance silencieuse qu'ils nous imposent en politique, il n'est pas de révolution sur le globe, où quelquesunes de nous n'aient montré de l'héroïsme, et la plupart du dévouement à la cause libre des peuples , soit par nos actions, soit en y applaudissant, comme ressentant ses misères et son esclavage.

Les bornes d'un article déjà trop long ne me permettant pas d'en faire une longue énumération, je n'en ferai ressortir qu'un exemple frappant, qui est dans celle de la récente révolution polonaise ; si les cris déchirans de cette cause perdue ont fait pousser aux Polonais l'honorable aveu pour les Polonaises, en exprimant le regret que si les hommes avaient montré autant de patriotisme que les femmes, *la Pologne ne serait pas morte ! ! !* (1)

Qu'eussent donc été, dans l'intérêt des peuples, si les femmes avaient vu, dans l'avenir des révolutions, leur émancipation promise par les partisans des conquêtes de la liberté? elles qui , en cette absence d'idée, se sont toujours posées d'une manière aussi dévouée que désintéressée, de la part de celles qui n'ont en vue que le bien général du peuple.

(1) Voir les journaux de l'époque.

Au reste, comme c'est par l'abus de la force que les hommes nous ont dépouillées de nos droits naturels à la liberté et de toute voix aux affaires politiques, en ne comprenant pas en nous la nature humaine qui les rend également impuissans d'empêcher nos facultés intellectuelles de s'y déployer et de s'y faire jour, malgré eux, par notre influence répandue parmi leurs systèmes ou opinions, les produisant souvent et leur faisant un nom devant le peuple; mais aussi y sommes-nous comme eux amies ou ennemies des libertés, selon l'opinion que nous nous en formons, inepte ou éclairée, d'accord en cela avec chaque parti existant des leurs, et y être dangereuses ou utiles par les dispositions au despotisme ou à la générosité du cœur humain.

Lorsque ces messieurs trouvent bon de nous comprendre, ils se servent de notre influence dans la lutte des peuples contre la tyrannie, ou au jeu des ambitions déçues, en accueillant nos sacrifices que nous rendons et prononçons plus ouvertement; mais lorsque le calme des combats populaires semble exister, et que ces messieurs n'ont plus qu'à se disputer, par la discussion, *l'ouvrage de la liberté*, s'il est des femmes haut placées près des gouvernans nommés que par eux, et dont ils n'ont pas trouvé dangereux qu'ils puissent asseoir, à leur côté, par le mariage des étrangères aux pays qu'ils ont chargé les maris de gouverner; et que, ces mêmes femmes, venant à influencer pour le système politique, faussent l'honneur national et la liberté, oh ! alors, nos *cerbères,* ne tenant aucun compte de leur propre faute, et ne prenant acte que de ces méfaits de femmes étrangères et de quelques-unes nationales choisies dans la bourgeoisie, qui ne furent corrompues ou séduites, cependant, que par les pères de ces hommes d'aujourd'hui, qui n'arrêtent pas leur plume républicaine qui ne voulait et ne devrait fronder que celles qui sont coupables, et ne pas s'autoriser de renouveler, à toutes en général, sans pitié ou plutôt sans politesse pour les femmes nationales, innocentes de cette mauvaise humeur politique, en les assujétissant, dis-je, à recevoir cette leçon de servitude à laquelle ils veulent les consacrer de nouveau par ce langage anti-républicain, de leur interdire tout espoir de liberté, en ne voulant pas absolument qu'elles s'occupent des intérêts de leur pays; allant jusqu'à invoquer, à l'appui de cette morale et pour venir à l'aide de cette nouvelle instruction, et au mépris des antécédens républicains et athéistes de celui qui l'a formulée (1), le sang de ses pères en féodalité par des principes controuvés (2) de la loi salique, et saint Jean, dans sa fable de la *Bête de l'Apocalypse*.

Par des leçons d'enfance, les hommes nouveaux ou anciens tenteront de nous corrompre ou de nous séduire. Tâchons de les dévoiler et de leur résister par notre maturité.

Marie G.....

ANNIVERSAIRE DE JUILLET.

Pour la troisième fois depuis 1830 le soleil de juillet s'est levé, il s'est levé beau et pur comme dans ces grands jours; il s'est levé au milieu du bruit du canon et des fanfares commandés par ceux qui, seuls, ont profité de la victoire;

(1) *Corsaire* du 27 juin 1833.

(2) Voyez l'ouvrage de *la Vicomterie* (Des Peuples et des Rois), au chapitre de la loi salique, où il le prouve.

aujourd'hui que tout ce tumulte est fini, que la ville est rentrée dans le calme, nous qui sommes étrangères à toutes les querelles qui divisent la société, jetons un coup-d'œil en arrière, et examinons un peu l'attitude que le peuple a gardé durant ces fêtes annoncées avec tant de bruit.

Lorsqu'il y a trois ans le peuple se leva comme *un seul homme*, lorsqu'il se leva *grand et puissant*, et qu'en trois jours il renversa un trône, quel était le sentiment qui le faisait agir? Oh! celui de sa *dignité blessée*, car ces rois lui avaient été *imposés* alors qu'abattu par des guerres sanglantes il ne pût être assez fort pour empêcher l'étranger de venir lui dicter des lois; mais lorsqu'il eût réparé ses pertes il ne put soutenir plus long-temps le poids si lourd de l'humiliation, et à la première occasion il sut bien le secouer. Mais lorsqu'il eut satisfait ce besoin il se demanda *que ferons nous?* c'est alors que ces hommes que l'égoïsme ont tout-à-fait égarés vinrent au devant de lui, et ils lui dirent : *donne-nous ta confiance et nous travaillerons avec ardeur à améliorer ton sort;* le peuple confiant, parce qu'il venait de triompher, et que lui, toujours si franc, croyait à la franchise des autres, la leur donna; alors ces hommes reprirent vîte leur égoïsme et bientôt nul d'eux ne songea plus à ses promesses; le peuple les leur rappela en s'attroupant sur la place publique. Que de sanglantes journées vinrent marquer ces manifestations de la misère du peuple! et pourtant aucun de ces hommes n'eut le courage de descendre dans la rue afin d'interroger ces hommes, et d'apprendre d'eux quelques-unes de ces douleurs si poignantes, auxquelles il n'est que trop temps d'apporter quelques remèdes; alors quelques prolétaires énergiques tels que *Jeanne, Prosper,* vinrent sur les bancs de la cour d'assises dévoiler quelques-unes de ces douleurs; leur récompense fut le *Mont Saint-Michel;* mais qu'ils espèrent,

. 262

l'amour et la reconnaissance de leurs frères les y a suivis, et
ce sont eux qui les récompenseront.

C'est en présence de ces faits, ayant si peu travaillé pour
le peuple, qu'on annonce avec affectation que l'on va cé-
lébrer pompeusement son triomphe et sa fête, oui sa fête !
c'est vraiment la sienne, jamais il ne se montra ni plus
grand ni plus beau qu'en ces trois jours. Cette fête a donc
été célébrée avec éclat, et pourtant le peuple *est resté
froid ;* on craignait encore une émotion populaire, *il est
resté calme.* Oh ! c'est qu'il a bien compris quelle devait
être son attitude en ces grands anniversaires, et que, puisqu'ils n'avaient produit aucun résultat, il n'y avait pas
pour lui lieu de fêter ; aussi n'a-t-il manifesté d'émotion
qu'en approchant des tombes de ses frères. Sans doute plus
d'un a envié leur sort, en disant : Heureux ceux qui sont
morts ! ils n'ont point eu à souffrir de ces cruels désenchan-
temens qui nous ont été si pénibles ; ils sont morts au milieu de l'enivrement général, et de leur lit de mort ils ont
vu l'aurore d'un jour qui devait être si beau, si l'on ne l'a-
vait obscurci. Voilà quelles étaient leurs plaintes, et nous
les comprenons, mais nous ne les ferons pas entendre ; pour
nous c'est désespérer, et nous ne désespérons pas ; nous
avons vu l'aurore d'un jour plus beau qui doit se lever
pour le peuple, pour les femmes, pour tous. O peuple ! ne
désespère plus, ton triomphe n'a pas été sans résultats ; sans
doute, jusqu'à ce jour il n'a pas amélioré ton sort, mais il
t'a donné une conscience plus nette de tes besoins, il t'a de
beaucoup avancé sur la route du progrès que suit incessamment l'humanité ; oui, peuple, reste toujours calme en
présence de ces fêtes *soi disant populaires.* Oh ! sans doute,
il te faut des fêtes, et Dieu *t'en réserve de plus belles et
de plus grandes ;* mais laisse-là ces fêtes qui ne te représentent que l'image de la *guerre,* de la *destruction ;* ce sont
les fêtes qui exalteront la *paix* et le *travail,* qui les rani-

merout; ce sont les fêtes auxquelles pourront et viendront se mêler les femmes, qui te donneront de l'*enthousiasme;* car alors hommes et femmes seront unis dans un meilleur avenir, et tous travailleront au même but, le *bonheur de tous.* O peuple ! espère donc, unis-toi à nous, hâte de tous tes efforts le jour si grand qui réalisera toutes ses promesses; *annonce, fais sentir et comprendre* à tous ces grandes choses, dis-leur qu'elles ne peuvent se réaliser que par *l'association universelle, l'égalité de l'homme et de la femme,* car c'est elles seules qui feront disparaître le *mensonge, la guerre, la concurrence,* et qui établiront partout *la paix et le bonheur.* MARIE REINE.

Depuis le premier août le PÈRE respire l'air pur de la liberté. Femmes espérez!... que le sombre découragement ne vienne point assombrir votre pensée; il est là, dominant Paris par sa position, veillant comme un génie bienfaisant sur notre avenir, disposé à saisir toutes les chances favorables, et à les faire tourner à l'avantage de notre sainte cause. Femmes espérez !

Pour propager son sentiment individuel sur la liberté des femmes, *Claire Démar* fit paraître une petite brochure remarquable surtout par l'énergie de son style et de la pensée, sous le titre : d'*Appel d'une femme au peuple sur l'affranchissement de la femme.* Elle venait d'en terminer une seconde intitulée : *Ma loi d'avenir,* lorsqu'elle prit la funeste résolution de mettre fin à son existence. Si les femmes se déterminent, comme dernier hommage rendu à cette tombe, de livrer à l'impression ce dernier écrit, l'auteur n'étant plus là pour défendre les opinions qu'il renferme, je m'abstiendrai d'en donner mon avis.

Foi nouvelle ou Livre des actes, publié par les femmes, se
trouve chez *Johameau*, libraire, rue du Coq-St-Honoré,
nº 8 bis ;

Chez madame *Cécile Fournel*, rue Chanoinesse, nº 2.

On s'abonne aussi au cabinet de lecture, rue Neuve-du-
Luxembourg, nº 28.

Amour à Tous, Journal de la religion Saint-Simonienne,
publié *à Toulon*. On s'abonne rue de Pradel, n. 7, à
Toulon (Var); et à Paris, chez madame Cécile Fournel.

Le bureau de la *Tribune des Femmes* est transporté rue de
Bussy, nº 37.

S'adresser à madame VOILQUIN.

(*Affranchir les lettres et envois.*)

SUZANNE, }
ANGÉLIQUE, } *Directrices.*

PARIS. — IMPRIMERIE DE AUGUSTE AUFFRAY,
PASSAGE DU CAIRE, nº 54.

La Femme Nouvelle.

TRIBUNE
DES FEMMES.

VÉRITÉ. **UNION.**

Notre bannière étant à la peine, il est juste
qu'elle soit à l'honneur. (Jeanne-d'Arc.)
Egalité entre tous de droits et de devoirs.

AUX SAINT-SIMONIENS DE FRANCE.

Nous avons à annoncer aux familles saint-simoniennes
des départemens une *œuvre* qui s'accomplit en ce moment
à Paris. *Caroline Béranger*, prolétaire au cœur large,

dont l'amitié m'est précieuse, a organisé une vaste souscription pour payer une partie de la dette que le Père a laissée; appelée par *Dieu* à partager une des premières la foi nouvelle, elle en a suivi le développement avec constance, elle a, comme nous tous, admiré les premiers efforts de propagation et les sacrifices sans nombre qu'il a fallu faire pour répandre avec profusion cette nouvelle doctrine sociale; c'est le cœur rempli d'admiration pour ces hommes généreux, qui n'ont pas craint de se déclasser, de briser leur position pour propager leur foi, d'y sacrifier leur fortune et leur vie tout entière, qu'elle vient à son tour convier les prolétaires de France, de l'aider de leur obole à soutenir l'œuvre qu'elle a conçue. Cette dette est sainte et sacrée pour nous, n'est-ce pas pour donner la vie nouvelle à un plus grand nombre d'êtres souffrans qu'elle a été contractée? et ne devons-nous pas d'ailleurs nous sentir solidaires avec celui auquel notre cœur a donné le beau nom de Père? La proposition de cette souscription a été accueillie avec joie par la famille de Paris, elle se propose d'aider *Caroline* de tout son pouvoir. Nous espérons que *la province*, toujours si ardente à accueillir les idées et les hommes, ne se montrera pas moins empressée pour favoriser l'œuvre d'une femme, qui n'a pour toute recommandation que l'autorité d'un dévoûment sans bornes. Nous sommes persuadés, d'après l'esprit religieux et les désirs d'association qui se manifestent dans *la province*, que pour juger ce projet, elle n'en attendra pas les résultats, mais que l'envisageant *comme nous*, d'un point de vue élevé, elle y verra encore le désir et la possibilité d'établir une grande communion entre tous les membres épars de la nouvelle famille.

Voici sur quelles bases la souscription est fondée : pour l'instant un seul *centre* est fixé à Paris, *chez madame Caroline Béranger, rue Saint-Sébastien,* n° 36. La souscription étant volontaire, la plus légère offrande sera reçue avec reconnaissance, les noms des souscripteurs et les sommes versées seront successivement rendus publics dans chaque numéro de la *Tribune des Femmes.*

Nous désirons et demandons que les différens journaux qui se rédigent dans la famille veuillent bien donner l'appui de la publicité à ce projet , et nous invitons les hommes et les femmes, qui dans chaque ville se concevraient la noble et difficile mission de se faire centre, d'entrer en relation directe avec la directrice de cette œuvre.

N'oublions pas que dans l'ère nouvelle qui commence , la femme étant appelée à prendre une part active dans la vie, doit prouver ses droits à l'égalité sociale qui lui est offerte, par le concours de sa puissante inspiration, ou par des actes qui puissent rapprocher de nous le but tant désiré.

Voici venir les jours d'épreuve, où seules, livrées à nos propres forces, nous devrons témoigner devant tous de la foi qui nous anime, de notre foi en *Dieu* et en celui que nous avons nommé le Père de la famille nouvelle, le Père, dont la parole religieuse a fait fermenter dans nos cœurs des germes puissans d'avenir. Femmes, c'est à nous, qui pressentous cet avenir, qu'il appartient de ranimer l'espoir de tout ce qui souffre ; dans nos cœurs est déposé le feu sacré du dévoûment, c'est pour nous la source de toute gloire et le mobile de notre courage.

Maintenant donc que le Père s'est momentanément éloigné de *sa* famille de France , pour aller tenter d'ouvrir à la haute industrie une large voie sociale, pacificatrice, capable de relier les peuples et les faire converger vers un même but, *l'association universelle*, pendant que ce grand mouvement s'opère resterons-nous impassibles?

En attendant qu'un nouveau signal venu d'orient vienne, en justifiant notre foi, apprendre au monde combien tous les actes de sa vie s'enchaînent d'une manière forte et logique, et que dans la mission divine qu'il s'est conçue il n'y a point solution de continuité, mais que tour-à-tour il doit s'inspirer de ces deux grands noms, la *femme* et le *peuple*, inscrits au même titre sur notre bannière, mornes et glacées, attendrons-nous ce signal dans un repos stérile? N'aurons-nous pas à son retour d'autre langage que celui que tint le mauvais serviteur dans l'admirable parabole des talens : « Seigneur, dit-il, j'ai été cacher votre talent « dans la terre, le voici, je vous rends ce qui est à vous; » ou plutôt ne voudrons-nous pas imiter l'activité sainte des deux premiers serviteurs, qui, ayant reçu plusieurs talens les doublèrent par leur travail, « et celui qui avait reçu « cinq talens, dit *l'évangile*, vint *lui* en présenter cinq « autres en lui disant : Seigneur, vous m'aviez mis cinq « talens entre les mains; en voici, outre ceux-là, cinq « autres que j'ai gagnés. Son maître lui répondit : O bon « et fidèle serviteur, parce que vous avez été fidèle en peu « de chose, je vous établirai sur beaucoup d'autres, entrez « dans la joie de votre Seigneur. » Le blâme, la punition, est infligée au serviteur qui *seul* reste dans une inactivité coupable. Que cette parole divine offerte à nos méditations nous console et nous encourage. O mon Dieu je le sens à l'énergie de mon âme, qui tend sans cesse à se communiquer à d'autres âmes; les dons que votre bonté nous confie ne doivent pas être cachés dans la terre, c'est-à-dire perdus pour tous dans l'obscurité d'une vie inactive; ils ne nous sont donnés que pour être employés à votre service, et doubler de valeur en servant à l'amélioration et au bonheur de tous.

En terminant les réflexions inspirées par notre position présente, que l'on me permette d'exprimer un désir qui, s'il était senti, mettrait en regard les unes des autres, des femmes de dévoûment et d'action, et les disposeraient,

par cela même, à s'apprécier mutuellement. Aux deux
extrémités de la France (Paris et Toulon), deux journaux
saint-simoniens paraissent périodiquement , et sont consacrés à relater les actes accomplis par les apôtres de la foi
nouvelle. C'est justice ! et nous avons toutes applaudi à
cette œuvre. Mais il serait bien , également, que les
femmes s'entendissent pour donner tout-à-la-fois , à la
Tribune des Femmes, l'importance des *faits* et des *idées*.
Je les adjure donc de mettre de côté cette timidité et cette
fausse modestie, vertus négatives qui, désormais , appartiennent au passé; et d'oser divulguer au monde les
actes accomplis sous l'inspiration d'un sentiment social.
O sans doute notre peu de puissance , nos faibles moyens
d'action n'auront pas des résultats en rapport avec nos
désirs : mais Dieu ne nous demande que l'emploi des facultés
qu'il a mises en nous. Si, jugeant nos efforts inutiles ou
trop faibles , nous sentions notre courage prêt à faillir ,
rappelons-nous , pour le ranimer , cette belle pensée de
Ballanche : « Que le pas même d'une fourmi pèse sur l'u-
nivers. »

Suzanne.

CONCERT

DONNÉ A CASTELNAUDARY , EN FAVEUR DES PAUVRES.

En face des misères du peuple , rendues plus grandes
par la rigueur de la saison , les habitans de Castelnaudary
ne pouvaient rester impassibles et froids. Un concert a été
donné par les amateurs de notre ville. *Madame Darnaud*
n'a pas craint de braver les préjugés qui pèsent encore sur

notre sexe, pour prêter à cette solennité l'appui de son rare talent. La réunion était des plus brillantes ; tous les partis se sont empressés de concourir à cette œuvre toute philantropique. La recette, qui s'est élevée à plus de cinq cents francs, a dépassé toutes les espérances. Sans doute, avec une pareille somme, il est possible de soulager momentanément quelques souffrances individuelles ; mais demain de nouveaux besoins se feront sentir ; demain, au moindre dérangement atmosphérique, de nouveaux cris de détresse se feront entendre, et l'ouvrier viendra encore vous demander du travail et du pain. Comment le satisfaire ? triste position de l'homme, dont l'existence est à chaque instant compromise. On ne peut qu'éprouver un profond sentiment de douleur, en pensant que la classe la plus pauvre ne peut quelquefois manger qu'à condition que les riches se livreront au plaisir de la musique ou de la danse : pâle reflet de la charité chrétienne ! La philantropie libérale qui se manifeste par des bals ou des concerts, tout en prouvant les sympathies de quelques hommes généreux qui sentent profondément les misères du peuple, est impuissante à guérir les plaies énormes de la société. Elle ne présente que de faibles palliatifs, lorsque la nature du mal exige les remèdes les plus héroïques. L'aumône, quelle que soit sa nature, chrétienne ou libérale, blesse aujourd'hui presque autant celui qui la fait que celui qui la reçoit ; elle tend à perpétuer l'oisiveté et les vices qui en découlent. Ce n'est qu'avec la plus vive douleur que l'homme qui sent toute la dignité de son être, et qui a usé une partie de sa vie aux plus pénibles travaux, se détermine à tendre une main suppliante pour recevoir un pain qu'il trempe de ses larmes.

Ah ! ce qu'il faut aujourd'hui à l'homme qui travaille, et qui par cela seul exerce une fonction sociale, c'est du travail qui assure son existence et celle de sa famille ; c'est de l'honneur, de la gloire dans le travail, et du repos dans sa vieillesse.

AUX HOMMES.

En vérité je ne sais pourquoi je m'amuse encore à griffonner des lignes, afin de prouver aux hommes notre liberté, ou plutôt les droits que nous y avons. Ne voyez-vous pas ces Messieurs rire et s'amuser entr'eux sur notre prétendue émancipation ? Les femmes qui prétendent être libres et nos égales ! ah ! la drôle d'idée ! folie de femme ! Mais si par hasard elles veulent se présenter parmi nous, et émettre leur opinion politique, nous leur débiterons quelques cajoleries, puis nous les renverrons poliment à leur ménage ou à leur toilette ; sans cela, où en serions-nous ?

Oui, Messieurs, vous avez raison ; où en seriez-vous ? nous serions vos égales. Riez à nos dépens, lorsque vous le pouvez encore ; d'ailleurs n'est-ce pas là le lot que vous nous avez fait ? nous devons vous distraire, vous amuser,.. quand même !... Voilà tout ce que nous tenons de votre générosité. Mais, en échange, que vous donnons-nous pour un si grand bienfait ? Peu de chose, rien que... la vie ! souvent en la perdant pour vous : ou bien, si elle nous est conservée, faible créature que vous êtes, nous l'employons à vous élever, à faire naître, puis à développer ces forces dont vous êtes si fiers.... Où en seriez-vous, si nous montrant aussi peu généreuses que vous l'êtes, vous

nous serviez uniquement de jouet? La nuit, gardant pour
nous un sommeil bienfaiteur, vous languiriez faute de
nourriture; et le jour, vos cris perçans blessant nos oreilles
délicates, nous fuirions loin de vos berceaux.... Que
pourriez-vous alors? et nous aussi nous aurions la force....
Mais non, grâce à notre âme sensible, à notre cœur généreux (soit dit sans vous blesser), grâce à nous enfin, vous
vivez, vous êtes hommes, vous êtes forts, et naturellement vous opprimez la faiblesse. Cependant la nature,
moins avare que vous et vos lois, ne nous a pas tout ôté,
et, dépourvues de forces, elle nous a laissé la ressource de
la ruse.... Vous le savez, vous l'avez senti plus d'une fois,...
c'est une arme assez dangereuse; elle s'aiguise dans l'ombre
et le mystère, se trempe d'un venin empoisonné, et lance
des traits d'autant plus sûrs, qu'ils partent de la main
inflexible du temps, guidée par la réflexion!... vous pouvez y penser;... mais non, je vous vois rire : des femmes
faire un complot, la drôle de chose! quelle nouveauté!
honneur au dix-neuvième siècle; il sera nommé, à juste
titre, le siècle des merveilles, si nous voyons celle-là s'accomplir.

Courage, Messieurs, riez bien fort; cependant votre
jouet, votre poupée (à vous autres grands enfans) commence à se lasser, et grimace à force de rire. Magnétisée,
pour ainsi dire, par d'antiques usages, somnambule de la
société, elle dort tout en parlant et en agissant;... mais,
patience, un son plein et grandiose a vibré à ses oreilles
toutes ne l'ont point encore entendu, patience donc;....
mais bientôt! oui, bientôt, toutes l'entendront. Alors le
charme cessera; alors, Messieurs, la société actuelle
croulera tout entière, et de ses décombres sortira, rayonnante et belle, la déesse aux bras nus, ou la divine liberté
qui régnera et sur vous et sur elles.   ISABELLE.

EXTRAIT DE LA CORRESPONDANCE.

MADAME,

Le cri magique de *liberté* a retenti dans mon âme, et ce n'est pas sans peine, il faut l'avouer, que j'en ai ressenti les vibrations, qui sont venues si long-temps se briser contre les antiques et folles croyances de la vieille ville de Bordeaux. Oh! ma faiblesse naturelle, Madame, ne m'eût pas permis d'invoquer par moi-même les accens de la *liberté* : l'oppression rend si timide! Il a fallu qu'une voix mâle et retentissante, écho d'une autre voix plus mâle et plus retentissante (celle du Père), vînt émouvoir mon cœur tremblant, mais disposé aux idées *saint-simoniennes.* Alors mon existence a surgi de ce cimetière vivant, de ce bazar de demi-femme, car toutes celles qui n'embrassent pas les doctrines que vous publiez ne sont pas une *âme entière*, c'est-à-dire libres, indépendantes, agissant suivant leur volonté. Bordeaux est la ville par excellence pour le fanatisme, qui n'est autre chose qu'une superstition perfectionnée; c'est à Bordeaux que la *profes . 'on sacerdotale* a jeté de profondes racines. Connaissant l'esprit de ses ministres, vous devez comprendre les clameurs, les sourdes haines qui s'ourdissent contre la nouvelle religion. Ne croyez pas que je veuille rehausser l'éclat de mon abjuration, en exagérant les difficultés innombrables qui se rencontrent dans notre cité; car plus les habitans sont rares ou peu nombreux, plus les préjugés sont inouïs et multipliés. Vous n'avez pas à déplorer à Paris le malheur que nous ressentons; Bordeaux, qui occupe une des premières places après la capitale, n'occupe cependant pas la première sous les rapports de la civilisation proprement dite.

Une réputation est salie, un nom dégradé, une famille entière calomniée, si des relations trop directes, mais innocentes, nous rapprochent des hommes; le plus léger commerce avec eux nous est interdit, toute espèce de communication tranchée. Jugez toute la honte (c'est le mot) que nous avons à combattre pour nous élever au-dessus de ces ridicules et ignobles convenances. J'ai tout osé, je les ai foulées aux pieds, j'ai apprécié à leur juste valeur les bases solides sur lesquelles repose l'édifice *saint - simonien*, je me suis initiée aux mystères de cette foi toute d'*humanité* et d'*amour*, de cette loi si suave qui a compris notre cœur, et qui nous a donné la force de concevoir et d'exécuter ce beau rêve dans lequel nous sommeillions depuis long-temps. Comptez, Madame, sur mon dévoûment et mon appui illimités pour la sainte cause des femmes. Comptez sur moi pour tout ce qui pourrait être utile. Je ne négligerai jamais l'occasion d'attacher des prosélytes à la nouvelle croyance. Cela sera long sans doute, mais loin de désespérer, j'ai une douce confiance en l'avenir; et jugeant d'après mon cœur et quelques autres, j'espère que les femmes sont très-près du moment qui doit les métamorphoser à jamais de *femmes esclaves* en *femmes libres*.

Amanda M

A MADAME SUZANNE,

RÉDACTRICE DE LA TRIBUNE DES FEMMES.

MADAME,

Jusqu'à présent *mon* opinion politique m'avait rattachée aux *républicains*, mais bien souvent si, rentrant en moi-même, je venais à réfléchir sur notre position sociale, je trouvais alors leur tâche *incomplète*, quelque grande qu'elle me parût être, car l'émancipation de la femme ne se trouvait jamais comprise dans leurs réclamations ; mon orgueil s'en trouvait froissé, car moi, aussi bien qu'eux, je me sentais *faite* pour jouir du *droit de liberté* que *Dieu* a donné à *tous* ; moi aussi je trouvais, comme vous, arbitraire et injuste, la soumission indispensable qu'il nous *faut* avoir pour cette *volonté masculine*. Mais seule que peut-on opposer à des maîtres encore tout-puissans ? Heureusement qu'outre nos protestations énergiques, notre cause a trouvé, parmi ses oppresseurs même, des soutiens courageux et éclairés, qui nous reconnaissent des *droits* et une *noble* et *belle mission* à accomplir ; qu'enfin notre *émancipation morale* est *juste* et *nécessaire*. Vous voyez, Madame, qu'ils n'ont plus qu'*un* pas à faire pour être avec vous, et demander ensemble notre *liberté entière*.

Je m'empresse de vous extraire quelques passages d'un petit article de la TRIBUNE, *journal politique* et *littéraire*, du 15 août, au sujet d'un petit journal de *femmes*, qui

doit paraître incessamment. Voici comme son auteur
s'exprime :

« Nous vivons, dit-il, dans une époque d'amélioration
« et de progrès ; les femmes ne doivent pas rester en ar-
« rière de cette marche progressive. Trop long-temps les
« vains préjugés, l'ignorance, la futilité et les petites pas-
« sions furent un obstacle à leur avancement.....

« Aujourd'hui le domaine de la pensée n'est plus inter-
« dit aux femmes; elles peuvent, mieux que jamais, ré-
« gulariser leur conduite par l'étude et la réflexion, épurer
« leurs sentimens par l'initiation aux idées élevées et
« généreuses. Les hommes, en s'éclairant eux-mêmes, sont
« arrivés à ne plus craindre l'émancipation morale de la
« femme ; ils comprennent que, mieux elles connaîtront
« leurs prérogatives ou leurs droits, mieux elles rempli-
« ront leurs devoirs.

« Dans cet état de choses il nous a semblé qu'un ouvrage
« périodique spécialement consacré aux femmes, était
« aussi un *besoin de l'époque.*

« Tout nous promet que les jeunes femmes accueilleront
« avec plaisir un ouvrage consciencieux, qui les aidera à
« remplir leur noble et belle mission....»

Nous ne ferons qu'applaudir, ajoute en finissant l'auteur
de l'article, à une si noble entreprise qui, selon nous,
présente de nombreuses chances de succès; dans un temps
où tout marche à l'abandon, sans foi, sans doctrine, on
est heureux de trouver un conseil sage et prudent, qui
dirige vers le bien la pensée chancelante et douteuse.

Je ne doute pas, Madame, que vous ne sachiez gré à
cette sentinelle si avancée de l'émancipation des peuples,
de nous compter enfin pour quelque chose : leurs cœurs,
comme vous le voyez, est assez vaste pour contenir
de l'amour pour tous. Que ceux qui croiraient que
l'intérêt les fait agir, fouillent au fond de leur con-

science pour y voir si la médisance ou la jalousie ne sont pas plus promptes à juger que la saine raison. C'est un hommage que je crois devoir rendre ici à ces consciencieux écrivains, qui n'ont jamais failli devant la justice, et redouté les persécutions que pour elle ils endurent. Qu'ils reçoivent donc les sincères remercîmens que ma reconnaissance croit leur être dûs à tant de titres.

Armantine M...

Un mouvement *légal* vient de s'opérer en notre faveur; nous avons à nous en féliciter comme d'un projet accompli. Je reste convaincue qu'il déterminera des résultats sinon immédiats et complets, au moins certains pour le développement de notre avenir.

Une des sociétés savantes de Paris, la société des méthodes d'enseignement, présidée par M. le *baron Silvestre*, a senti la nécessité de s'occuper directement de l'amélioration du sort des femmes. Le 27 août, cette société a consacré une de ses séances à l'examen de cette importante question : « Quels sont les moyens de favoriser et de « *mettre à profit* le grand mouvement intellectuel qui se « manifeste chez les femmes ? » Certes, sans attendre du monde savant qu'il prononce de suite ce grand mot, *liberté*, sans croire qu'il va jeter ainsi dans l'exorde le dernier mot de la péroraison, je m'attendais cependant que la question *même, posée ainsi,* serait discutée d'une manière plus large, et que l'on ne commencerait pas par trouver tout bien, afin d'avoir peu à changer. Enfin ces conférences doivent se continuer, espérons.... C'est toujours un pas de fait vers notre affranchissement ; et notre reconnaissance est acquise à tous ceux qui, les premiers, entreront dans cette voie, la seule, désormais, possible aux améliorations sociales ; car en suivant la marche ascendante de toutes les idées qui dans les temps ont accompli leur révolution, on sera à même de comprendre l'époque actuelle et de prévoir que l'égalité des sexes ayant été jugée nécessaire et proclamée hautement, tant que la femme n'aura pas obtenu son *état, sa place*, aucune puissance n'arrêtera les efforts de sa pensée, les opérations de son esprit et de sa volonté pour parvenir à ce but.

Malgré le peu de publicité que l'on avait donnée à cette séance, on a été à même de juger, à l'empressement d'un grand nombre de femmes à y assister, combien la question qui devait s'y traiter est vivante d'intérêt pour notre sexe, et combien nous semblent pesantes les chaînes qui entravent le développement de notre intelligence.

Plusieurs discours ont été lus ; mais aucun n'a encore répondu directement à la question proposée. Les deux premiers, écrits sous l'inspiration d'un sentiment profond, ont impressionné vivement l'assemblée. L'un était d'une femme qui, *ayant vécu*, connaissait de la vie ses déceptions et ses douleurs : son discours était senti énergiquement, tracé fortement ; *c'était une plainte*. Le second, prononcé par une jeune personne à l'âme ardente, poétique, riche d'illusions, *était une prière* qu'elle adressait à tout ce qu'il y a de généreux dans la société ; elle étouffait,.... elle demandait *sa place!... sa place à l'égalité !...* sa place enfin ! le but de tous les efforts individuels. En écoutant cette voix tremblante et pure, qui n'a pas été tenté de lui adresser ces mots : « aimable enfant, attache tes regards sur ce point qui brille à l'horizon, *c'est l'avenir : seul*, il réalisera tous tes vœux ; il sera beau pour nous, si tu veux conserver à la voix sa fraîcheur et sa suavité, si tu veux que tes chants soient ceux de *l'espoir*, et non du *doute*. Détourne-toi du présent ; ne t'apesantis pas sur ce qui se passe autour de toi ; ce présent dessèche et tue : c'est le règne de l'égoïsme. »

Il est cependant remarquable, et c'est un bonheur pour nous d'avoir à le constater, combien, en dehors du tourbillon saint-simonien, qui lance ses adeptes si avant dans l'avenir, fermentent autour de nous des germes puissans d'affranchissement pour la femme. Déjà craque de tous côtés le vieil édifice moral qui condamnait sa vie au rôle terne et passif d'une ombre, ou d'une automate organisée. Déjà elle ose se mouvoir seule, penser seule, par l'intelligence elle a pris ses degrés dans la littérature :... encore quelques efforts, et ce ne sera plus en vain qu'un cri de liberté aura retenti en sa faveur. *Nouvelle Galatée*, ce cri sera pour la femme le feu régénérateur qui viendra l'animer et l'initier à une nouvelle existence.

Espérons que bientôt la presse elle-même cessera d'être froide et glacée pour nous, et que, fidèle et constant écho des sentimens les plus avancés de la société, elle réveillera, dans le cœur de tous, les principes de justice et de raison universelle, et demandera pour nous et comme nous, la révision des lois qui nous subalternisent.

La manière un peu vague dont la question proposée a été traitée dans cette première conférence ne l'ayant point résolue, elle sera reprise et discutée de nouveau, en séance publique, le quatrième mardi de septembre.

SUZANNE.

ANNONCES.

L'*Homme nouveau*, ou le *Messager du bonheur*. On s'abonne chez M. *Thonerieux*, passage Thiaffait, n° 4, à Lyon;
Et chez madame *Durval*, libraire, rue des Célestins, n° 5.

Foi nouvelle. On s'abonne chez madame *Cécile Fournel*, rue Chanoinesse, n° 2.

Amour à Tous, Journal de la religion saint-simonienne, publié *à Toulon*. On s'abonne rue de Pradel, n. 7, à *Toulon* (Var); et à Paris, chez madame *Cécile Fournel*, rue Chanoinesse, n° 2;
Et chez Johanneau, libraire, rue du Coq-Saint-Honoré, 8 *bis*.

Adresser lettres et envois, à madame Voilquin, rue Bourbon-le-Château, n° 2.

On s'abonne aussi à la *Tribune des Femmes*, chez mademoiselle Isabelle Gobert, rue Saint-Anastase, n° 4;
Et chez *Johanneau*, libraire, rue du Coq-Saint-Honoré, n° 8 bis;

✻

(*Affranchir les lettres et envois.*)

Suzanne,
Célestine, } *Directrices.*

PARIS.—IMPRIMERIE DE AUGUSTE AUFFRAY,
PASSAGE DU CAIRE, n° 54.

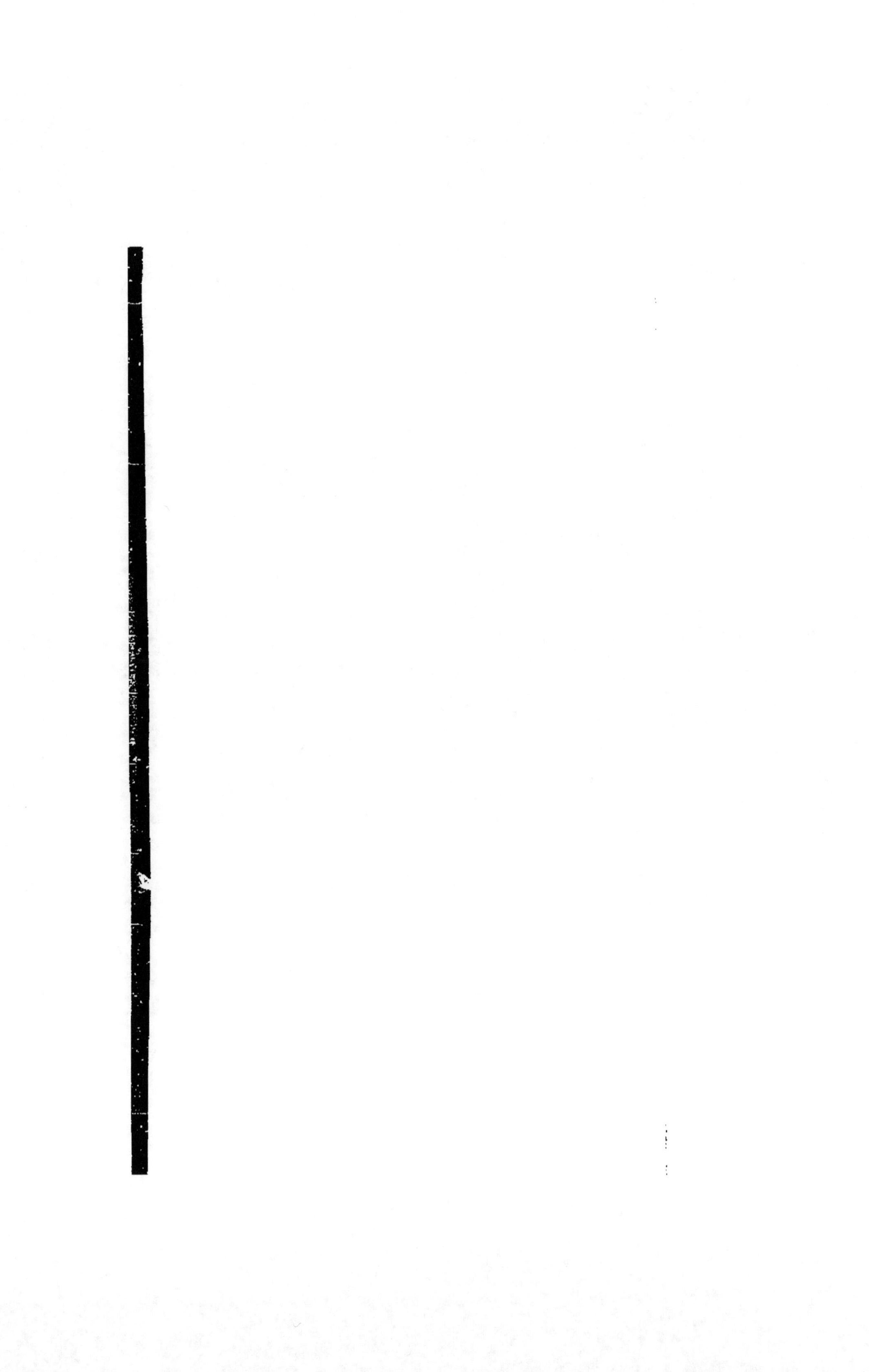